O MR-8 NA LUTA ARMADA

O MR-8 NA LUTA ARMADA

as armas da crítica e a crítica das armas

Higor Codarin

Obra vencedora do 4º Prêmio de Pesquisa *Memórias Reveladas*, realizado pelo Arquivo Nacional

alameda

Grafia atualizada segundo o Acordo Ortográfico da Língua Portuguesa de 1990, que entrou em vigor no Brasil em 2009.

Edição: Haroldo Ceravolo Sereza e Joana Monteleone
Editora assistente: Danielly de Jesus Teles
Editora de projetos digitais: Bruno Moura
Projeto gráfico e diagramação: Airton Felix Souza
Assistente acadêmica: Tamara Santos
Revisão: Alexandra Colontini
Capa: Joana Mello
Imagens da Capa: Fotografias do acervo *Brasil: Nunca Mais.*

CIP-BRASIL. CATALOGAÇÃO NA PUBLICAÇÃO
SINDICATO NACIONAL DOS EDITORES DE LIVROS, RJ

C597m

Codarin, Higor
O MR-8 na luta armada : as armas da crítica e a crítica das armas / Higor Codarin. - 1. ed. - São Paulo : Alameda, 2019.
332 p. ; 21 cm.

Inclui bibliografia
978-85-7939-624-3

1. Ditadura militar - Brasil - História - Séc. XX. 2. Brasil - Política e governo - Séc. XX. 3. Movimento Revolucionário 8 de Outubro. I. Título.

19-59440 CDD: 320.981
CDU: 32(81)

Alameda Casa Editorial
Rua 13 de Maio, 353 – Bela Vista
CEP 01327-000 – São Paulo, SP
Tel. (11) 3012-2403
www.alamedaeditorial.com.br

SUMÁRIO

A "Ângela", "Rodolfo",
"Índia", "Margarida",
"Plínio", "Xisto", "Billy",
"Jair", "Menininho",
"Paulo", "Candeias",
"Tom"... A todos os
homens e mulheres do
Oito que, na guerra,
adotaram novos nomes
na tentativa de construir
homens-novos

ABREVIATURAS E SIGLAS

AI – Ato Institucional
ALA – Ala Vermelha
ALN – Ação Libertadora Nacional
ANL – Aliança Nacional Libertadora
AP – Ação Popular
ARENA – Aliança Renovadora Nacional
ARP – Ativo Resolutivo Político
BNM – Brasil: Nunca Mais
CACO – Centro Acadêmico Cândido de Oliveira
CENIMAR – Centro de Informações da Marinha
CGT – Comando Geral dos Trabalhadores
CISA – Centro de Informações da Aeronáutica
CNTI – Confederação Nacional dos Trabalhadores da Indústria
CONTAG – Confederação Nacional dos Trabalhadores na Agricultura
DA – Diretório Acadêmico
DDD – Dissidência da Dissidência da Guanabara
DEE – Diretório Estadual dos Estudantes

DG – Direção Geral
DIs – Dissidências do Partido Comunista Brasileiro
DI-GB – Dissidência da Guanabara
DI-MG - Dissidência de Minas Gerais
DI-RJ – Dissidência do Rio de Janeiro
DI-RS – Dissidência do Rio Grande do Sul
DI-SP – Dissidência de São Paulo
DNE – Diretório Nacional dos Estudantes
DOI-CODI – Destacamento de Operações de Informações – Centro de Operações de Defesa Interna
DOPS – Departamento de Ordem Política e Social
FMP – Frente de Mobilização Popular
FND – Faculdade Nacional de Direito
FNFi – Faculdade Nacional de Filosofia
FTA – Frente de Trabalho Armada
FTCM – Frente de Trabalho de Camadas Médias
FTO – Frente de Trabalho Operário
GE – Grupo de Estudo
GPM – Grupo Político-Militar
GR – Guerra Revolucionária
IC – Internacional Comunista
IPM (I) – Inquérito Policial-Militar
IPM (II) – Infraestrutura Político-Militar
JUC – Juventude Universitária Católica
LA – Luta Armada
MCD – Movimento Contra a Ditadura
MCI – Movimento Comunista Internacional
MDB – Movimento Democrático Brasileiro
ME – Movimento Estudantil
MEC – Ministério da Educação e Cultura
MR-8 – Movimento Revolucionário 8 de Outubro
MR-8 CP – Movimento Revolucionário 8 de Outubro Construção Partidária

MR-8 DG – Movimento Revolucionário 8 de Outubro – Direção Geral
MRT – Movimento Revolucionário Tiradentes
MURD – Movimento Universitário Revolucionário Democrático
OBAN – Operação Bandeirantes
OLAS – Organização Latino-americana de Solidariedade
OPO – Organismo de Prática Orientada
OPP – Organização Para-Partidária
ORM-POLOP – Organização Revolucionária Marxista – Política Operária
PCB – Partido Comunista Brasileiro
PCBR – Partido Comunista Brasileiro Revolucionário
PCdoB – Partido Comunista do Brasil
PCCh – Partido Comunista Chinês
PCUS – Partido Comunista da União Soviética
PEG – Política Educacional do Governo
POC – Partido Operário Comunista
POR (T) – Partido Operário Revolucionário (Trotskista)
PSD – Partido Social Democrático
PTB – Partido Trabalhista Brasileiro
STM – Supremo Tribunal Militar
UEE – União Estadual dos Estudantes
UEG – Universidade Estadual da Guanabara
UFRJ – Universidade Federal do Rio de Janeiro
UME – União Metropolitana dos Estudantes
UNE – União Nacional dos Estudantes UB – Universidade do Brasil
URSS – União das Repúblicas Socialistas Soviéticas
USAID – United States Agency for International Development
VAR-Palmares – Vanguarda Armada Revolucionária-Palmares
VPR – Vanguarda Popular Revolucionária

Apresentação

Marcelo Ridenti

Já foram publicados alguns bons livros sobre as esquerdas armadas. Mas ainda faltava um estudo de fôlego sobre o Movimento Revolucionário 8 de Outubro (MR-8), como o que se apresenta aqui. Ao analisar a trajetória dessa organização de 1969 a 1972, Higor Codarin retoma as angústias, as apostas, as esperanças de vitória e o amargor da derrota do projeto revolucionário que esse grupo representou no combate à ditadura no Brasil.

A obra resulta de pesquisa aprofundada sobre o tema, recorrendo a fontes escritas e orais, garimpadas em diversos acervos. Ela se baseou em processos judiciais do Supremo Tribunal Militar, documentos do MR-8 e entrevistas com ex-militantes, várias delas realizadas exclusivamente para o livro. Os relatos das pessoas que viveram aquela experiência ajudam a dar vida ao texto, bem escrito e de leitura fluente.

O autor inicialmente reconstitui a conjuntura conturbada da época, as disputas dentro das esquerdas após o golpe de 1964 e, em particular, no período imediatamente posterior à edição do Ato Institucional nº 5, de dezembro de 1968, que escancarou o caráter ditatorial do regime militar. Foi nesse contexto que surgiu o MR-8, uma dissidência do Partido Comunista Brasileiro (PCB), originária do movimento estudantil universitário carioca, com vários membros vindos de famílias tradicionais e intelectualizadas.

O MR-8 privilegiava a reflexão crítica e a formulação política, aspecto que o destacava entre os diversos grupos da esquerda armada, em geral pouco afeitos à teoria, naquele tempo de prioridade à ação. Como destaca o autor, o voluntarismo predominante nem por isso deixaria de ter pressupostos teóricos, inspirados sobretudo pela Revolução Cubana de 1959, com influências também das experiências de China, Vietnã e Argélia. Enfatizava-se a importância das lutas contra o capitalismo nos países periféricos e dependentes, protagonistas de um movimento internacional que se imaginava no rumo do socialismo.

Outro aspecto importante do MR-8, destacado no texto, estava na presença de uma perspectiva de revolução existencial que envolvia o questionamento dos padrões comportamentais da chamada sociedade burguesa; buscava-se uma revolução que teria implicações na vida cotidiana das pessoas, o surgimento do "homem novo", livre das amarras da sociedade capitalista também no plano pessoal. A libertação coletiva e a individual andavam juntas nas formulações e práticas do MR-8, fazendo dele um exemplo expressivo das lutas que eclodiram no mundo todo em 1968, com destaque para a atuação de jovens estudantes.

Como não poderia deixar de ser, o livro dedica espaço privilegiado à análise da ação que tornou o MR-8 um grupo célebre, o rapto do embaixador americano em setembro de 1969 e seus desdobramentos que resultaram no quase aniquilamento da organização nos anos seguintes, quando a maioria de seus membros foi presa ou exilou-se, abrindo mão da luta armada. Antes disso, houve uma tentativa de trabalho político no campo, que levou o famoso capitão Carlos Lamarca para o sertão baiano, onde foi perseguido e assassinado pelo regime em setembro de 1971. Sua morte simbolizou a derrota não só do projeto revolucionário do MR-8, mas também do conjunto da esquerda armada.

Em suma, ao estudar o MR-8, o livro analisa bem o processo político de inconformismo pessoal e coletivo que se desenvolveu sobretudo nos meios estudantis e intelectuais. Num contexto de fracionamento das esquerdas na luta contra a ditadura, o MR-8 aderiu à luta armada e posteriormente fez a crítica a ela, com a constatação do isolamento social da organização e de suas congêneres, que passaram a buscar uma reaproximação com os trabalhadores e as bases da sociedade. Mas esse já seria outro capítulo da história das esquerdas no Brasil.

PREFÁCIO

A crítica arrancou as flores imaginárias dos grilhões, não para que o homem suporte grilhões desprovidos de fantasia ou consolo, mas para que se desvencilhe deles e a flor viva desabroche.

Karl Marx, *Crítica da Filosofia do Direito de Hegel*, 1843

Arma da crítica, assim, se define como um instrumento de discussão política e da luta ideológica, partindo da certeza de que a crítica das armas só garantirá a sua consequência histórica se incorporar entre os seus elementos a arma das críticas política e ideológica.

MR-8, Arma da crítica, nº1, 1970

Desde há muito, sinto simpatia e respeito pelos militantes da esquerda armada brasileira contra a ditadura civil-militar, em especial, pelo Movimento Revolucionário 8 de Outubro (MR-8). Talvez, no início, isso tenha se dado pelo conhecimento da ação revolucionária mais ousada e conhecida do grupo: o sequestro do embaixador norte-americano, em setembro de 1969. No entanto, após o ingresso na universidade, essa simpatia aumentou devido à proximidade com que me via em relação a esses militantes, que, em sua maioria, eram egressos do movimento estudantil.

Em um momento sócio-político totalmente distinto, ao fazer as pesquisas embrionárias sobre o tema, ainda na graduação, sentia uma "nostalgia do não-vivido", para usar a expressão de Zuenir Ventura.[1] Tudo que me faltava eles tinham em excesso: a proximidade de diversas matizes da revolução no contexto internacional – Cuba, China, Vietnã e Argélia –, cujo sucesso reacendia a chama, iniciada pela Revolução Russa de 1917, de que o mundo caminhava para o Socialismo; a figura de Ernesto *Che* Guevara, como amálgama da construção de uma revolução e identidade latino-americana, com objetivo de transformar a Cordilheira dos Andes na *Sierra Maestra* da América Latina; a contestação e rebeldia dos jovens em diversos países do mundo, principalmente em 1968, tendo como principal referência internacional o *maio francês* e, na esfera nacional, em junho, a passeata dos cem mil no Rio de Janeiro; o contexto cultural, em que a arte estava intrinsecamente ligada a distintas formas de atuação política, seja com o Cinema Novo, os Teatro Arena, Opinião e

1 VENTURA, Zuenir. "A nostalgia do não-vivido." *In:* GARCIA, Marco Aurélio; VIERA, Maria Alice (orgs.). *Rebeldes e Contestadores: 1968 – Brasil/ França/ Alemanha. 2ª ed.* São Paulo: Fundação Perseu Abramo, 2008, p. 129-134. A utilização desta expressão, cunhada por Zuenir Ventura, é inspirada, também, na apresentação da dissertação de Izabel Priscila Pimentel da Silva. Para maiores detalhes, cf. SILVA, Izabel Priscila Pimentel da. *Os filhos rebeldes de um velho camarada: A Dissidência Comunista da Guanabara (1964-1969).* 2009. 337f. Dissertação (Mestrado em História). Instituto de História, Universidade Federal Fluminense, Niterói/RJ. Disponível em: www.historia.uff.br/stricto/td/1338.pdf. Acessado em: 20/02/2017.

Oficina, o Tropicalismo ou com a música engajada nos históricos festivais. Enfim, nesse caldeirão, onde confluíam diversas perspectivas distintas de transformação e/ou revolução social, política e cultural, percebia na militância política do MR-8, de perfil social tão próximo do meu, algo que me parecia distante: a união entre discurso e vida; entre intenção e gesto. A ânsia de viver o próprio discurso, na tentativa de transformar a realidade que não lhes bastava.

O ingresso na pós-graduação, com a possibilidade de desenvolver esta pesquisa, trouxe novas perspectivas e maiores responsabilidades aos estudos e análises acerca da atuação desta organização e de seus militantes. Antes de tudo, e sobretudo, trouxe novas perguntas. Passei a questionar-me sobre a viabilidade e profundidade da análise histórica acerca de um objeto de pesquisa ao qual estou ligado emocionalmente. A historiadora Maria Paula Araújo me apontou um bom caminho, ao discutir, especialmente, essa questão através da corrente historiográfica do tempo presente:

> A história do tempo presente reconhece o historiador comprometido com seu tempo, com as questões de seu tempo. Reconhece seu engajamento pessoal, sua paixão. E justamente por isso torna crucial a questão da verdade. Não uma verdade pretensamente objetiva e imparcial (e por isso "científica"). *Mas a busca da verdade como compromisso ético-moral do historiador. Ele sabe que a verdade "total", pura, cristalina é impossível de ser atingida. O historiador chega a "retalhos" de verdade, pedaços parciais. Mas a busca por esta verdade – que ele sabe que, de certa forma, nunca será atingida – é o que o move e o faz estar atento a qualquer forma de manipulação da narrativa histórica. Não apenas do passado, mas também do presente.*[2]

2 ARAUJO, Maria Paula. "Por uma história da esquerda brasileira", *Topoi*, Rio de Janeiro, PPGHIS/UFRJ, vol. 5, 2002, p. 333-353. p. 345. Grifo do autor.

Nesse sentido, ao longo do trabalho nos arquivos e acervos, passei a compreender que o próprio processo de pesquisa auxilia no percurso de busca pela verdade histórica. A pesquisa – e seu constante movimento – funciona como uma viagem imaginária, metafórica, que, como nos diz, sabiamente, Octávio Ianni, transforma o viajante:

> Quem viaja larga muita coisa na estrada. Além do que larga na partida, larga na travessia. À medida que caminha, despoja-se. Quanto mais descortina o novo, desconhecido, exótico ou surpreendente, mais liberta-se de si, do seu passado, do seu modo de ser, hábitos, vícios, convicções, certeza. Pode abrir-se cada vez mais para o desconhecido, à medida que mergulha no desconhecido. No limite, o viajante despoja-se, liberta-se e abre-se, como no alvorecer: caminhante, não há caminho, o caminho se faz ao andar.
>
> [...]
>
> Tanto se perde como se encontra, ao mesmo tempo que se reafirma e modifica. No curso da viagem há sempre alguma transfiguração, de tal modo que aquele que parte não é nunca o mesmo que regressa.[3]

***

Assim, o livro que está nas mãos do leitor, fruto de minha pesquisa de mestrado, propõe a reconstrução da trajetória do MR-8, com ênfase no período em que optou pelo enfrentamento armado à ditadura, entre 1969 e 1972. No entanto, fez-se necessária também uma análise do período anterior à luta armada, desde a luta interna no Partido Comunista Brasileiro e a cisão em 1966, configurando-se como Dissidência Universitária da Guanabara (DI-GB), até, e sobretudo, sua

3 IANNI, Octavio *Enigmas da Modernidade-Mundo,* 3ª Ed., Rio de Janeiro: Civilização Brasileira, 2000, p. 30-31.

orgânica relação com o movimento estudantil, principalmente no período de 1966-1968, que iria marcar, profundamente, a trajetória política da organização.

Além de uma reconstrução da trajetória histórica do *Oito*, como ficou particularmente conhecido, procurei dar ênfase em uma questão inerente a todo projeto revolucionário marxista: a relação entre teoria e prática. Em um contexto, conforme veremos adiante, marcado por um profundo *anti-teoricismo*, encarnado, principalmente, na análise sobre a estratégia revolucionária cubana sintetizada pelo filósofo Regis Debray, na obra *Revolução na Revolução?*[4] – que obteve amplo sucesso na esquerda brasileira por se acoplar ao cenário de questionamento da esquerda tradicional representada, principalmente, pelo PCB em sua tática frustrada pelo golpe de 1964, que enxergava, na figura de João Goulart, a possibilidade de encaminhamento da etapa democrático-burguesa da revolução brasileira –, percebo no MR-8, principalmente pela forte influência da concepção de partido de vanguarda de Lênin, que sublinha a importância da teoria[5] – "sem teoria revolucionária não pode haver também

4 DEBRAY, Regis. *Revolução na Revolução?*, São Paulo: Centro Ed. Latino Americano, s.d.

5 Como o corpo teórico de Lênin pauta-se pela "análise concreta da situação concreta", deve-se ressaltar que sua teoria sobre o partido de vanguarda não é única e alterou-se diante das diversas conjunturas analisadas e atravessadas pelo revolucionário bolchevique, ora privilegiando um partido reduzido, clandestino e atuando fora dos circuitos institucionais – como diante da brutal repressão czarista em 1902 (*Que fazer?)* – ora enfatizando a necessidade de um partido de massas, atuando nos sindicatos e parlamentos, como, por exemplo, foi o caso da conjuntura de 1920 (*A doença infantil do "esquerdismo" no comunismo*). Contudo, apesar das diferenças, há algo que permanece: a necessidade de "[...] uma vanguarda centralizada, que se empenhasse em fundir a teoria e a consciência socialistas com o movimento espontâneo dos operários." *In:*. JOHNSTONE, Monty. "Um instrumento político de tipo novo: o partido leninista de vanguarda"*In:*

movimento revolucionário"[6] –, e pela origem estudantil da grande maioria dos militantes, não uma recusa à importância da teoria para uma análise tática e estratégica correta do desenvolvimento do processo revolucionário, mas sim um realce de sua importância e necessidade. Portanto, procurei dar consequência à hipótese de que o MR-8, apesar de imerso em um contexto militarista[7] e antiteoricista, influenciado pela teoria foquista, preocupa-se com a necessidade do exercício teórico para o sucesso da revolução brasileira. Em síntese, tentando conjugar *a arma da crítica e a crítica das armas*, o *Oito* apresentou uma alternativa revolucionária à sociedade brasileira.

O livro está organizado em quatro capítulos. No primeiro, abordo a esquerda brasileira no contexto nacional antes e depois de 1964. Para isso, construo a narrativa em torno do grande aglutinador da esquerda até 1964, o Partido Comunista Brasileiro (PCB), a partir de sua posição hegemônica no início da década de sessenta até sua crescente desmoralização após o golpe, seguindo as diversas frações que iriam ocorrer no período, de modo a relacioná-las com alternativas políticas que se criaram ainda antes do golpe, como é o caso da Organização Revolucionária Marxista – Política Operá-

---

HOBSBAWM, Eric J (Org.). *História do Marxismo*, vol. 6. São Paulo: Paz e Terra, 1985, p. 15-16.

6 LÊNIN, V. I "Que fazer?" *In:* LÊNIN, V. I. *Obras escolhidas, tomo 1* São Paulo: Alfa-Ômega, 1986, p. 96-97.

7 Devemos explicitar o termo *militarismo.* Segundo Gorender, o termo: "[...] dicionarizado como indicativo da preponderância dos militares na vida política, recebeu entre as esquerdas o significado de predomínio da tendência para a luta armada imediata. Organizações esquerdistas militaristas eram aquelas que adotavam formas de luta e propaganda armada e desprezavam as formas de luta de massas. " *In:* GORENDER, Jacob. *Combate nas trevas. A esquerda brasileira: das ilusões perdidas à luta armada.* 5ª ed. São Paulo: Expressão Popular/Perseu Abramo, 2014, p. 94.

ria (ORM-POLOP), a Ação Popular (AP), o Partido Comunista do Brasil (PCdoB), o Partido Operário Revolucionário Trotskista POR(T) e o Movimento Revolucionário Tiradentes (MRT), que, de alguma maneira, contribuíram para o processo de questionamento e quebra da hegemonia do PCB que se inicia após o *31 de março*. Ademais, proponho também uma análise da conjuntura do movimento estudantil de 1964 a 1968, a partir de sua trajetória ascendente após o golpe, com o objetivo de mapear suas ações e propostas, em específico no Estado da Guanabara, para compreender a relação de proximidade entre os estudantes e a revolução que projetavam naquele contexto. Todo esse esforço é necessário para remontar o processo de formação da *Dissidência*, sua relação conflituosa com o PCB – desde a constituição de *fração* interna até a cisão em 1966 –, como também sua construção enquanto organização autônoma com bases sólidas no movimento estudantil da Guanabara.

No segundo capítulo, analiso a trajetória dos dissidentes em 1969, especialmente pelo fato de ser neste ano que optam, formalmente, pela luta armada como estratégia revolucionária. Edifico este capítulo a partir da análise da linha política aprovada pela organização – assinada como Dissidência Comunista da Guanabara – em abril de 1969. Esse percurso será relacionado aos influxos teóricos que permearam a DI-GB e seus militantes, seja com relação às interpretações do capitalismo no contexto nacional – que levavam às análises sobre os caminhos a seguir no processo da *revolução brasileira* – e/ou relacionadas aos estudos sobre o capitalismo mundial, em sua fase monopolista. Ademais, relacionarei, também, a linha política à conjuntura revolucionária internacional e seus respectivos desdobramentos teóricos, em especial o *maoísmo*, derivado da revolução chinesa e, principalmente, o *foquismo*, derivado da revolução cubana. O percurso analítico da linha política, relacionada à conjuntura internacional e ao debate teórico, é importante para demonstrar como se construiu, no imaginário daquele período, o protagonismo dos países periféricos como vanguarda internacional na progressiva *marcha para o socialismo*, que, por sua vez, impulsionou a concepção de luta armada como possibilidade estratégica. Além do debate teórico, demonstrarei suas consequências práticas, sobretudo com relação à atuação armada da organização, incluindo a principal ação de propaganda armada do grupo: o sequestro do embaixador norte-americano, que completa seu cinquentenário este ano.

O terceiro está centrado na trajetória durante o ano de 1970, fortemente marcada pelos extensos desdobramentos relacionados à ação do sequestro do embaixador norte-americano, principalmente em relação à guinada militarista da organização. Em um primeiro momento, destaco a organização de uma miniconferência, na virada de 1969 para 1970, que evidencia a realização de balanço sobre a prática armada. Além disso, remonto o cotidiano do MR-8 sob clandestinidade rigorosa e, principalmente, as sucessivas investidas da repressão que geraram amplas e significativas prisões de militantes no primeiro semestre de 1970. Na segunda metade de 1970, destaco, especialmente, a abertura de um debate teórico no MR-8, que se aprofundaria nos anos seguintes, a respeito do isolamento social a que estavam submetidos. Esse debate, fomentado nas "Tribunas de Debates" e, sobretudo, na criação de uma revista teórica chamada *Arma da crítica*, afirma a necessidade de encontrar alternativas que aproximassem a vanguarda e as massas. Assim, demonstro a recorrência na ênfase da importância teórica para solucionar os problemas que despontavam da prática, principalmente com relação à distância do movimento operário. Além disso, trato também da efetivação de atuação na Bahia, resultado prático da fusão política com a Dissidência Estudantil do PCB da Bahia em 1969, como também o treinamento guerrilheiro em Cuba, realizado pelos militantes exilados.

Já o quarto capítulo tem como mote central o processo de derrota do projeto revolucionário, que culminou com a ida dos últimos militantes no Brasil para o exílio no Chile, onde a luta armada é excluída do horizonte tático-estratégico do MR-8, em 1972. Em um primeiro momento, analiso as consequências da consolidação da postura mais militarista na organização, consagrada por intermédio das novas propostas de atuação armada referendadas pelo *Orientação para a prática*, principal documento político do período. Neste sentido, analiso a dificuldade de reciclagem de quadros e, principalmente, as ações armadas do grupo, que se tornavam, cada vez mais, ações de sobrevivência, perdendo assim seu caráter revolucionário. Objetivo também a análise sobre tentativa de trabalho político empreendido no campo, que está relacionada com a ida de Carlos Lamarca para a região de Brotas de Macaúbas, no sertão baiano, culminando em fracasso e morte do guerrilheiro em setembro de 1971. Ademais, realço aspectos do debate sobre a manutenção ou abandono da prática armada, realçando as novas referências teóricas que balizavam o imaginário dos militantes. Por fim, analiso o documento político que sacramentou a exclusão da luta armada do horizonte político da organização. Corresponde ao biênio 1971-1972.

É necessário, também, em forma de adendo, algumas palavras com relação às fontes utilizadas para a consecução deste trabalho. Trabalhei com três tipos de fontes: processos judiciais do Supremo Tribunal Militar, disponíveis no acervo *Brasil: Nunca Mais*, em sua maioria, nunca analisados; documentos políticos produzidos pela organização como conjunto e por seus militantes individualmente, disponíveis em cinco acervos diferentes: Arquivo de Memória Operária do Rio de Janeiro (AMORJ) – fundo *Organizações de Esquerda* –, Arquivo Público do Estado do Rio de Janeiro (APERJ) – coleção *Daniel Aarão Reis Filho* e fundo *Vera Sílvia Magalhães* –, Arquivo Edgar Leuenroth (AEL/UNICAMP) – fundo *Gilberto Mathias* –, e Centro de Documentação da Universidade Estadual de São Paulo (CEDEM/UNESP) – coleção Archivio Storico Del Movimento Operaio Brasiliano (ASMOB); e também entrevistas orais com ex-militantes, realizadas por Denise Rollemberg, Janaína Teles, Marcelo Ridenti, Sandra Souza e Muniz Ferreira, Virgílio Sena, pelo projeto *Memórias Estudantis* e as que realizei para o presente trabalho.[8]

Com relação aos processos do STM, cabe ressaltar que estes processos chegaram a nós através do memorável e corajoso processo de produção do acervo *Brasil: Nunca Mais*. Com a Lei da Anistia, em 1979, formalizou-se um processo de resolução conciliatória do período ditatorial brasileiro. Ao mesmo tempo em que eram perdoados crimes "políticos" – com

8 As entrevistas realizadas por Denise Rollemberg e Marcelo Ridenti encontram-se disponíveis no Arquivo Edgar Leuenroth da Unicamp, no fundo *Militância política e luta armada no Brasil*. Os depoimentos colhidos por Janaína Teles estão disponíveis no fundo *Intolerância e Resistência: Memória da repressão política no Brasil (1964/1985)*, também disponíveis no AEL/Unicamp. As entrevistas produzidas em conjunto por Sandra Souza e Muniz Ferreira, como também as produzidas por Virgílio Sena, são resultados de suas respectivas pesquisas e foram transmitidas após contato pessoal. As entrevistas do projeto *Memórias Estudantis* estão disponíveis no núcleo de História Oral e Memória da UFRJ. Grande parte possui transcrição.

exceção dos crimes de sangue – eram também perdoados os agentes de repressão, sem nenhuma distinção ou análise específica. Ou seja, não haveria nenhuma análise ou julgamentos dos crimes cometidos pelo Estado. O objetivo era *esquecer* o passado, pois o momento era de olhar para o futuro. No entanto, segundo Viviane Tessitore, "para os que lutaram pela defesa dos direitos humanos dos perseguidos políticos não era aceitável relegar ao esquecimento essas histórias, muitas das quais envolviam torturas, desaparecimentos e mortes"[9]. A partir da resistência à conciliação e, principalmente, ao esquecimento, um grupo de advogados do Rio de Janeiro, que se dedicara, desde o Estado ditatorial de Getúlio Vargas, à defesa dos perseguidos políticos, idealizaram o projeto junto ao Reverendo Jaime Wright, da Igreja Presbiteriana, com o apoio do cardeal D. Paulo Evaristo Arns, que garantiu cobertura institucional.[10] Esse grupo de advogados, a partir da visualização de uma brecha na Lei da Anistia, podia requerer processos referentes a crimes políticos por 24 horas, visando obter a anistia para seus respectivos clientes. No entanto, utilizavam esse tempo para fotocopiar os processos e arquivá-los, de diversas maneiras e em diversos locais diferentes, para garantir sua preservação e integridade. Foram fotocopiados 710 processos referentes a presos políticos e organizações políticas ao final do projeto.[11] Desta soma, 32 processos se referem, diretamente, a militantes do MR-8, e todos foram analisados para realização deste trabalho.

9 TESSITORE, Viviane. "Projeto 'Brasil: Nunca Mais': Reconstrução histórica, recuperação e aplicação da metodologia", *Projeto História*, nº 50, São Paulo, agosto 2014, p. 276. Disponível em: http://revistas.pucsp.br/index.php/revph/article/view/24044. Acessado em: 13/02/2017.

10 *Idem*, p. 277-278.

11 *Idem*, p. 284.

Estes processos se mostram importantes por diversos motivos: conseguimos, através dos processados, mapear os militantes do MR-8, sua idade, gênero, origem social e ocupação; oferecem, também, um panorama de como os órgãos de repressão analisavam os movimentos da organização e suas relações com o movimento operário e o movimento estudantil; ademais, possibilitam-nos a construção do panorama cotidiano da organização, de modo relativo, através de suas ações armadas, que não aparecem nas demais fontes; por fim, são de intensa importância pelos documentos políticos produzidos, que eram confiscados nas ações de invasão de "aparelhos" – local onde os militantes viviam na clandestinidade – que não se encontram em outros arquivos; como, também, os depoimentos que os militantes, quando presos, eram obrigados a dar.

Neste ponto cabe uma ressalva. Sabemos das condições em que esses depoimentos eram obtidos, e isso nos leva aos limites dessas fontes. Severas e longas sessões de tortura, com seus mais diversos mecanismos, ou obrigavam os militantes a darem informações preciosas que levariam outros militantes à prisão, ou faziam com que os militantes escrevessem declarações de "próprio punho" a respeito da organização de modo geral, em três principais pontos: contatos com outros militantes; linha política; ações armadas que havia realizado. Portanto, devemos matizar as informações ali contidas, pois o objetivo final de todo militante era não dar informações e, quando isto se tornava impossível, tentava-se confundir os torturadores com informações imprecisas ou falsas, de modo a não *abrir* informações que teriam a força de levar outros militantes à prisão e/ou colocar em perigo o futuro da organização. Para além, conforme indicou Cid Benjamin – preso em abril de 1970 – em entrevista que nos concedeu, as declarações de "próprio punho" podiam não ser escritas pelos militantes:

> Praticamente todos os presos, depois do período inicial de tortura, são obrigados a fazer declaração de próprio punho. O que a pessoa escreve não é o que ela disse. [...]. Podem ser, inclusive, informações que a repressão tinha e montou.[12]

Esta tese, de que os depoimentos eram forjados com as informações que a repressão já tinha – talvez com objetivo de desmoralizar o militante com relação aos seus companheiros, visto que havia um forte imperativo moral, no interior dos grupos de esquerda armada, para quem "abrisse" demais nos interrogatórios –, é corroborada pelo depoimento de outro militante, José Carlos Souza, preso em agosto de 1971 em Salvador, que versa sobre o nível de informações que tinham os órgãos de repressão, neste caso, o Centro de Informações de Segurança da Aeronáutica (CISA):

> o CISA era especialista em MR-8. Era quem reunia todas as informações, e era impressionante como ele [o interrogador] falava exatamente do jeito que a gente falava. Se ele caísse de repente numa reunião de qualquer ordem do partido ele seria facilmente reconhecível, reconhecido como uma figura do partido. [...] conhecia as linhas políticas, conhecia os namoricos, quem era, quem se ligava a quem.[13]

Portanto, percebendo a limitação dessas fontes, que, podem ter sido produzidas pelos próprios órgãos de repressão, como forma de desmoralização ou, talvez, como forma de "legalizar" informações obtidas por meios escusos, utilizaremos os depoimentos apontando sempre nas notas de rodapé a qual militante este depoimento é *atribuído*, com a consciência de que

12 BENJAMIN, Cid. Entrevista concedida a Higor Codarin, Rio de Janeiro, 14 de julho de 2016.

13 SOUZA, José Carlos. Entrevista realizada por Sandra Regina Barbosa da Silva Souza e Muniz Ferreira.

esses testemunhos foram obtidos sob condições de extrema violência física e psicológica ou não foram dados da forma como aparecem. Ademais, tentaremos sempre cotejá-los com bibliografia e documentação para evitar possíveis inconsistências.

Com relação aos documentos escritos, da organização e/ou de seus militantes, também podemos verificar limites e potencialidades. Os documentos políticos da organização e os debates entre os militantes, que circulavam, de forma impressa, como *Tribunas de Debate*, têm uma enorme fecundidade pois foram documentos produzidos no calor da hora; portanto, são representativos para uma análise que busque remontar o contexto sem construções posteriores. No entanto, a situação de intensa clandestinidade, vinculada a uma maneira própria de produzir documentos – em sua imensa maioria mimeografados, com alguns documentos totalmente ilegíveis –, trazem dificuldades para construir um *corpus* documental que seja coeso. Parte significativa da documentação acabou se perdendo com o tempo, e isto acarreta lacunas difíceis de preencher.

Por fim, em relação aos depoimentos orais, devemos ter sempre em vista que, como processos de rememoração, são processos construídos a posteriori, que além de levar em consideração o processo de negociação envolvendo a memória coletiva, também se caracterizam por ser uma tentativa de produzir coerência e linearidade. Sendo assim, cabe ao pesquisador estar vigilante quanto às problemáticas envolvendo essas fontes. Contudo, apesar disso, devemos compreender que existem possibilidades nessas memórias, o que significa sua importância. A subjetividade inexistente nos documentos políticos, em sua maioria rigidamente centrados em discussões tático-estratégicas, aparecem em realce nessas fontes, o que facilita a compreensão do cotidiano dos militantes e de suas respectivas experiências pessoais, a partir de seus desejos e conflitos, humanizando, assim, as mãos anônimas empenhadas na escrita dos documentos políticos e desvelando o contexto e as condições em que foram produzidos. Ademais, os depoimentos orais também atuam de modo a preencher lacunas que são intransponíveis a partir dos documentos políticos da organização, principalmente pela lógica da clandestinidade a que estavam submetidos, conforme tratamos anteriormente. Em síntese, essas fontes dizem, sobre os militantes, o que os documentos de papel, escritos no calor da hora, estão impossibilitados de dizer.

Da Esquerda Reformista à Esquerda Revolucionária: os estudantes dissidentes

Partido Comunista Brasileiro (PCB): da hegemonia ao fracionamento

> [...] a sociedade brasileira está submetida, na etapa atual de sua história, a duas contradições fundamentais. A primeira é a contradição entre nação e o imperialismo norte-americano e seus agentes internos. A segunda é a contradição entre as forças produtivas em desenvolvimento e as relações de produção semifeudais na agricultura.
>
> Partido Comunista Brasileiro, *Declaração sobre a política do PCB,* março de 1958

> Uma revolução agrária, antifeudal e anti-imperialista.... Que não se tratava de nada disso, verificou-se amargamente quando uma simples passeata militar bastou para deitar por terra a aventura e dispersar sem maior esforço os iludidos pseudorevolucionários.
>
> Caio Prado Júnior, *A revolução brasileira,* 1966

É imprescindível, para remontarmos a gênese da Dissidência da Guanabara, trazermos à luz o contexto que possibilita seu surgimento. É necessário, para que construamos um quadro completo, seguirmos duas trilhas que, durante a década de sessenta, entrecruzaram-se, sendo fundamentais para entendermos não apenas a formação da Dissidência, mas, grosso modo, das demais organizações de esquerda que surgem após o golpe de 1964: a esquerda[1] brasileira e o movimento estudantil.

A esquerda brasileira de viés marxista, pelo menos a partir da segunda metade da década de quarenta, tinha como principal força hegemônica o Partido Comunista Brasileiro[2]. Portanto, para além das demais organizações que surgiram no âmbito da década de sessenta, é necessário trazermos, de

1 Utilizamos o termo *esquerda* conforme indicado por Jacob Gorender: "entendo por esquerda o conceito referencial de movimentos e ideias endereçados ao projeto de transformação social em benefício das classes oprimidas e exploradas. Os diferentes graus, caminhos e formas dessa transformação social pluralizam a esquerda e fazem dela um espectro de cores e matizes." *In:* GORENDER, *Op. Cit.*, 2014, p. 11 Nessa mesma linha, explicitando seu caráter crítico ao capitalismo, está a interpretação de Marco Aurélio Garcia: "[...] campo de forças sociais e políticas e de correntes heterogêneas que agrupa socialistas, comunistas (e suas dissidências), libertários, crescentemente setores cristãos, e que se inscrevem em uma perspectiva crítica ao capitalismo. GARCIA, Marco Aurélio "Contribuições para uma história da esquerda brasileira" *In:* ANTUNES, Ricardo; FERRANTE, Vera B.; MORAES, Reginaldo. *Inteligência Brasileira,* São Paulo: Brasiliense, 1986, p. 194.

2 Sua denominação, até 1961, era Partido Comunista do Brasil. No entanto, em uma manobra para reconquistar a legalidade perdida em 1947, sob o argumento de que não era um partido, na essência, brasileiro, mas sim uma seção nacional de um partido internacional, ligado à URSS, altera seu nome para Partido Comunista Brasileiro, o que não traria a legalidade de volta. A partir de 1962, o PCdoB, nova organização criada a partir da cisão de parte dos militantes do PCB, assumiria o nome original, reivindicando, para si, a tradição do partido.

forma mais profunda, a trajetória e as opções feitas pelo PCB que, segundo Gorender, neste período

> dispunha de quadros experientes e completamente dedicados ao trabalho partidário, sua radicação no movimento operário era sólida e muito mais importante do que a das outras correntes, contava com ramificações no meio camponês, tinha forte influência no movimento estudantil e nas campanhas anti-imperialistas.[3]

Fundado em 1922, a partir da influência internacional da revolução russa e do contexto de formação da III Internacional, surgiu como uma alternativa marxista à influência anarquista no tímido movimento operário brasileiro do início do século XX. Colocado na ilegalidade no ano em que foi fundado – situação que se tornaria regra em sua trajetória histórica –, voltaria a legalidade em 1927. Adquiriu protagonismo na cena política brasileira na década de trinta, principalmente a partir da luta contra o avanço do nazifascismo, encarnado, no contexto nacional, no integralismo brasileiro, inspirado na orientação de frente única pela base da Internacional Comunista (IC) de 1928, que culminou na criação da Aliança Nacional Libertadora (ANL) sob hegemonia do partido. A partir de uma leitura conjuntural fortemente inspirada na orientação "classe contra classe", enxergava o Brasil em uma situação pré-revolucionária, que culminaria em uma insurreição das massas. A insurreição, precipitada em novembro de 1935, começou em Natal, tendo se realizado depois em Recife e, por fim, no Rio de Janeiro, então Distrito Federal. Desbaratado pela polícia de Getúlio Vargas, o levante comunista foi denominado, pejorativamente, de intentona. Utilizado politica-

3 GORENDER, *Op. Cit.*, 2014, p. 23.

mente por Vargas como um dos fatores para imposição da ditadura do Estado Novo, a repressão ao levante resultou na prisão de quase todos os dirigentes do PCB e redução drástica no número de seus militantes, fato que o deixou próximo da extinção, além de impor ilegalidade ao partido até 1945.[4]

Em 1945, no fim da ditadura de Vargas, dava-se continuidade ao processo de reorganização partidária que teve início em 1943, com a Conferência da Mantiqueira, mas agora acrescido da participação dos principais quadros do PCB, postos em liberdade – em especial, do *cavaleiro da esperança*, Luís Carlos Prestes, preso desde 1935, e do retorno do partido à legalidade. Nesse processo de reestruturação, mantinha-se a proposta contra o nazifascismo, mas ao contrário de frentes pela base, orientava-se em favor de uma grande união nacional, sob liderança de Getúlio Vargas, fato que, apesar de realizado, encontrou resistências dentro do partido. Segundo Daniel Aarão Reis, a proposta de união nacional contra o nazifascismo obteve bastante respaldo na sociedade, que pressionava o governo de Vargas a aderir à frente dos Aliados na II Guerra Mundial, fazendo com que os comunistas, também a partir da influência da União Soviética no contexto da guerra, aparecessem como

> os antifascistas mais decididos, abnegados, corajosos, reivindicando a condição de, e reconhecidos como patriotas, prontos a qualquer sacrifício em nome dos interesses nacionais. A aureola de acos-

---

4 Para verificar, de forma mais profunda, o contexto e as posições políticas do PCB em seu período inicial de atuação, Cf. DEL ROIO, Marcos. "Os comunistas, a luta social e o marxismo (1920-1940). " *In:* AARÃO REIS FILHO, Daniel; RIDENTI, Marcelo (Orgs.). *História do Marxismo no Brasil, vol. 5: Partidos e organizações dos anos 1920 aos 1960.* Campinas, SP: Editora Unicamp, 2002, p. 11-72.

> sados e perseguidos, as chagas de torturados, o sofrimento de Prestes, o martírio de Olga e tantos outros, tudo isso fazia uma legenda [...]. Ao mesmo tempo, agindo no mesmo sentido, a importância da União Soviética, reconvertida, no quadro da grande Aliança antifascista, em potência democrática e amiga da Democracia e das Liberdades. Stalingrado e Stalin deixaram de ser meros nomes de uma cidade e de um líder político, transformaram-se em poemas, em símbolos de uma época e de uma luta – titânica, de caráter universal – que, agora, estava esmagando, de forma definitiva, a poderosa e considerada invencível Besta nazista.[5]

Nesta perspectiva, no pós-guerra mantém-se a visão de união nacional, mas, sobretudo, em favor da bandeira da paz. Respaldados no sentimento difuso na sociedade por paz, justiça e harmonia, os comunistas mostravam-se como "paladinos da ordem política e da paz social"[6]. Essa visão política se mostrou acertada nas eleições, ao final de 1945. O candidato à presidência pelo partido, Yedo Fiúza, lançado um mês antes das eleições, atingiu cerca de 10% dos votos. Resultado ainda mais expressivo foi a eleição de quatorze deputados para a Assembleia Constituinte, incluindo Carlos Marighella – que, mais tarde, seria considerado o inimigo número 1 da ditadura e a de Prestes para o Senado.[7] No entanto, a eleição de Eurico Gaspar Dutra para a presidência inauguraria um novo período turbulento para o PCB.

No contexto de início do processo crescente de radicalização da Guerra Fria, vinculado ao alinhamento claro de

5 AARÃO REIS FILHO, Daniel. "Entre reforma e revolução: a trajetória do Partido Comunista no Brasil entre 1943-1964" *In:* AARÃO REIS FILHO; RIDENTI (orgs.), *Op. Cit.*, 2002, p. 73-108, p. 75.

6 *Idem*, p. 76.

7 *Idem*, p. 77.

Dutra com o polo norte-americano, um pedido de cassação do registro partidário do PCB, impetrado em 1946, começava a tomar força para ser julgado em 1947. Para surpresa dos comunistas, que, subestimando a possibilidade de cassação, planejavam o IV Congresso, a cassação foi confirmada. Para além do registro do partido, no ano seguinte perderiam os direitos políticos aqueles que haviam sido eleitos pela legenda na eleição de 1945.

A cassação foi um balde de água fria nos comunistas que iniciavam uma nova trajetória de enraizamento na sociedade, após um grave período que quase levou o partido à extinção. A reação do partido viria, condensada, nos que ficaram conhecidos como *Manifesto de Janeiro*, de 1948, e *Manifesto de Agosto*, de 1950. Ambos assinados por Prestes, concluíam que a união nacional é excluída do horizonte político; o governo Dutra é traidor da nação, e o país estava polarizado, de um lado "[...] os latifundiários e grandes capitalistas [...], com os dirigentes de todos os partidos políticos das classes dominantes, que quer[em] a guerra, a colonização, o terror e a fome para o povo"; de outro "as grandes massas trabalhadoras, operários e camponeses [...], pequenos comerciantes e industriais, a maioria do nosso povo enfim, que luta contra a miséria, que quer paz e liberdade. Que luta pela independência da pátria do jugo imperialista."[8] Nesta leitura conjuntural, a única saída era a necessária revolução agrária e anti-imperialista, sob direção do proletariado em uma Frente Democrática de Libertação Nacional. Revolução que seria

8 PARTIDO COMUNISTA DO BRASIL (PCB), *Manifesto de Agosto de 1950*, p. 7 Disponível em: https://pcb.org.br/fdr/index.php?option=com_content&view=article&id=89:o-manifesto-de-agosto&catid=1:historia-do-pcb. Acessado: 17/02/2017.

atingida somente por intermédio da violência revolucionária, pois, diante da violência da "ditadura feudal-burguesa serviçal do imperialismo", a "violência das massas é inevitável e necessária, é um direito sagrado e o dever inelidível de todos os patriotas".[9] Entretanto, apesar da radicalidade da resposta política do PCB à cassação de seu registro, houve intensa dificuldade na realização das propostas contidas nos manifestos assinados por Prestes.

Apesar de confirmadas, em linhas gerais, no IV Congresso que se realizou em novembro de 1954, a proposta de radicalização revolucionária não sensibilizava as massas, tornando cada vez mais difícil, transformar a retórica em prática. De modo que os quadros de base do partido começaram, após a percepção do isolamento progressivo, a promover uma "viagem de volta à sociedade brasileira".[10] Os comunistas, contrariando as orientações da linha política, retomaram a atuação junto aos sindicatos – que, pelas intervenções do Ministério do Trabalho, eram desvalorizados como espaço de atuação política, de acordo com a orientação do partido –, participaram da campanha nacionalista da Petrobras "conduzida por uma ampla frente, integrando militares, profissionais liberais, políticos moderados e líderes trabalhadores"[11] e, com isso, recolocavam o PCB em contato com os movimentos de massa, cujo exemplo maior foi a relevância da participação de seus militantes na greve dos 300 mil em São Paulo, em 1953.

Este processo de progressivo distanciamento entre a atuação política e as resoluções do partido, que não sensibi-

9 *Ibidem.*

10 AARÃO REIS FILHO, *Op. Cit.*, 2002, p. 83.

11 *Idem*, p. 85.

lizavam a sociedade, foi o grande mote da virada política do PCB, no final da década de cinquenta. Conforme nos indica Gorender, "a nova linha política gerou-se no próprio esforço de aplicação da linha anterior e nos resultados positivos colhidos à revelia dela."[12] No entanto, apesar deste distanciamento, a linha política só seria alterada após um evento que abalou as estruturas dos diversos partidos comunistas ao redor do mundo: o XX Congresso do Partido Comunista da União Soviética (PCUS), realizado em 1956.

A denúncia, realizada por Kruschev, sobre os crimes de Stalin, afetou, de forma significativa, os comunistas brasileiros. O que parecia ser apenas mais um ato de propaganda da imprensa burguesa, foi confirmado após a volta da delegação brasileira enviada ao congresso, que demorou a chegar devido a uma passagem pela China de Mao, e causou perplexidade nos comunistas brasileiros. "O 'genial guia dos povos' não passava de um apocalíptico criminoso".[13] A confirmação da veracidade do relatório secreto originou um amplo processo de autocríticas, das mais diversas e variadas matizes, de forma aberta, por intermédio da imprensa comunista, em especial do periódico *Imprensa Popular*. Foi contido em meados de 1957, e seu saldo foram depurações à direita e à esquerda, desembocando na produção de uma nova linha política, delineada na *Declaração sobre a Política do PCB*, de março de 1958.

A análise sobre a linha política do PCB e sua prática consonante até o golpe de 1964 é fundamental para compreendermos, a um só tempo, a força política do partido durante o governo de João Goulart, como também as críticas que iriam

12 GORENDER, *Op. Cit.*, 2014, p. 26

13 AARÃO REIS FILHO, *Op. Cit.*, 2002, p. 89

resultar em diversas cisões após o golpe, incluindo a Dissidência da Guanabara, dos quais o *Partidão* – apelido dado pejorativa ou carinhosamente, dependendo das afinidades, nunca mais iria se recuperar.

Ao contrário das resoluções anteriores, o partido reconhecia que havia um desenvolvimento capitalista em curso no Brasil, e isto atendia aos interesses do proletariado e de todo o povo, por representar um "elemento progressista por excelência da economia brasileira".[14] Entretanto, amparado nas resoluções do VI Congresso da Internacional Comunista de 1928, avaliava-se a coexistência entre os elementos progressistas do desenvolvimento capitalista, principalmente nos centros urbanos, e o atraso no meio agrário, baseado "no latifúndio e nas relações pré-capitalistas de trabalho"[15], consideradas relações "semifeudais"[16]. Mantinha-se também a

14 PARTIDO COMUNISTA DO BRASIL (PCB), *Declaração sobre a política do PCB, 1958, p. 1.* Disponível em: https://pcb.org.br/fdr/index.php?option=com_content&view=article&id=5:declaracao-sobre-a-politica-do-pcb-marco-de-1958&catid=3:temas-em-debate. Acessado em: 13/03/2017.

15 *Ibidem.*

16 Para compreensão deste conceito, na caracterização da agricultura brasileira, deve-se retornar ao intenso debate sobre o período de colonização da América Portuguesa, que se relaciona com a análise sobre o modo de produção que persistia na Europa, em especial em Portugal. A problemática de transição entre os modos de produção feudal e capitalista em Portugal, aliados ao tipo de modo de produção construído na América Portuguesa, gerou diversos matizes interpretativos, que são fundamentais para o entendimento da caracterização das relações sociais no campo brasileiro. Debate que transcendeu as décadas de 50 e 60, tem como autores fundamentais: Ciro Cardoso (*Agricultura, escravidão e capitalismo,* 1979); Jacob Gorender (*O escravismo colonial, 1978);* Caio Prado Júnior (*História Econômica do Brasil,* 1963 e *Formação do Brasil Contemporâneo,* 1942); Fernando Novais (*Portugal e Brasil na crise do antigo sistema colonial,* 1986); Nelson Werneck Sodré (*Formação Histórica do Brasil,* 1963). Como fugiríamos dos

visão sobre a pressão exercida pelo imperialismo, que estabelecia uma cisão na burguesia brasileira, tornando-a em parte uma burguesia entreguista e outra nacional patriota. Portanto, o momento não era de revolução socialista – o que consolidava a visão da revolução por etapas –, mas sim de uma revolução nacional-democrática, anti-imperialista e antifeudal. Esta seria realizável a partir da constituição de uma frente única nacional, constituída pela união de diversos setores patriotas e progressistas da sociedade brasileira, incluindo a burguesia nacionalista, tendo em vista a superação do atraso, personificado nas relações pré-capitalistas no campo e na influência do imperialismo norte-americano.

Ademais, há outra característica a ser citada, pois iria influir, de forma relevante, na relação do partido com o governo brasileiro. Avaliava-se, no Brasil, um processo crescente de democratização da vida política, que – aliado à postura internacional de coexistência pacífica da União Soviética e à atuação política satisfatória em torno da união nacional pela paz – fez com que o caminho da revolução brasileira fosse visto como pacífico, e isto demandava "a atuação de todas as correntes anti-imperialistas dentro da legalidade democrática e constitucional, com a utilização de formas legais de luta e de organização das massas."[17] Portanto, ao contrário do radicalismo revolucionário da linha política de 1954, pressupunha-se uma luta dentro da legalidade e, sobretudo, pacífica, realizada por uma frente ampla e heterogênea, com o obje-

objetivos do trabalho se focalizássemos a construção do debate, deve-se atentar para a sintética sistematização em: SILVA, Ligia Osório. "Feudalismo, Capital Mercantil, Colonização", *In:* QUARTIM DE MORAES, João & DEL ROIO, Marcos (orgs.), *História do Marxismo no Brasil, vol. 4: visões do Brasil*, Campinas, SP: Editora da Unicamp, 2000, p. 11-72.

17 PCB, *Op. Cit.*, 1958, p. 17.

tivo de eliminar os resquícios feudais e promover o desenvolvimento nacional autônomo. Era indicada a hegemonia do proletariado no processo, no entanto, esta seria alcançada apenas após um processo de "luta árdua e paulatino". Por fim, recomendava-se, de forma rápida e breve, a possibilidade de enfrentamento com as forças inimigas do povo, caso essas empregassem a violência. Deveriam ser utilizadas as soluções "não-pacíficas" – recusando a utilização do termo insurreição – em caráter defensivo. E a responsabilização por um possível confronto em que haveria derramamento de sangue recairia sobre os "inimigos do povo brasileiro".[18]

Como podemos perceber, focado principalmente na visão *dualista* da sociedade brasileira,[19] o objetivo dos comunistas era fortalecer a luta pelas reformas estruturais da sociedade, em especial a reforma agrária, visando o desenvolvimento do capitalismo no Brasil. Com a realização do V Congresso em 1960, reafirmaram-se as análises sobre a sociedade brasileira e o caminho, por etapas, da revolução. Entretanto, abriu-se espaço para o fortalecimento da posição política que preconizava a necessidade da hegemonia proletária na frente única e a possibilidade de insurreição das massas contra os inimigos do povo, ainda que em caráter defensivo. Quando concluídas, as teses aprovadas no V Congresso abriram "um horizonte em que se tornava possível aos militantes comunistas tomar atitudes e adotar posições diferenciadas, sempre reivindicando a *li-*

18 *Idem*, p. 19.

19 Para uma síntese sobre a análise teórica dualista na sociedade brasileira, Cf. DÓRIA, Carlos Alberto. "O dual, o feudal e o etapismo na teoria da revolução brasileira." *In*: QUARTIM DE MORAES, João (org.), *História do marxismo no Brasil, vol. 3. Teorias e interpretações. 2ªed.* Campinas: Editora da Unicamp, 2014, p. 245-298.

nha aprovada, das mais prudentes às mais combativas".[20] Para além da abertura do espectro de atuação política, a renúncia de Jânio Quadros em 1961, com a complicada, porém confirmada, posse de João Goulart, parecia confirmar a linha política de atuação pela via constitucional. João Goulart, representante do Partido Trabalhista Brasileiro (PTB), flertava com as propostas pecebistas. Conforme atesta Ridenti, o trabalhismo "e o PCB tinham muitos pontos de contato, ambos reivindicando a libertação do povo para a construção de uma nação brasileira, independente do imperialismo e livre do atraso feudal remanescente no campo."[21]

Nesse sentido, portanto, podemos verificar a força política do PCB: sua linha política voltada para a necessidade das reformas estruturais, via constituição de uma frente ampla, parecia acoplar-se perfeitamente ao cenário de crescente radicalização e politização dos movimentos de massa durante todo o governo de João Goulart. As diversas tendências dos movimentos de massa confluíam para a necessidade urgente das reformas estruturais, que sairiam "na lei ou na marra". O Comando Geral dos Trabalhadores (CGT), acrescido da Confederação Nacional dos Trabalhadores da Agricultura (CONTAG) em 1963, a Confederação Nacional dos Trabalhadores da Indústria (CNTI) e a Frente de Mobilização Popular (FMP) formada por partidos, entidades sindicais, entidades setoriais estudantis, de mulheres e diversos profissionais liberais, aliados às gradativas sinalizações de João Goulart para a realização das reformas, são, de forma breve, a caracterização do momento político que impulsionava o PCB como principal refe-

20 AARÃO REIS FILHO, *Op. Cit.*, 2002, p. 96.

21 RIDENTI, Marcelo. *O fantasma da revolução brasileira, 2ed.* São Paulo: Editora da UNESP, 2010, p. 28

rência para as mais diversas bandeiras em favor das reformas de base, fossem econômica, agrária, tributária ou universitária.

No entanto, ao mesmo tempo em que adquiria grande relevância no cenário político brasileiro, o PCB "também se defrontou com uma esquerda diversificada, com novas correntes que disputavam a preferência dos movimentos de massa e desafiavam[-no] no próprio campo do marxismo".[22] Podemos destacar algumas organizações que tiveram relevância no pré-64: Organização Revolucionária Marxista – Política Operária (ORM-POLOP), a Ação Popular (AP), o Partido Comunista do Brasil (PCdoB), o Partido Operário Revolucionário Trotskista (PORT) e o Movimento Revolucionário Tiradentes (MRT).

As duas organizações mais relevantes foram a ORM--POLOP e a AP. A primeira, fundada em 1961, apareceu como tentativa de alternativa à política pecebista, dominante na esquerda brasileira, como também às outras organizações que eram consideradas stalinistas ou insuficientemente revolucionárias. Partiam de referências teóricas diversas, como Trótski, Rosa Luxemburgo, Bukharin, Brandler e Talheimer.[23] Sua inserção esteve fortemente vinculada ao movimento estudantil, com poucas bases operárias e presença significativa entre militares de baixa patente, consequência dos contatos que mantinham com o grupo de Leonel Brizola. Se não obteve grande inserção nos movimentos de massa, notabilizou-se por um esforço de se contrapor, teoricamente, à proposta política do PCB que descrevemos acima.

22 GORENDER, *Op. Cit.*, 2014, p. 36.

23 MATTOS, Marcelo Badaró. "Em busca da revolução socialista: A trajetória da POLOP (1961-1967)." *In:* AARÃO REIS FILHO, Daniel; RIDENTI, Marcelo, *Op. Cit.*, 2002, p. 197-225, p. 197.

Ao contrário da necessidade da revolução burguesa (democrático-nacional), preconizava-se, a partir da influência da leitura sobre o imperialismo de Lênin, a revolução socialista. Segundo Badaró Mattos:

> para a POLOP o Brasil era um país já plenamente capitalista, inserido na dinâmica da fase imperialista deste sistema, e, portanto, o ataque ao imperialismo só poderia ser consequente se empreendido em uma perspectiva anticapitalista, o que conferia à tarefa revolucionária um caráter socialista, desde a primeira hora.[24]

Ademais, ao contrário da proposta revolucionária pacífica e democrática do PCB, a POLOP, pioneira na divulgação dos feitos da Revolução Cubana, propunha o enfrentamento armado, não pela via da guerra de guerrilhas, mas pelo método da insurreição operária nos grandes centros urbanos, através da Frente dos Trabalhadores da Cidade e do Campo, fazendo oposição também à construção de uma frente ampla e heterogênea, como propunha o PCB.[25]Assim, como consequência natural, a POLOP não visualizava potencial revolucionário no governo de João Goulart, mas sim denunciava seu caráter burguês, que através da proposta das reformas de base procurava mistificar as massas e dificultar o avanço da consciência de classe.[26] Em 1967, em seu quarto congresso, seria afetada por uma significativa cisão em razão da polarização a respeito da adesão à luta armada pela via da guerra de guerrilhas. No entanto, o que cabe ressaltar, conforme veremos mais profundamente no próximo capítulo, é que suas contribuições teóricas influenciaram os grupos de es-

---

24 *Idem*, p. 210.

25 *Idem*, p. 214-215.

26 *Idem*, p. 219.

querda armada pós-64, em especial a Dissidência Comunista da Guanabara, por servirem de "matriz para um questionamento às teses do PCB, no que diz respeito ao caráter da revolução no Brasil, oscilando entre a defesa da luta armada e as avaliações de conjuntura sobre qual o momento mais adequado para deflagrá-la."[27] Além da influência de suas posições políticas como grupo, seus militantes, individualmente, como Ernesto Martins, Rui Mauro Marani e Theotônio dos Santos, em conjunto com o sociólogo e economista André Gunder Frank, iriam ser fundamentalmente importantes na construção do debate sobre a *teoria da dependência*,[28] que também exerceu forte influência na esquerda armada brasileira.

A Ação Popular, fundada em 1962, baseava-se fundamentalmente no movimento estudantil ligado à Igreja Católica. Surgiu como fração à esquerda na Juventude Universitária Católica (JUC), que teve grande atuação política nos anos 50 e 60. Segundo Ridenti, "a AP defendia a criação de uma alternativa política que não fosse capitalista nem comunista, inspirada num humanismo cristão mesclado com influências

---

27 *Idem*, p. 209

28 Utilizamos "teoria da dependência" no sentido apresentado por Weffort, que, sintetizado por Ridenti, engloba "autores como Gunder Frank, Rui Mauro Marani e Theotônio dos Santos, que não viam alternativas de crescimento para os países subdesenvolvidos dentro do capitalismo, sistema que nos países 'dependentes' só poderia ser mantido pela força bruta das ditaduras. *Não confundir* essa escola om a 'teoria da dependência' a que se refere Guido Mantega, teoria que negava as teses de estagnação, argumentando com a possibilidade de desenvolvimento capitalista no Brasil e na América Latina, embora dependente e associado ao capital internacional – Fernando Henrique Cardoso e Enzo Faletto teriam delineado essa teoria ainda nos anos 1960; Paul Singer, Maria da Conceição Tavares e Francisco de Oliveira seriam outros expoentes que lapidaram tal pensamento já na década de 1970, segundo Mantega." *In:* RIDENTI, *Op. Cit.*, 2010, p. 35.

da Revolução Cubana, ainda que já tivesse desatado seus vínculos orgânicos com a JUC."[29] Ainda antes, mas, sobretudo, após o golpe, iria adquirir grande protagonismo no movimento estudantil, hegemonizando a União Nacional dos Estudantes (UNE) e sendo a principal referência adversária na disputa pela hegemonia no movimento estudantil da Guanabara com a DI-GB.[30]

As demais organizações tiveram uma influência menor no contexto pré-golpe. O Movimento Revolucionário Tiradentes (MRT) se organizou a partir do refluxo das Ligas Camponesas, que, sob a liderança do advogado Francisco Julião, atuavam, sobretudo, no Nordeste, em busca da realização da reforma agrária, e obteve grande prestígio no final da década de 50. Influenciado pela Revolução Cubana, tendo, inclusive, mantido contatos estreitos com o governo cubano, o MRT pretendia ser o foco da guerrilha rural brasileira, participando do projeto de internacionalização da revolução promovido pelos cubanos durante a década de sessenta e início da década de setenta.[31] O PCdoB resultou da cisão de um setor stalinista minoritário do PCB que entrou em conflito após o XX Congresso do PCUS e, sobretudo, após o V Congresso do PCB. Na cisão, em 1962, reivindicou para si a herança do partido fundado em 1922. Protagonizaria, no início dos anos de 1970, a única tentativa de guerrilha rural brasileira, a guerrilha do Araguaia, entre os anos de 1972-1974. Já o POR (T) era

29 RIDENTI, *Op. Cit.*, 2010, p. 28.

30 Para maior profundidade sobre a trajetória da Ação Popular; cf.RIDENTI, Marcelo. Ação Popular: Cristianismo e Marxismo; *In:* AARÃO REIS FILHO, Daniel & RIDENTI, Marcelo (Orgs.) *Op. Cit.*, 2002, p. 227-302.

31 Para as relações entre Cuba e o MRT, cf. ROLLEMBERG, Denise. *O apoio de Cuba à luta armada no Brasil: o treinamento guerrilheiro.* Rio de Janeiro: Mauad, 2001, p. 15-21.

um minúsculo agrupamento trotskista-posadista que, segundo Ridenti, "teve certa penetração entre estudantes, militares de baixa patente e alguns trabalhadores rurais e urbanos".[32]

Apesar das influências teóricas diversas, que geravam propostas abertamente distintas entre as organizações marxistas que citamos acima, todas seriam fortemente abaladas pelo golpe civil-militar de 1964. No entanto, a pressão e, principalmente, a responsabilização pelo golpe não recairia sobre todas da mesma maneira. A derrota desmoralizante a – para utilizarmos a expressão de Caio Prado Junior – "uma passeata militar",[33] sem resistência efetiva de nenhum dos setores progressistas da sociedade, fez com que o PCB se transformasse de principal articulador das reformas de base, que iriam impulsionar o Brasil em direção ao socialismo, a principal responsável pelo golpe. Se Prestes, pouco antes do golpe, avaliou que qualquer golpista que se aventurasse teria a cabeça cortada, o PCB – que não optou pela "solução não-pacífica" prevista na linha política do partido –, manteria talvez apenas a cabeça, pois parte significativa das bases do partido acabariam procurando outros caminhos a partir do *1º de abril*. Caminhos que, em parte substancial, levariam ao enfrentamento armado contra a ditadura.

Se as esquerdas, no momento do golpe, foram tomadas de uma perplexidade paralisante, que resultou em pouca – quase nenhuma – resistência, os esforços em seguida foram

32 RIDENTI, *Op. Cit.*, p. 29. Para maiores informações sobre as organizações trotskistas do período, cf. KAREPOVS, Dainis; MARQUES NETO, José Castilho "Os trotskistas brasileiros e suas organizações políticas (1930-1966)" *In:* AARÃO REIS FILHO, Daniel & RIDENTI, Marcelo (Orgs.) *Op. Cit.*, 2002, p. 109-166.

33 PRADO JÚNIOR, Caio. *A revolução brasileira. (1966).* 7ª ed. São Paulo: Brasiliense, 1987, p. 27.

destinados ao processo de "autocríticas", análises dos erros e, principalmente, na busca de responsabilizações pela conjuntura resultante. Como já dissemos, o PCB, por seu porte e influência, foi o principal responsabilizado, adquirindo o papel de *bode expiatório*. Se críticas externas ao Partido Comunista, como a que vimos relacionada à POLOP, já apareciam ainda antes do golpe, intensificaram-se após a concretização de suas previsões. Contudo, as principais críticas que resultariam em consequências concretas para o PCB seriam as que partiam do interior de sua estrutura. O debate interno, que resultou em um árduo processo de luta interna, fazia-se em torno da análise dos chamados "desvios", que foram sintetizados por Dulce Pandolfi:

> Para uns, o partido tinha incorrido em graves "desvios de direita": havia alimentado ilusões nas massas sobre a possibilidade de realizar, através de uma aliança do proletariado com a burguesia, uma reforma estrutural de base, dentro dos marcos estritamente legais. Para outros, os erros eram resultado dos "desvios de esquerda". Os comunistas haviam abandonado a bandeira da legalidade democrática, superestimando a correlação de forças, propondo medidas acima das condições objetivas da realidade brasileira.[34]

A eleição de desvios de esquerda, como principais causas do golpe, foi capitaneada pelo Comitê Central, tendo a figura de Prestes como principal articulador. Alimentava-se a visão de que a linha do V Congresso deveria ser mantida, somente fora mal aplicada.

A superficialidade com que foi levado a cabo o processo de autocrítica pelo Comitê Central, concomitante a um pro-

34 PANDOLFI, Dulce, *apud* SILVA, *Op. Cit.*, 2009, p. 51.

cesso de questionamento das estruturas clássicas de partido no contexto internacional, resultante de processos revolucionários e das manifestações libertárias de 1968, fortaleceriam as críticas relacionadas aos desvios de direita, que partiam dos mais diversos segmentos do partido. Desvios que teriam impulsionado o partido em uma prática política *reboquista* – com relação a João Goulart e, consequentemente, à burguesia –, *etapista* e, sobretudo, *pacifista*. Todas as críticas refletiam uma necessidade candente de oposição à inação do partido. O imperativo da ação delineava-se no horizonte.

A partir das críticas vieram as cisões. Em caráter geral, podemos caracterizar dois processos distintos de rupturas dentro do partido: pelas bases e pela cúpula. Pela cúpula organizaram-se sob a denominação de *Corrente*, que, posteriormente, deu origem a duas organizações autônomas. Os principais integrantes eram Carlos Marighella e Joaquim Câmara Ferreira, que constituíram a Ação Libertadora Nacional (ALN) em São Paulo; e Mário Alves, Apolônio de Carvalho e Jacob Gorender, que iriam dar origem ao Partido Comunista Brasileiro Revolucionário (PCBR), com principais bases na Guanabara.[35]

Com relação às bases, notabilizam-se as estudantis, conhecidas como dissidências estudantis (DIs). Pioneira na cisão com o Partidão, em 1966, a Dissidência da Guanabara seria seguida, em um processo que duraria até 1968, pelas Dissidências do Rio de Janeiro (DI-RJ), que se tornaria o primeiro Movimento Revolucionário 8 de Outubro; Dissidência do Rio Grande do Sul (DI-RS), que formaria o Partido Operário Comunista (POC) com remanescentes da POLOP; Dissidência de São Paulo (DI-SP), que se integraria à ALN ou

35 RIDENTI, *Op. Cit.*, 2010, p. 30.

à VPR e VAR-Palmares; Dissidência da Bahia, que, parcialmente, promoveria uma fusão com a DI-GB; e, Dissidência de Minas Gerais (DI-MG), que integraria a corrente. Em síntese, não somente a inação diante do golpe, mas, principalmente, a postura passiva do PCB nos anos seguintes fez com que os militantes, dos mais variados segmentos do partido, optassem por outros caminhos, com um objetivo em comum: refundar a esquerda brasileira e torná-la, efetivamente, revolucionária. O tempo era de ação.

No entanto, para compreendermos o processo de formação da Dissidência da Guanabara não basta analisar o processo de questionamento do PCB no contexto pós-64. Faz-se necessário também construirmos suas relações com o movimento estudantil, fato que marcaria a relação da organização com o PCB até a cisão, em 1966, e, principalmente, explica como a DI-GB conseguiu avançar politicamente e se constituir em uma importante organização no cenário da esquerda armada brasileira.

A Dissidência da Guanabara e o movimento estudantil

> Item a: Dissidência Comunista da Guanabara. Iniciou-se com o "Movimento Estudantil" que chegou a se desenvolver grandemente durante o ano de 1968 [...]. Com a repressão desencadeada pelas autoridades encarregadas de extirpar definitivamente esse "câncer social", aqueles que já estavam suficientemente "politizados" abandonaram os bancos das faculdades, fugiram do seio de suas famílias, enveredando na clandestinidade. Assim, do dia para a noite, antigos e pacatos estudantes se tornaram profissionais do terror.
>
> Procuradoria Geral da Justiça Militar, 28/02/1972, em denúncia contra militantes da DI-GB/MR-8.[36]

36 BRASIL: NUNCA MAIS (BNM) 567, p. 170. Disponível em: http://bnmdigital.mpf.mp.br/ Acessado em: 07/03/2017. A partir deste momento, todas as

Ao empreendermos uma análise sobre o movimento estudantil para o relacionarmos com o contexto de formação e prestígio alcançado pela Dissidência da Guanabara, é necessário, como prelúdio, elucidarmos algumas proposições que norteiam este trabalho acerca do estudante e do próprio movimento que resulta de sua ação política.

De forma inicial, a chave analítica tendo como objeto o estudante deve levar em conta, sobretudo, o caráter transitório de sua condição social. Tendo em vista a superação analítica das opções e contradições do movimento estudantil a partir – unicamente – das aspirações e frustrações de sua classe de origem, que, João Roberto Martins Filho[37] encontra, principalmente, na classe média ascendente as ações dos estudantes, conforme evidencia Marcelo Ridenti:

> Devem ser compreendidas na especificidade da situação do estudante, transitória entre as classes de origem dos universitários e as classes que ajudarão a constituir depois de formados. Isto é, as lutas estudantis em seus caminhos e descaminhos são abordadas no movimento da sociedade de classes, em sua expressão diversificada e contraditória, que extrapola o meio estudantil e também o corta por todos os lados, fazendo dele, em determinadas conjunturas, um indicador dos problemas da sociedade como um todo, com as contradições que encerra.[38]

A partir disso, gostaríamos de ressaltar dois pontos: por um lado, o caráter transitório do estudante não propõe uma

---

notas referentes ao projeto *Brasil: Nunca Mais* serão referenciadas apenas com a sigla, número do processo e página. Deve-se ter sempre em mente que a página refere-se ao arquivo digital disponível no site supracitado.

37 MARTINS FILHO, João Martins. *Movimento estudantil e ditadura militar: 1964-1968*. Campinas, SP: Papirus, 1987, p. 27-28.

38 RIDENTI, *Op. Cit.*, 2010, p. 137.

desvinculação em relação às classes sociais. Neste sentido, em nenhum aspecto fortalecemos um prisma analítico que confere ao estudante, enquanto categoria social, um potencial de ampla liberdade social de ação. No entanto, por outro, não limitamos suas ações às ações de sua classe de origem, fato que, de certo modo, imporia uma caracterização monolítica ao movimento estudantil que ele não apresenta. Em suma, o caráter transitório do estudante na sociedade revela, a um só tempo, a partir da peculiaridade de sua situação, a especificidade de sua atuação política.

Ademais, devemos ressaltar que, conforme propõe João Roberto Martins Filho,

> no interior do próprio movimento, definem-se dois níveis de análise sem dúvida inter-relacionados, mas que mantêm entre si um significativo grau de autonomia. Faz-se necessário considerar, além das práticas da massa, a especificidade das práticas e orientações ideológicas que se configuram no nível de direção do movimento.[39]

Isso é importante para fazermos uma ressalva: apesar de intimamente conectadas, a trajetória da Dissidência da Guanabara e o movimento estudantil não são uma única trajetória, mas sim duas trajetórias distintas que se cruzam. Ao analisarmos o protagonismo de militantes políticos da Dissidência da Guanabara à frente do movimento estudantil não estamos afirmando uma identidade completa, mas estamos tentando compreender como a organização revolucionária se formou a partir das relações que manteve com o movimento estudantil, num momento em que grande parte da vanguarda do movimento estudantil optou pelo enfrentamento armado à ditadura.

39 MARTINS FILHO, *Op. Cit.*, 1987, p. 30.

Se, conforme Martins Filho, podemos conceber o movimento estudantil apenas a partir da criação da UNE, em 1937,[40] quando a "[...] participação circunstancial dos estudantes" se torna um "[...] movimento unificado em torno de alguns objetivos em comum",[41] para compreendermos o movimento estudantil na década de sessenta, sobretudo no estado da Guanabara,[42] é importante atentarmos que, como nos indica Poerner, "[...] os estudantes se unem, acima de tudo, pela universidade".[43] Portanto, seguiremos a trilha da principal pauta em torno da qual lutaram: a reforma universitária.

A reforma universitária aparece no horizonte na segunda metade da década de cinquenta, a partir da abertura da "universidade aos setores sociais médios, que se expressa na significativa expansão das vagas, a partir do início do segundo governo Vargas".[44] O aumento das vagas universitárias – que passariam de 30 mil em 1945 para 142 mil em 1964[45] – ti-

---

40 Existe uma polêmica sobre a data de fundação da UNE. Alguns acreditam ser 1938, enquanto a entidade aponta o ano de 1937. Utilizaremos a data proposta pela entidade. Cf. http://www.une.org.br/2011/09/historia-da-une/. Acessado em: 02/03/2017

41 MARTINS FILHO, *Op. Cit.*, 1987, p. 16.

42 O estado da Guanabara corresponde à atual cidade do Rio de Janeiro. Criado em 1960, após a transferência da capital federal para Brasília, tinha por objetivo a manutenção do prestígio político da antiga capital federal. Foi mantido até 1975. As diferenças entre a DI-GB e DI-RJ referem-se a isso. Enquanto a Dissidência da Guanabara criou-se no Estado da Guanabara, a Dissidência do Rio de Janeiro criou-se em Niterói, enão capital do Estado do Rio de Janeiro.

43 POERNER, Arthur *O poder jovem:* história da participação política dos estudantes brasileiros. 5ª ed. Rio de Janeiro: Booklink, 2004, p. 190.

44 MARTINS FILHO, *Op. Cit.*, p. 34.

45 MOTTA, Rodrigo Patto Sá. *As universidades e o regime militar: cultura política brasileira e modernização autoritária.* Rio de Janeiro: Zahar, 2014, p. 24.

nha por objetivo atender às mudanças socioeconômicas pelas quais passava o Brasil, em especial, o aumento da população urbana – a partir do processo crescente de industrialização da década de 50 –, que, segundo gráfico realizado por Francisco Vidal e Herbert Klein, saltaria de 19 milhões de pessoas no início da década para 31 milhões no final, o que representou um aumento de, aproximadamente, 63% na população urbana brasileira. Este processo traria como consequência, em meados da década seguinte, a predominância de pessoas vivendo na cidade em relação ao campo.[46]

No entanto, se houve um aumento significativo na abertura de vagas – o que não impediu a criação da figura do universitário excedente, conforme veremos adiante –, este não foi acompanhado de um processo de modernização e democratização das universidades. O arcaísmo das universidades, simbolizado, principalmente, na figura dos professores catedráticos, de cargos vitalícios, vinculados à péssima e obsoleta estrutura das universidades, seja em relação a pesquisas ou aos prédios e dependências, eram as principais críticas dos estudantes, para além da representatividade nas decisões universitárias. Contudo, se a precariedade estrutural das universidades gerava um virtual consenso entre os estudantes, à esquerda e à direita, sobre a necessidade da reforma universitária – funcionando como pauta unificadora –, havia grandes diferenças a respeito de como colocá-la em prática. À esquerda, havia a demanda de tornar a universidade um espaço crítico e, sobretudo, popular,

46 Para a verificação dos gráficos e análise das mudanças sociais no período da ditadura, Cf. LUNA, Francisco Vidal; KLEIN, Herbert S. Mudanças sociais no período militar (1964-1985). *In:* AARÃO REIS FILHO, Daniel; PATTO SÁ MOTTA, Rodrigo; RIDENTI, Marcelo (orgs.). *A ditadura que mudou o Brasil: 50 anos do golpe de 1964*, Rio de Janeiro: Zahar, 2014, p. 66-91.

caracterizando-a a partir de um prisma transformador da sociedade. À direita, a modernização das universidades tinha um sentido mais pragmático, melhoraria priorizando as estruturas para melhorar a formação dos estudantes, visando o mercado de trabalho e a esfera produtiva. Em síntese, no período pré-golpe, o ponto de convergência entre os setores polarizados do movimento estudantil baseava-se na melhoria infraestrutural das universidades, que, mesmo por motivações diversas, atuava como ponte entre grupos de esquerda e direita.[47]

A partir da retomada da hegemonia de esquerda na UNE, por intermédio da JUC, que se apropriou da bandeira política da reforma universitária, a luta pela reforma chegou ao ápice no período pré-golpe com a deflagração da Greve do 1/3. Realizada em 1962, ficou conhecida por este nome por reivindicar essa porcentagem como representação estudantil no corpo decisório das universidades. No entanto, após a greve, que não conseguiu atingir seus objetivos, a UNE, já sob hegemonia de um grupo surgido à esquerda no interior da JUC – a Ação Popular –, promoveu uma postura política mais radical com relação à reforma, ao propor uma convergência entre as reivindicações estudantis e o projeto político mais amplo das reformas de base, reivindicadas por diversos movimentos de massa e encampada por João Goulart. Exemplo disso é um documento da entidade, lançado em 1963, que caracterizava a reforma universitária

> como uma das reformas necessárias à libertação nacional e à emancipação do povo. [...] percebe-se claramente que a Reforma Universitária não é do interesse apenas do estudante, mas sobretudo do povo, e que ela só será possível, no seu pleno senti-

47 MOTTA, Rodrigo Patto Sá, *Op. Cit.*, 2014, p. 67-68.

> do, com a libertação nacional e a reestruturação da sociedade brasileira, e que, portanto, é necessário lutar pelas outras reformas e pela libertação nacional para lutar consequentemente pela Reforma Universitária, assim como lutar pela Reforma Universitária já é uma forma de lutar pela libertação nacional e do povo brasileiro.[48]

Isso aproximou, de maneira significativa, a UNE do governo Goulart durante o biênio 1963-1964, fato que possibilitou, inclusive, um discurso de José Serra, militante da AP e então presidente da UNE, no comício de Jango em 13 de março de 1964, historicamente conhecido como Comício da Central do Brasil, no Rio de Janeiro. Neste comício, Jango sinalizou para com a reforma agrária e a nacionalização de empresas de refinaria de petróleo, o que é considerado como um dos principais elementos para a concretização do processo de polarização da sociedade brasileira que forneceu o apoio civil ao golpe, para impedimento do que era considerado avanço do comunismo no Brasil.[49]

Essa proposta de radicalização política promovida pela UNE, vinculada ao contexto de refluxo do movimento após a Greve do 1/3, promoveu um distanciamento entre as ações da vanguarda, representada pela direção da UNE, e a massa estudantil, em especial no momento do golpe. Posicionada junto a Goulart, a UNE tenta resistir ao golpe decretando greve geral. Para além da expectativa de resistência conjunta com outros setores, como segmentos militares e partidos políticos, que não se concretizou, a massa estudantil não se posicionou

---

48 UNIÃO NACIONAL DOS ESTUDANTES, *apud* SILVA, *Op. Cit.*, 2009, p. 61.

49 Para uma interessante caracterização do apoio da sociedade ao golpe e à ditadura, cf. ROLLEMBERG, Denise; QUADRAT, Samantha Viz (org.). *A construção social dos regimes autoritários: legitimidade, consenso e consentimento no século XX, vol. 2 (Brasil e América Latina).* Rio de Janeiro, RJ: Civilização Brasileira, 2010.

de forma tão clara como sua vanguarda. Além dos setores estudantis que apoiaram o golpe, grande parte da massa estudantil, ainda antes, demonstrava sinais de recusa à radicalização política da UNE. Esses sinais ficam evidentes através, principalmente, da eleição de chapas de oposição à frente de esquerda em várias entidades estudantis, especialmente, na União Metropolitana dos Estudantes (UME) – que, apesar de ser a União Estadual dos Estudantes do Estado da Guanabara (UEE-GB), matinha, como tentativa de distinção, a denominação "metropolitana" anterior à mudança da capital federal –, considerada principal termômetro das mudanças de tendência no movimento estudantil.[50]

O golpe, portanto, para além da desmoralização de partidos políticos e organizações de esquerda, como evidenciamos com relação ao PCB, também concretizou o fracasso da política radical da UNE, que vinculava a proposta de reforma universitária a um contexto global de transformação da sociedade brasileira. O grande respaldo da Greve do 1/3, em torno da representatividade estudantil no corpo diretório das universidades, e o fracasso da proposta da UNE logo em seguida evidenciavam que grande parte do movimento estudantil estava em favor de pautas relativas aos estudantes. No entanto, isso não se fazia verdadeiro em pautas que extrapolavam as universidades e flertavam com propostas revolucionárias e/ou consideradas – pelos setores contrários – de cunho comunista.

Com o golpe, apesar da falência das propostas sobre as reformas de base, o debate sobre modernização da sociedade brasileira – e, inclusive, das universidades –, permanece. No entanto, a ditadura iria impor um tipo de modernização específica. Para utilizarmos o conceito de Barrington Moore Jr, uma mo-

50 MARTINS FILHO, *Op. Cit.*, p. 68.

dernização autoritário-conservadora, que, nas palavras de Patto Sá Motta, é o processo de modernização no qual

> as tendências modernizadoras poderiam se mesclar a forças conservadoras. Essencialmente, [...] a formação de alianças reunindo burguesia e proprietários rurais, que, tangidos pelo medo da revolução social, iniciariam processos de modernização conservadora conduzido pelo Estado.[51]

Cabe ressaltar que este projeto foi se delineando ao longo da ditadura e, de modo algum, foi linear. Os impulsos conservadores e modernizadores se chocaram ao longo do processo, não apenas nas universidades, mas, de modo geral, em todos os setores da sociedade brasileira.

Portanto, dentro de um projeto nacional de modernização conservadora, a ditadura reforçou a necessidade de modernização das universidades, ponto nevrálgico desse projeto, pois, conforme indica Patto Sá Motta, as universidades deveriam "continuar cumprindo, agora em escala ampliada, o papel de formar profissionais necessários às atividades econômicas. [Como também] o potencial para desenvolver novas tecnologias, algo ainda incipiente na realidade brasileira de meados dos anos de 1960".[52] Se, por um lado, a modernização das universidades tinha uma concepção tecnocrática, que visava o desenvolvimento econômico, por outro, de modo algum esse processo deveria promover a democratização do ensino superior, muito menos a livre circulação de ideias.[53] Em sínte-

51 PATTO SÁ MOTTA, *Op. Cit.*, 2014, p. 11.

52 *Idem*, p. 16.

53 Cabe ressaltar que a reforma universitária, implementada ao longo da ditadura, não foi um processo totalmente imposto de cima para baixo, ou seja, dos militares para a comunidade acadêmica. Embora tecnocrática e, sobretudo, autoritária, "a essência desse desenho [foi] elaborada por líderes docentes, e a pressão do movimento estudantil – ou o temor que ela despertava

se, a face modernizadora do projeto de reforma universitária "liga-se à economia e à administração, tendo em vista o aumento da industrialização e a melhoria da máquina estatal", já a face autoritário-conservador "pautava-se em manter setores subalternos excluídos, combatendo ideias de esquerda, defendendo valores tradicionais como pátria, família e religião".[54]

Tendo em vista essa proposta de modernização das universidades é que devemos compreender a aproximação, durante o governo Castello Branco, entre o MEC e a *United States Agency for International Development* (USAID).[55] Com objetivo de formular uma política de cooperação para a modernização das universidades, o governo brasileiro, através do MEC, firmou acordos com a USAID para o envio de especialistas ao Brasil de modo a diagnosticar os problemas e propor saídas, à moda norte-americana, para o atraso das universidades. Os acordos, que não foram divulgados à opinião pública no momento de sua assinatura, e a postura liberal de Castello Branco com relação aos cortes de gastos do Estado, tentando responder à crescente crise econômica, aparecem como pano de fundo na tentativa de implementação de cobrança de anuidade nas universidades públicas.

---

nos militares – [serviu] de contrapeso e evitou a aplicação de certas medidas pretendidas pelo Estado." PATTO SÁ MOTTA, *Op. Cit.*, 2014, p. 8.

54 *Idem*, p. 16.

55 Deve-se ressaltar o contexto da Guerra Fria, e de consequente disputa ideológica entre EUA e URSS neste período, para compreender as intenções do governo norte-americano para com as universidades brasileiras. A USAID funcionava como ponta de lança do projeto Aliança para o Progresso, de Kennedy, que visava a modernização dos países terceiro mundistas, dentro da lógica capitalista, para impedir o avanço do comunismo na América Latina. Para uma maior profundidade sobre os acordos MEC-USAID e a influência norte-americana no processo de modernização das universidades brasileiras, Cf. PATTO SÁ MOTTA, *Op. Cit.*, 2014, p. 110-147.

Além disso, o projeto de modernização da ditadura teria de lidar com o aumento constante do número de jovens que tentavam ingressar nas universidades durante a década de 1960. Como os vestibulares não tinham caráter classificatório e as universidades sofriam com o déficit de vagas, surgiu, com muita força, a figura do universitário excedente, ou seja, o estudante que era aprovado no vestibular, mas que não conseguia obter vaga. Um exemplo disso é o aumento progressivo do coeficiente inscritos/vagas, que, consequentemente, aumentava o número de excedentes. Segundo dados de Luís Cunha, em 1966 o coeficiente era de 2,1 inscritos para cada vaga. Essa porcentagem subiria para 2,3 em 1967 e atingiria 2,4 em 1968.[56]

Em síntese, o que queríamos enfatizar neste momento é: por um lado, a bandeira da reforma universitária, durante os primeiros governos militares, continuaria a unificar os estudantes em torno de pautas comuns – a necessidade de melhoria de infraestrutura, resolução do problema dos excedentes, autonomia estudantil e representatividade nos corpos decisórios. No entanto, por outro, os estudantes teriam que lidar com a proposta de reforma da ditadura, que tinha por objetivo impor uma universidade tecnocrática, não gratuita e, sobretudo, com pouca autonomia e ausência de poder de decisão nas mãos dos estudantes. Nesta perspectiva, o quadro geral com o qual os estudantes teriam de lidar pode ser resumido em quatro fatores: a proposta de reforma da ditadura, acrescida da tentativa de influência norte-americana na educação brasileira, que aparecia como a encarnação da ameaça imperialista dentro de um contexto fortemente marcado pela crítica a influências externas; a cobrança de anuidades nas universidades, ferindo o princípio

56 CUNHA, Luis *apud* MARTINS FILHO, *Op. Cit.*, 1987, p. 125.

de gratuidade; a figura do universitário excedente que, aprovado no vestibular, não conseguia vagas devido à precariedade da estrutura das instituições; e, por fim, a repressão brutal aos estudantes que se posicionavam contra. Todos esses fatores, combinados, além de darem o tom das manifestações estudantis, impulsionaram a constituição do movimento estudantil como principal movimento de vanguarda, sobretudo em 1968, no embate de resistência às políticas da ditadura.

Fizemos esse apanhado geral do contexto do movimento estudantil no período pois seria impossível, sem termos este contexto em vista, compreender o processo de formação e o crescimento significativo da Dissidência da Guanabara, sobretudo, a partir do ano de 1967. Sem isso, consequentemente, seria igualmente impossível analisarmos o protagonismo da organização na luta armada contra a ditadura, maior objetivo deste trabalho.

***

A gênese da Dissidência da Guanabara remonta ao período pré-golpe de 1964, quando, ainda desarticulados, alguns estudantes da Faculdade Nacional de Filosofia (FNFi)[57] – considerada "escalão avançado do movimento estudantil"[58] e "baluarte dos comunistas no meio universitário"[59] – e da Faculdade Nacional de Direito (FND),[60] ambas integradas

57 Apesar do nome, na década de 1960 a Faculdade Nacional de Filosofia era um conglomerado composto por diversas seções: Filosofia, Letras, Ciências (Ciências Sociais, Física, História, Geografia, História Natural, Matemática, Química), Pedagogia, Jornalismo, Psicologia.

58 POERNER, *Op. Cit.*, 2004, p. 189.

59 PATTO SÁ MOTTA, *Op. Cit.*, 2014, p. 31.

60 Segundo entrevista de Daniel Aarão Reis Filho, a FND tinha 55 militantes do PCB no período anterior ao golpe.

à Universidade do Brasil (UB),[61] que militavam no Partidão "divergem da orientação do PCB e simpatizam com as divergências chinesas[62] em relação à linha da URSS, e mantêm um embrião de luta interna".[63]

Após o golpe, dois processos concomitantes impulsionavam o movimento de articulação de militantes na constituição do que se tornou, no final de 1964 e início de 1965, uma *fração*[64] organizada e clandestina no interior do PCB, que viria a se tornar Dissidência Universitária da Guanabara. Por um lado, como já vimos, houve o processo de derrota política da esquerda estudantil ainda pré-golpe, levando à necessidade de disputar, no pós-64, a hegemonia das entidades. Por outro, a maioria da militância estudantil do PCB – significativa em termos quantitativos nas faculdades de Direito e Filosofia – afastou-se das universidades, devido a dois processos. Em primeiro lugar, a "Operação Limpeza"[65] das universidades, atra-

---

61 Fundada em 1937 teria seu nome alterado em 1965 para Universidade Federal do Rio de Janeiro. Nome que carrega até os dias atuais.

62 A relação sino-soviética será abordada no próximo capítulo.

63 AARÃO REIS FILHO, Daniel, Entrevista concedida a Marcelo Ridenti. *In:* Arquivo Edgar Leuenroth (AEL/Unicamp), Fundo *Militância Política e luta armada no Brasil,* fita 1, lado a (arquivo digital: 110 a).

64 "No jargão comunista, um agrupamento, reunindo militantes de diferentes células, que se juntam para articular posições políticas, à revelia das direções estabelecidas." AARÃO REIS FILHO, Daniel; CAMURÇA, Marcelo. O Movimento Revolucionário 8 de Outubro (MR-8). Da luta armada contra a ditadura à luta eleitoral no PMDB. *In:* AARÃO REIS FILHO, Daniel; FERREIRA, Jorge (Orgs.), *Revolução e democracia (1964 - ...).* Coleção *As esquerdas no Brasil: vol. 3.* Rio de Janeiro: Civilização Brasileira, 2007, p. 131-148/ p. 145.

65 "A expressão foi utilizada por agentes do Estado e seus apoiadores para expressar a determinação de afastar do cenário público os adversários recém-derrotados – comunistas, socialistas, trabalhistas e nacionalistas de esquerda, entre outros." *In:* PATTO SÁ MOTTA, *Op. Cit.*, 2014, p. 25.

vés da perseguição política iniciada com o golpe, simbolizada, principalmente, nos Inquéritos Policiais Militares (IPMs).[66] Em segundo lugar, houve o processo de desmoralização e perplexidade que atingiu todas as fileiras do partido após o golpe. Portanto, em decorrência da perda da hegemonia de esquerda nas entidades estudantis e o processo de distanciamento das antigas lideranças, coube aos militantes que desafinavam das propostas do PCB, principalmente ingressantes pós-1964, promover a reestruturação do movimento estudantil de esquerda nessas universidades, sempre de forma conjunta com a necessidade de "ganhar" quadros para o PCB.

Pareceu-nos contraditório, à primeira vista, a necessidade dos dissidentes de se manter no partido, inclusive, militando na busca de novos contingentes para suas fileiras. No entanto, conforme nos mostra depoimento de Daniel Aarão Reis Filho, militante que ingressa na faculdade de Direito e na Dissidência em formação no ano de 1965, fica clara a opção pela militância no Partido e a manutenção da Dissidência dentro de sua estrutura partidária. Como também as motivações para o não ingresso nas fileiras da Ação Popular, organi-

66 Processo investigativo da Justiça Militar que foi extrapolado para crimes considerados políticos. Para além dos Inquéritos Policial-Militares, os processos de sindicância, internos às universidades, também tiveram papel significativo na repressão de lideranças estudantis. Segundo Patto Sá Motta, a FNFi foi um dos principais alvos da repressão logo após o golpe, tendo 19 alunos expulsos acusados de infração aos regulamentos da instituição em atividades políticas realizadas no período pré-golpe. A FNFi teria, segundo entrevista de Daniel Aarão Reis, confirmado por Rodrigo Patto Sá Motta, 120 militantes do PCB no período pré-golpe. Vale lembrar que, apesar do movimento estudantil não ter sido atingido com a mesma intensidade como foram os movimentos políticos e sindicais, também sofreu significativa repressão no período imediatamente posterior ao golpe. Exemplo maior foi o incêndio da sede da UNE.

zação à esquerda do PCB, também importante no movimento estudantil da Guanabara:

> embora eu tivesse simpatias pela Ação Popular, acabo me aproximando do Partido Comunista por duas principais razões. Primeiro lugar, porque o Partido, apesar de ter sido, aos nossos olhos, o grande campeão da derrota de 1964, ele era considerado, com razão, como o partido que tinha uma penetração maior na classe operária e nos segmentos populares. [...] O segundo critério é que eu estava convencido pelo Vladimir [Palmeira] de que no Partido havia muitos segmentos contrários à direção, ao reformismo da direção, e iriam, mais cedo ou mais tarde – mais cedo do que tarde – rachar com o Partido. Então, eu já entro para o Partido Comunista na expectativa de que eu estou entrando para sair daqui a pouco. Estou entrando para acumular forças dentro do Partido para poder sair dele.[67]

Em outro depoimento, Aarão Reis Filho, para além da importância das bases operárias e da sugestão de uma cisão iminente com o Partido, demonstra que o acúmulo de forças dissonantes das orientações de cúpula teria como objetivo ganhar a linha política do partido no VI Congresso, que se realizaria em 1967, para uma perspectiva revolucionária: "você entra no PCB, mas para uma fração. Para travar a luta interna no PCB. A expectativa que se tinha, em 1965, era que uma vasta articulação de esquerda no PCB ganharia o congresso."[68] Portanto, as duas possibilidades – de cisão e luta interna – caminhavam em consonância neste início de formação da Dissidência da Gua-

67 AARÃO REIS FILHO, Daniel. Entrevista concedida ao Projeto *Memórias estudantis*. *In*: Núcleo de História Oral e Memória (Tempo/UFRJ), p. 12-13.

68 AARÃO REIS FILHO, Daniel. Entrevista concedida a Marcelo Ridenti. *In:* Arquivo Edgar Leuenroth (AEL/Unicamp), Fundo *Militância Política e luta armada no Brasil*, Fita 01, lado a (arquivo digital: 110 a).

nabara. Por um lado, havia a crítica ácida à política direitista do PCB, que, na leitura política dos dissidentes, teria possibilitado o golpe. Por outro, aquela estrutura partidária deveria ser levada em conta pela extensa rede de contatos operários que construiu ao longo de sua trajetória.

No entanto, se o processo de crescente articulação da Dissidência ocorria por intermédio dos centros acadêmicos da Filosofia e do Direito, este conhecido como CACO (Centro Acadêmico Candido de Oliveira), a Lei de nº4.464, conhecida como Lei Suplicy, aprovada em novembro de 1964, iria impor obstáculos a esse processo. A lei estabelecia a substituição da UNE, extinta desde o mês anterior, pelo Diretório Nacional dos Estudantes (DNE), substituição das Uniões Estaduais dos Estudantes (UEEs) por Diretórios Estaduais dos Estudantes (DEEs), e a criação Diretórios Acadêmicos (DAs) nas respectivas faculdades. Para além de uma simples e inofensiva mudança na nomenclatura das entidades estudantis, a nova lei previa a vinculação orgânica entre estas e o Ministério da Educação e Cultura (MEC), que, na prática, feria gravemente a autonomia universitária.[69] Vedava, ainda, qualquer "ação, manifestação ou propaganda de caráter político-partidário, bem como incitar, promover ou apoiar ausências coletivas aos trabalhos escolares. "[70] Simbolizando "uma 'contraofensiva preventiva' na Universidade, antecipando-se à retomada das atividades políticas estudantis através do controle de suas entidades",[71] provocou duas principais

69 Para maiores detalhes da Lei nº4.464, Cf. na íntegra. Disponível em: https://www.planalto.gov.br/ccivil_03/leis/1950-1969/L4464.htm. Acessado em: 01/03/2017.

70 *Idem*, artigo de número 14.

71 MARTINS FILHO, *Op. Cit.*, p. 87.

consequências: uma para o movimento estudantil, em geral, e outra para a atuação da fração dissidente em particular.

Por um lado, a legislação autoritária da ditadura para com o movimento estudantil teve como principal consequência uma motivação "inicial para reaglutinação política e organizativa do movimento, durante o ano de 1965."[72] Conforme vimos, a partir do processo de radicalização da UNE em apoio às reformas de base, diversas entidades estudantis – incluindo a UME – foram hegemonizadas por setores liberais de direita, inclusive apoiadores do golpe, e o movimento estudantil, em caráter geral, desintegrou-se. No entanto, o processo de intervenção nas universidades, que se inicia logo após o golpe, intensificado com a promulgação da Lei Suplicy, promoveu o descontentamento não apenas nos setores de esquerda do movimento, mas também naqueles que legitimaram o golpe e que estavam exercendo o poder nas entidades. Segundo Martins Filho,

> as medidas do governo militar no sentido de controlar a representação estudantil encontraram oposição também entre os porta-vozes da orientação liberal antipopular, que se manifestaram nitidamente contrários à perda de autonomia das entidades e à sua vinculação ao Estado.[73]

Exemplo disso foi o documento produzido pela UME, após as vaias que Castelo Branco recebeu na aula inaugural da Escola Nacional de Arquitetura, da Universidade do Brasil, localizada na Ilha do Fundão, no dia 9 de março de 1965. Apesar de não vincular as vaias a articulações das entidades estudantis, ressalta que:

---

72 *Idem*, p. 96.

73 *Idem*, p. 90

> a posição assumida por todas as entidades estudantis da Guanabara foi a de não participação estudantil nas solenidades de abertura do ano letivo da UB, em sinal de protesto pacífico contra as medidas adotadas pelo governo, *de liquidação do movimento estudantil*: fechamento de DAs, punições e prisões por motivos políticos; [...] outrossim, achamos que a referida manifestação é um produto automático das ações do governo, contrários aos interesses estudantis e seus sentimentos democráticos.[74]

Neste sentido, de forma contraditória, a tentativa da ditadura, que se confirmaria frustrada, de intervir e ceifar a autonomia das entidades estudantis serviu como "ponto de concordância comum ao conjunto da categoria estudantil, logo depois do golpe"[75] e pavimentaria o caminho para a retomada da influência de esquerda no movimento estudantil da Guanabara, que havia sido perdida durante o biênio 1963-1964.

No entanto, por outro lado, a Lei Suplicy traria consequências não favoráveis à Dissidência, em particular. Em uma leitura política influenciada pela Ação Popular e, principalmente, contrária às orientações do PCB, a Dissidência decide não disputar as eleições para os Diretórios Acadêmicos vinculados às faculdades de Filosofia e Direito, tendo em vista o boicote às novas instituições criadas e incentivadas pelo governo. Com isso, optam pela construção, junto à Ação Popular, de diretórios acadêmicos livres, ou seja, diretórios que seriam eleitos e atuariam fora dos circuitos legais das universidades. Vladimir Palmeira, estudante da Faculdade de Direito e membro da Dissidência, faz uma análise sobre esse processo:

---

74 UNIÃO METROPOLITANA DOS ESTUDANTES *apud* POERNER, *Op. Cit.*, 2004, p. 235. Grifo do autor.

75 MARTINS FILHO, *Op. Cit.*, p. 95.

> largamos o diretório oficial e concorremos a um diretório que nós criamos na rua e batizamos de CACO-Livre. Ora, com isso, nós entregamos à direita o diretório oficial. E a direita [...] passou a ter um instrumento de organização e congregação que nós entregamos grátis para ela.[76]

Daniel Aarão Reis, eleito secretário-geral do CACO-Livre, também evidencia o erro tático que cometeram com essa atitude, principalmente pela perda de contato com os estudantes: "A experiência foi desastrosa, porque a gente manteve uma agitação política grande, porém sem grande repercussão entre os estudantes. A direita se fortaleceu fazendo atividades, seminários. Havia uma atlética grande, tinha totó, pingue-pongue, eles começaram a administrar tudo."[77] Além disso, apesar de o DNE e dos DEEs, entidades criadas pela Lei Suplicy, não possuírem raízes no movimento estudantil, os diretórios acadêmicos "legais" tinham uma trajetória e importância simbólica de representatividade dos e para os estudantes. Nesta direção, ao analisar a criação dos diretórios livres, em especial o CACO-Livre, Arthur Poerner percebe na tentativa de boicote um processo de "automarginalização dos progressistas".[78] Portanto, no ano de 1965, ao mesmo tempo em que tem início um processo de reorganização do movimento estudantil, através de uma pauta negativa comum – o combate à política da ditadura com relação à autonomia das entidades estudantis –, a Dissidência desenvolve uma tática que promove seu distanciamento dos estudantes.

76 PALMEIRA, Vladimir. Entrevista concedida ao Projeto *Memórias Estudantis*. Núcleo de História Oral e Memória (Tempo/UFRJ), p. 12-13.

77 AARÃO REIS FILHO, Daniel Entrevista concedida ao Projeto *Memórias estudantis*. *In*: Núcleo de História Oral e Memória (Tempo/UFRJ), p. 22.

78 POERNER, *Op. Cit.*, 2004, p. 237.

Se a atuação nas entidades vinculadas à universidade tinha sido relegada a um segundo plano, este período foi caracterizado por um processo de transição com relação à postura dos dissidentes no interior do PCB. Postura que se tornava, progressivamente, desafiadora das orientações partidárias, resultando na possibilidade, cada vez mais próxima, de ruptura e consequente independência política. Até aquele momento, a recomendação política entre os membros da fração, conforme descreve Aarão Reis Filho, era "fazer a luta interna, de tipo molecular, e não desafiar o Partido".[79] Objetivavam, conforme já citamos, a criação de uma ampla articulação de esquerda dentro do PCB, para ganhar o VI Congresso. Portanto, a prudência e o aceite das recomendações partidárias apareciam como fatores fundamentais da atuação clandestina ao partido. Contudo, se esperavam uma articulação de esquerda que disputasse e alterasse a linha política do partido, deveriam se preparar politicamente para isso. Nesta perspectiva, além da necessidade natural de formação política, Aarão Reis Filho cita uma particularidade do Partido Comunista no Estado da Guanabara que impulsionava, ainda mais, os dissidentes à formação política:

> uma das razões políticas importantes é que a Guanabara era um dos centros mais importantes da direita no PCB, tradicionalmente. [...]. Havia uma tradição de direita muito forte, então a luta política tinha que ter um nível alto, para ter êxito. Além disso, a facção mais à direita da *Corrente* se encontrava na Guanabara, exatamente porque a direita na Guanabara era muito forte. Não tínhamos aqui no Rio, também, nenhum 'medalhão' que nos desse apoio, inspiração e estímulo, como Marighella em São Paulo, por

79 REIS FILHO, Daniel. Entrevista concedida a Marcelo Ridenti *In:* Arquivo Edgar Leuenroth (AEL/Unicamp), Fundo *Militância Política e luta armada no Brasil,* fita 1, lado a (arquivo digital 110 a).

> exemplo. Então, tínhamos que desenvolver muito o aspecto político, para enfrentar a luta política.[80]

Nessa perspectiva, como forma de aprofundar o debate político, os militantes da fração desenvolvem diversas leituras que, em sua maioria, eram consideradas subversivas pelo PCB e consolidariam, ao longo dos anos seguintes, uma formação política eclética, acomodando uma ampla gama de referências no campo teórico do marxismo.[81] Além das leituras, criaram, na FND, um jornal mimeografado, clandestino, que demonstrava a inclinação para a radicalização política dos dissidentes e o clima político das organizações de esquerda. O jornal, que seria novamente produzido em formato de revista no ano de 1970 – conforme veremos adiante – chamava-se *Arma da Crítica,* e tinha como epígrafe e referência a frase de Marx n'*A crítica da filosofia do direito de Hegel*: a arma da crítica não substitui a crítica das armas. Se, naquele momento, poucos dissidentes tinham uma visão clara sobre o caráter da revolução brasileira, sendo imediatamente socialista ou de libertação nacional, a disposição pelo enfrentamento armado delineava-se como ponto de concordância.

Neste período de transição, entre a perspectiva de atuar em oposição, clandestina, ao PCB e a oposição aberta às orientações do partido, começaram a desenvolver novos contatos, convocar passeatas e contrariar, num primeiro momento, às escuras, as posições pecebistas. Por intermédio das relações com a Ação Popular e a POLOP, na Guanabara, conseguiram estabelecer contatos com bases estudantis do PCB de outros

---

80 *Idem.*

81 Essas referências ficarão mais claras no capítulo seguinte, ao analisarmos a linha política que concretizou a opção pela luta armada.

estados, que, da mesma maneira, cultivavam críticas ao Partido e consolidariam outras dissidências. Ademais, durante o processo eleitoral para governo estadual, no ano de 1965, o PCB apoiava a candidatura de Negrão de Lima, candidato pelo Partido Social Democrático (PSD) ao governo do Estado da Guanabara. Os dissidentes se submeteram à orientação do partido para contribuir na campanha partidária. No entanto, conforme indica Daniel Aarão Reis:

> nós [Dissidência] éramos favoráveis ao voto nulo, mas nessa época não sentimos que tínhamos força para deixar de fazer o que o Partidão mandava. Como não queríamos fazer, a gente ia para os pontos, pegava o material de propaganda do Negrão e quando o assistente do Partidão ia embora, a gente jogava o material no bueiro, não fazíamos a campanha.[82]

Além da recusa em realizar a campanha partidária, o ano de 1965 teria como última ação relevante da Dissidência a convocação, também à revelia do Partido Comunista – que recomendava prudência –, de uma passeata contra a ditadura, que ocorreu no mesmo dia da promulgação do Ato Institucional nº2 (AI-2).[83] Este, decretado em fins de outubro, tinha como prin-

---

82 AARÃO REIS FILHO, Daniel Entrevista concedida a Denise Rollemberg. *In:* Arquivo Edgar Leuenroth (AEL/Unicamp), Fundo *Militância Política e luta armada no Brasil,* Fita 1, transcrição p. 16.

83 Durante todo período ditatorial, os militares legislaram através de Atos Institucionais, que se sobrepunham, inclusive, à própria Constituição, que seria promulgada em 1967. Com relação ao AI-2, para além da extinção do pluripartidarismo e imposição do bipartidarismo, outras determinações são importantes: eleição indireta para presidente e vice-presidente; possibilidade de imposição de Estado de sítio e o poder de legislar a partir de decretos-lei. Para maior profundidade de análise dos AIs e da legislação da ditadura, Cf. FICO, Carlos. *Como eles agiam. Os subterrâneos da Ditadura Militar: espionagem e polícia política.* Rio de Janeiro: Editora Record, 2001.

cipal medida a extinção dos diversos partidos políticos brasileiros e instituía o bipartidarismo, encarnado no Movimento Democrático Brasileiro (MDB) representando a oposição e na Aliança Renovadora Nacional (ARENA) representando a ditadura, em uma tentativa de manter a aparência democrática. A passeata, que acabou se tornando também contra o AI-2, foi, em conjunto com uma passeata da AP em Belo Horizonte, as únicas passeatas contra o AI-2 no Brasil. Para além do símbolo de resistência à ditadura, ficou marcada como primeiro ato político público independente da fração dissidente, desafiando, abertamente, as orientações do PCB.

Em tempo, para não passarmos a impressão de que o PCB não notou a articulação dos dissidentes, o partido, neste período, fez uso do *Ativo Resolutivo Político* (ARP), que reunia os secretários das bases partidárias sob coordenação do Comitê Universitário e do Comitê Estadual do PCB, em uma clara tentativa de enquadrar e dificultar o avanço da articulação dos dissidentes. No entanto, como enfatizam Camurça e Aarão Reis, o tiro saiu pela culatra. No processo "foi possível desenvolver contatos e, inclusive, legitimá-los."[84]

Portanto, conforme vimos, a proposta de não desafiar o partido estava em transformação, em fins de 1965. No ano seguinte, esse movimento se aprofundaria. Por um lado, a tensão crescente interna ao PCB adquiriria contornos insustentáveis e terminaria com a cisão da organização em novembro. Por outro, a relação com as bases estudantis começaria a avançar e a Dissidência iniciava a formulação de uma tática, colocada em prática nos anos seguintes, que teve amplo respaldo no movimento estudantil, elevando-a ao protagonismo

84 AARÃO REIS; CAMURÇA, *Op. Cit.*, 2007, p. 134.

do movimento, em especial, no ano-chave de 1968. Dois lados de um mesmo processo que possibilitaram o fortalecimento da Dissidência e sua independência política.

A partir da manifestação do final de 1965, deixou-se a proposta de luta molecular contra o Partido para travar a luta interna por intermédio do movimento de massas estudantil. As bases da dissidência, nas faculdades de direito e filosofia, através dos respectivos diretórios, ampliaram a atuação, através de protestos e/ou manifestações. Segundo dados compilados por Martins Filho, somente as manifestações do primeiro semestre de 1966 na Guanabara já eram duas vezes maiores que as manifestações do ano anterior.[85] Com essa proposta, os contatos da dissidência extrapolam as faculdades de Direito e Filosofia. Abrem-se contatos em outros *campi* da antiga Universidade do Brasil, agora Universidade Federal do Rio de Janeiro (UFRJ): Praia Vermelha (Economia, Estatística e Medicina) e Ilha do Fundão (Engenharia, Arquitetura e Belas Artes). Nesta perspectiva, a proposta de criação de diretórios livres, fora das universidades, foi revista e, durante todo o ano, a dissidência voltaria a concorrer aos diretórios estudantis. E ganharia. O CACO foi hegemonizado pela dissidência em agosto de 1966, com a eleição de Vladimir Palmeira para presidente e Daniel Aarão Reis Filho como vice. Ademais, a dissidência também conquistaria, ao longo do anos de 1966 e 1967, os diretórios das faculdades de Medicina, Arquitetura e Economia, principais bases, para além do Direito e da Filosofia, do movimento estudantil na Guanabara. Nesse movimento, Daniel Aarão Reis explica sua eleição para a presidência da UME, que havia sido ex-

85 MARTINS FILHO, *Op. Cit.*, 1987, p. 105-106 (comparação entre quadros I e II).

tinta pela Lei Suplicy e, naquele momento, era reativada na clandestinidade pelos estudantes: "fui eleito presidente da UME muito mais pela força da Dissidência, que já tinha se espraiado em várias faculdades do Rio, do que por minha capacidade de liderança, que, em termos estaduais, não tinha nenhuma. Eu era um candidato de aparelho. A organização tinha crescido."[86] Liderando os principais diretórios da UFRJ, o mandato na UME tinha como principal objetivo rearticular o movimento estudantil da Guanabara. Segundo o próprio Daniel Aarão Reis, naquele momento:

> [...] a gente definiu que a tarefa da UME seria rearticular o movimento estudantil. Eu fui muito à Universidade Rural, que estava inteiramente desarticulada, incentivei a articulação. Fui à chamada UEG [atual UERJ]. [...] foi possível estruturar alguns diretórios na PUC, na UEG, Rural, na UNIRIO.[87]

Em sintonia com este processo, houve a reestruturação do movimento estudantil em escala nacional, com as entidades estudantis sendo retomadas por organizações políticas de esquerda.[88] O governo, percebendo este movimento, iniciaria um movimento de recrudescimento da repressão aos estudantes, enquadrando, cada vez mais, as mobilizações e manifestações estudantis como atividades subversivas. Deste período é a frase do general-presidente Castello Branco: "O governo chegou à conclusão de que a agitação estudantil que

---

86 AARÃO REIS FILHO, Daniel. Entrevista concedida ao Projeto *Memórias Estudantis*. Núcleo de História Oral e Memória (Tempo/UFRJ). p. 22.

87 *Idem*, p. 20.

88 Neste período a UNE já havia sido rearticulada, clandestinamente, e continuava sob hegemonia da Ação Popular.

se observa neste momento tem inspiração comunista e alcance subversivo e vai agir em consequência".[89]

Na Guanabara, em específico, na segunda metade de 1966, os dissidentes mobilizaram-se com os estudantes em torno da campanha contra as anuidades que, conforme já citamos, aparecia como uma das tentativas da ditadura para impor seu projeto de reforma universitária. A mobilização, apesar de ter angariado apoio e prestígio, acabou resultando em fracasso, conforme descreve Aarão Reis, justificando a longa citação:

> A gente se lançou na luta contra as anuidades, para não pagá-las. Foi uma luta terrível, pois exigia, de cada um, uma identificação pessoal. Uma coisa é você participar de uma passeata na rua, se você não é pego, não é fotografado, quem é que vai provar que você participou? Outra coisa é você não pagar, quer dizer, o Daniel Aarão Reis está ali identificado como resistente a uma determinação legal. Era uma luta muito difícil. [...] Os pais pressionavam. [...] No final, a gente perdeu a luta porque o diretor da Faculdade, inteligentemente, abriu uma conta bancária, porque antes era para pagar na secretaria da faculdade. A gente criava maior alarido, maior pressão, maior patrulha. As pessoas ficavam meio desesperadas, até as que queriam pagar. Mas, quando abriu a conta bancária – hoje, pagamento bancário é uma coisa banal, naquela época não era uma coisa tão banal assim –, os pais iam lá e pagavam. No final, a gente compreendeu que, se ficassem uns cento e vinte, em mil, sem pagar, a faculdade vai desligar os cento e vinte. [...] A própria assembleia geral que a gente fez ali na frente do CACO acabou deliberando pelo recuo.[90]

---

89 Manual Básico da Escola Superior de Guerra *apud* SILVA, *Op. Cit.*, 2009, p. 74.

90 AARÃO REIS FILHO, Daniel. Entrevista concedida ao Projeto *Memórias estudantis. In*: Núcleo de História Oral e Memória (Tempo/UFRJ), p. 29.

Apesar do recuo, logo depois, devido às mobilizações, a ditadura resolve também recuar sobre a cobrança das anuidades. É importante ressaltar que o recuo da ditadura não é consequência apenas das manifestações na Guanabara. A luta contra as anuidades estava inserida em um contexto de diversas manifestações, em escala nacional, dos estudantes. Realizadas no mês de setembro, ficariam conhecidas como *Setembrada,* sendo respondidas com imensa repressão.[91] O principal exemplo da postura repressiva foi a resposta da ditadura ao chamado dos estudantes às manifestações que comporiam o "Dia Nacional de Luta Contra a Ditadura". Apesar das manifestações de envergadura em diversas localidades, os maiores resultados foram prisões e estudantes feridos, devido à descomunal repressão. Um dos maiores expoentes foi a repressão aos estudantes que ocupavam a Faculdade de Medicina da UFRJ, fato que ficou conhecido como *Massacre da Praia Vermelha.*

Apesar de malsucedida, a luta contra as anuidades teve um papel fundamental para a Dissidência, que iria favorecer sua posição de prestígio diante dos estudantes. Naquele período, conforme já citamos, a principal organização de oposição e disputa por projetos de movimento estudantil à

---

91 Conforme dissemos, com o avanço da articulação dos estudantes avançou, também, a repressão. Vale ressaltar que durante este período, os estudantes, na Guanabara, não optavam pelo enfrentamento com a polícia, tática que mudou em 1968. Em 1966, fizeram muito uso da tática de fazer as manifestações na contramão dos veículos, impedindo o deslocamento da polícia, como também realizavam a organização de diversos pequenos grupos para iniciar as passeatas em locais diferentes, com um ponto de encontro não divulgado, com objetivo de dificultar a repressão. Para maiores detalhes, Cf. PALMEIRA, Vladimir. Entrevista concedida ao Projeto *Memórias estudantis. In:* Núcleo de História Oral e Memória (Tempo/UFRJ), p. 23.

Dissidência, na Guanabara, era a Ação Popular. No entanto, a AP desenvolvia uma estratégia de ação, nas diversas entidades que controlava e, principalmente, na UNE, fortemente radicalizada, a partir da construção do Movimento Contra a Ditadura (MCD). Segundo João Roberto Martins Filho, essa estratégia, que se delineia em fins de 1966 e iria ser mantida até 1968, atribui ao movimento estudantil as:

> tarefas de denúncia da ditadura militar e, simultaneamente, das forças do imperialismo que a sustentavam. Para atingir esse fim, as lutas universitárias deveriam centrar-se nas grandes manifestações públicas, que marcariam sua presença na sociedade, procurando atrair, ao mesmo tempo, a ação das forças repressivas do Estado. [...] o que deveria propiciar o surgimento de uma consciência antiditatorial no seio das grandes massas.[92]

Em síntese, a proposta da AP para o movimento estudantil era, a exemplo da proposta de vinculação da reforma universitária às reformas de base no governo João Goulart, vincular sua ação política a questões mais gerais, contextos mais amplos e, consequentemente, relegar para segundo plano as reivindicações mais específicas dos estudantes. Justamente em contrário é que se construiu a tática política da Dissidência para o movimento estudantil. O foco principal deveria ser as reivindicações específicas dos estudantes, o que ficou conhecido como *luta específica*. Através, principalmente, da UME, a proposta de luta específica em oposição às lutas gerais desenvolvidas pela AP impulsionou, sobremaneira, o crescimento da DI-GB e, consequentemente, seu prestígio político no seio do movimento estudantil. Sobre este processo, vale o relato de Vladimir Palmeira, principal liderança da

---

92 MARTINS FILHO, *Op. Cit.*, 1987, p. 173.

Dissidência no movimento estudantil e presidente da UME no biênio 1967-1968, relacionando-o à experiência frustrada no embate contra o pagamento das anuidades:

> A partir de 1966, quando nós fazíamos autocrítica daquelas brigas contra as anuidades, mudou nossa concepção de entidades estudantis e movimento estudantil. A aproximação com as massas é maior porque ela não era somente política, ela era reivindicatória [...]. Nós tratamos o movimento estudantil como um objetivo em si. Ele passa a ser um objetivo permanente com respeito àquele setor.[93]

No entanto, para além da retórica de fortalecimento das lutas específicas, os dissidentes tinham de preparar uma prática política que se adequasse à nova tática de atuação. Ao contrário do estudante que se envolve apenas nas atividades políticas, definiu-se que, para entender as demandas estudantis, os dirigentes tinham de estar onde elas apareciam, ou seja, nas salas de aula. Neste sentido é que Daniel Aarão Reis explica a mudança de comportamento dos militantes: "qual foi a diretiva que a gente deu na base? Todo mundo tem que assistir aula. Todo mundo tem que ir para as turmas constituir grupos de estudo. Os nossos militantes têm que ser bons estudantes".[94] Partindo deste princípio, os programas políticos das entidades estudantis controladas pela DI-GB não eram mais formulados a partir de pautas gerais e abstratas. Com a proximidade dos estudantes, nas salas de aula e nos grupos de estudo, tiravam-se assembleias e os programas das entidades estudantis eram construídos pela base, independente dos matizes políticos que

93 PALMEIRA, Vladimir. Entrevista concedida ao Projeto *Memórias estudantis*. *In:* Núcleo de História Oral e Memória (Tempo/UFRJ). p. 20-21.

94 AARÃO REIS FILHO, Daniel. Entrevista concedida ao Projeto *Memórias estudantis*. *In:* Núcleo de História Oral e Memória (Tempo/UFRJ), p. 19.

aglomeraria, pois, como salienta Vladimir Palmeira: "Antigamente, as entidades estudantis eram consideradas entidades de esquerda. Nós implementamos no Rio uma nova mentalidade, a de que as entidades deveriam ser dos estudantes [...]. Então, nós tínhamos estudantes de direita participando da UEE [UME]".[95] Vale ressaltar que, de nenhum modo, essa estratégia de atuação deixou de compreender e, inclusive, denunciar as situações da macropolítica, seja em relação à ditadura e/ou ao imperialismo norte-americano, ou, em termos mais gerais, de evidenciar a inclinação da organização para a necessidade de radicalização da luta do movimento estudantil. Neste sentido aponta a edição experimental do jornal do DCE da UFRJ, comandado pela Dissidência, que promove uma boa síntese da proposta de luta específica da DI-GB, que permaneceu até 1968:

> consideramos que o ME deve centralizar suas ações no plano da Universidade, organizando lutas políticas e reivindicatórias que entravem as ligações do imperialismo com a universidade [...]. Problemas como: falta de professores bons, laboratórios, verbas etc. fazem com que o estudante tome consciência de que o governo não quer resolver esses problemas. Assim, o estudante sente a necessidade de radicalizar sua luta.[96]

Simultâneo a esse processo de alteração tática em favor das lutas específicas do movimento estudantil e, sobretudo, a partir expansão de contatos e conquista do poder nas principais entidades estudantis da Guanabara, a DI-GB, no final de

95 PALMEIRA, Vladimir. Entrevista concedida ao Projeto *Memórias estudantis*. *In:* Núcleo de História Oral e Memória (Tempo/UFRJ), p. 20.

96 DCE UFRJ, *Número experimento-zero*, 1968. *In:* BNM 253, p. 112-113. Disponível em: http://bnmdigital.mpf.mp.br/. Acessado em: 07/03/2017.

1966, concluía, após um período de tensão crescente, o processo de ruptura com o PCB. O imbróglio se deu, a exemplo da negação "às escuras" da orientação partidária de apoio à candidatura de Negrão de Lima, nas eleições legislativas realizadas em novembro de 1966. De acordo com sua política de atuação dentro da legalidade, o PCB recomendava campanha partidária em apoio a candidatos do MDB. No entanto, ao contrário da prudência dos dissidentes em aceitar o material partidário de outrora, a Dissidência – devido, em parte, a seu processo de fortalecimento e crescimento dentro do movimento estudantil, como também a partir do processo de radicalização política crescente, diante da, cada vez mais confirmada, inação do PCB – recusa abertamente a orientação de realizar campanha partidária. Para além, preconiza o voto nulo através de campanhas estudantis. Ao invés de jogar no bueiro o material partidário, a Dissidência, dessa vez, optou pela indisciplina aberta, resultando em rompimento/expulsão. A partir daquele momento, a pequena fração clandestina ao PCB, que deu seus primeiros passos ainda no contexto pré-golpe, rumava em direção à independência política e à luta armada.

A proposta política do PCB com relação à lógica proposta pela ditadura, sempre recomendando prudência, fez com que os dissidentes perdessem a esperança em uma luta interna que transformasse o partido. O rompimento foi inevitável, mas permaneciam dúvidas sobre qual seria a maneira de impulsionar a construção de um partido revolucionário. No início de 1967, apesar do rompimento, a dissidência estava disposta a esperar. A realização do VI Congresso do PCB, convocado para o final do ano, deixaria clara a impossibilidade de luta interna e impulsionaria a cisão da esquerda partidária, à qual eles se integrariam, na construção de um partido de novo tipo.

No entanto, de modo paralelo, a DI-GB convocou um Ativo Resolutivo Permanente (ARP) em fevereiro, à maneira do PCB, para reunir as bases estudantis de modo a discutir os caminhos a seguir. Como força independente, não estava mais a reboque da linha política do PCB, portanto, iniciava, mesmo que de forma incipiente, a formulação de uma linha política revolucionária, com o desenvolvimento das principais questões do momento: o caráter da revolução e a estratégia necessária para sua concretização. Neste processo, muitas dúvidas e uma certeza, conforme indica Daniel Aarão Reis:

> Havia uma clara definição pela luta armada, pela guerra de guerrilhas, mas havia ainda muitas nuances em relação ao [caráter da revolução. Seria] socialismo, lutas de libertação nacional... um governo alternativo à ditadura: seria uma ditadura do proletariado ou um governo popular revolucionário?[97]

Neste sentido, a clara definição pela luta armada, naquele contexto, estava ligada à necessidade de se contrapor à proposta pacifista do PCB, mas ainda sem contornos definidos, conforme indica Vera Silvia Magalhães:

> Havia uma definição favorável [à luta armada], principalmente em contrapartida à posição do PC. Nós estávamos saindo do PCB, daquela linha pacifista. Então, como resposta ao pacifismo do PCB nós tínhamos uma posição sobre a luta armada. Mas não tínhamos uma tática de luta armada, não propúnhamos uma ação armada imediatamente.[98]

---

97 REIS FILHO, Daniel. Entrevista concedida a Marcelo Ridenti *In:* Arquivo Edgar Leuenroth (AEL/Unicamp), Fundo *Militância Política e luta armada no Brasil,* fita 1, lado b (arquivo Digital: 110b).

98 MAGALHÃES, Vera Silvia. Entrevista concedida a Marcelo Ridenti *In:* Arquivo Edgar Leuenroth (AEL/Unicamp), Fundo *Militância Política e luta armada no Brasil,* fita 1, lado a (arquivo Digital: 139a).

No entanto, ao longo do ano, a esperança em integrar e construir uma organização maior fica cada vez mais distante. A principal ala da esquerda partidária, a Corrente, passaria por um processo de cisão, pois os grupos ligados a Marighella e a Mario Alves constituíram organizações independentes, ALN e PCBR respectivamente, distanciando-se da unificação. Esvaziada essa possibilidade, delineia-se no horizonte a perspectiva de construção de uma grande organização nacional em torno das diversas dissidências estudantis do PCB. Esta é a proposta que mais atrai grande parte dos quadros da DI-GB e se torna palpável. Trajetórias semelhantes e posições políticas semelhantes facilitariam e, consequentemente, tornariam possível a unificação. Tendo em vista este objetivo, constrói-se um ativo de unificação entre as DIs, mas contatos regionais das demais dissidências se sobrepõem à unificação e grande parte das dissidências integraria outras organizações, a exemplo da DI-SP com a ALN de Marighella e a DI-RS com a POLOP. Esta última, inclusive, deixava de ser uma possibilidade para os dissidentes cariocas, pois não tinha uma perspectiva clara em relação à luta armada.

Se a possibilidade de construção de uma organização que abarcasse diversas tendências não vingava, a constituição de diversas novas organizações, com posturas políticas igualmente diversas, gerava instabilidade interna na Dissidência. Aliado a isso, chegava ao Brasil, de modo mimeografado, o livro do filósofo francês Regis Debray, *Revolução na Revolução?* que, conforme veremos adiante, trouxe uma nova concepção de guerra de guerrilhas e da possibilidade de construção do processo revolucionário à revelia do movimento de massas, com a criação de focos guerrilheiros. De forma combinada, a influência desses fatores levaria a luta interna à realidade da DI-GB. Luta interna que resultou em cisão. Por um lado, militantes ligados, principalmente, à base da filosofia e à economia[99] queriam manter coerência com a perspectiva inicial na criação de uma esquerda partidária e se integraram ao PCBR. Por outro, militantes seduzidos pela teoria do foco debrayista construíram a Dissidência da Dissidência da Guanabara (DDD). No centro, atraídos por pontos das duas tendências e agrupados em torno das lideranças de massa do movimento estudantil, mantém-se a DI-GB. Apesar da debilidade, que acabou reduzindo as bases estudantis, o processo de luta interna que resultou em cisão trouxe significativo crescimento político, segundo aponta Aarão Reis:

> [...] há uma discussão intensa [no processo de luta interna]. Foco? Corrente? Luta de massas? Luta armada? Como combinar? Dentro dos limites da época a gente cresce muito politicamente. Líamos muito a literatura da época, como éramos estudantes tínhamos tempo integral para estudar. Então, foi um processo de uma riqueza muito grande.[100]

---

99 O movimento de esquerda na economia da UFRJ, que traria quadros muito importantes para a DI-GB, era dividido entre a Corrente e os dissidentes. Segundo Samuel Aarão Reis, em entrevista que nos concedeu, a influência de René de Carvalho, Bruno Dauster e Fernando Sandália, que seriam quadros importantes do PCBR posteriormente, era significativa. Talvez isso tenha impulsionado parte das bases da dissidência na economia a cindir em favor da Corrente. No entanto, mesmo com a cisão, a dissidência manteve forte presença na economia, com quadros que chegariam, inclusive, à direção da organização. Alguns exemplos de quadros importantes: Samuel Aarão Reis, Franklin Martins, Vera Silvia Magalhães, José Roberto Spiegner, Stuart Edgar Angel Jones, Claudio Torres, Carlos Vainer, Henri Acselrad e Lúcia Murat.

100 AARÃO REIS FILHO, Daniel. Entrevista concedida a Marcelo Ridenti *In:* Arquivo Edgar Leuenroth (AEL/Unicamp), Fundo *Militância Política e luta armada no Brasil,* fita 1, lado b (arquivo digital: 110b).

Debilitada, mas consistente politicamente, a Dissidência da Guanabara manteve-se "ao sol e ao sereno do isolamento"[101] e, em dezembro, fez uma nova conferência, delimitando sua linha política.[102] A partir dela, ficou clara a definição da Dissidência em extrapolar a atuação no movimento estudantil. Até aquele momento um grupo de militantes, denominado como "Comitê Universitário", funcionava como órgão diretivo da DI-GB. No entanto, a partir dali construiu-se uma direção política para a organização, a cargo de Stuart Angel, Vladimir Palmeira, Vera Silvia Magalhães, Luiz Eduardo Prado e Daniel Aarão Reis, dividindo-a em três segmentos: Seção de Infraestrutura (mimeógrafos e aparelhagem necessária), Seção do Movimento Operário (Pichações e Panfletagens) e Seção do Movimento Estudantil. Para além, esta resolução política corrobora aos depoimentos supracitados a respeito da posição tomada com relação à luta armada, pois, a partir de um documento sem data, mas provavelmente de 1971, conseguimos encontrar um excerto da referida resolução de dezembro de 1967, relacionando o não desenvolvimento da luta armada à visão ainda incipiente da organização sobre a questão:

---

101 AARÃO REIS FILHO, Daniel; CAMURÇA, Marcelo, *Op. Cit.*, 2007, p. 136.

102 Segundo tese de doutorado de Daniel Aarão Reis Filho havia um documento com as resoluções políticas dessa conferência, que, em resumo, definiram a linha política da organização até abril de 1969. No entanto, procuramos esse documento no acervo doado pelo autor ao Arquivo Público do Rio de Janeiro e não o encontramos. Encontramos trechos reproduzidos em um outro documento da organização, de 1971, que citaremos a seguir. Para conferir a relação dos documentos da DI-GB durante o período de 1967-1968, Cf. AARÃO REIS FILHO, Daniel. *As organizações comunistas e a luta de classes 1961/1968*. 1987. 1235f. Tese (Doutorado em História). Faculdade de Filosofia e Ciências Humanas (FFLCH), Universidade de São Paulo (USP). São Paulo/SP. p. 1032-1033.

> [...] o pouco conhecimento que temos sobre as questões ligadas a estratégia e a tática militar na revolução brasileira, estão na razão direta da pouca ou nenhuma prática que existe sobre o assunto. É tal a nossa pobreza neste campo que temos que restringir nossas resoluções aos limites de nossas possibilidades imediatas, isto é, determinar qual é o primeiro passo mais justo e eficiente para a instalação da luta armada."[103]

Contudo, apesar de manter uma tendência clara com relação a luta armada e tentar extrapolar a atuação para outros setores sociais além do setor estudantil, a maior influência da Dissidência – e, principal razão para sua manutenção enquanto organização política independente – deu-se no movimento estudantil, através de sua tática de atuação a partir das demandas específicas dos estudantes. Influência que atingiria o ápice com a trajetória ascendente do movimento estudantil durante o biênio 1967-1968. Por isso, neste momento, o analisaremos de forma mais detalhada.

São diversos os fatores que confluíram para ebulição do movimento estudantil em 1968 no Brasil, o que confere ao tema, constantemente, novas análises,[104] transformando-o

103 DISSIÊNCIA UNIVERSITÁRIA DA GUANABARA, Resolução da Conferência, dezembro de 1967 *apud* CAMILO, Ivan, *Os caminhos da revolução*, s/d, mimeo. p. 20. *In:* Centro de Documentação e Memória da Unesp (CEDEM/Unesp), coleção Archivio Storico Del Movimento Operaio Brasiliano. Localização: Caixa 10. 03.31,1 (Seguimos, aqui, a referência proposta pelo arquivo. Depois da caixa em que o documento está localizado, há uma referência numeral a cada documento).

104 São muitas as análises sobre o ano de 1968 e a trajetória do movimento estudantil. Citaremos algumas que nos guiaram ao longo do trabalho, servindo de referência: GARCIA, Marco Aurélio; VIEIRA, Maria Alice. *Op. Cit.*, 2008. AARÃO REIS FILHO, Daniel; MORAES, Pedro de, *1968: A paixão de uma utopia.* Rio de Janeiro: Editora FGV, 2008; VALLE, Maria Ribeiro

em "um quebra-cabeças sempre em recomposição": Internacionalmente, o contexto terceiro-mundista e a autonomia de diversos países ao redor do globo, tentando encontrar alternativas que fugissem à zona de influência norte-americana ou soviética no contexto da Guerra Fria; a guerra do Vietnã, que colocava em questão a possibilidade de derrota do imperialismo norte-americano; a revolução dos costumes, que adquiria força e ressonância internacional no questionamento dos padrões estabelecidos; a Revolução cubana, em 1959, que trazia o sonho da revolução socialista para a realidade latino-americana. Em síntese, todo esse "caldeirão" cultural mundial influenciou no aumento da força e rebeldia estudantil no Brasil em 1968. No entanto, essa influência, tomada isoladamente, não seria determinante. Para compreendermos a radicalização dos estudantes brasileiros temos de encontrar respostas no seio da própria sociedade brasileira e, principalmente, nas reivindicações estudantis. O movimento estudantil de 1968 se apresenta como uma particular combinação entre utopia e cotidiano. As reivindicações imediatas se acoplavam a reivindicações gerais e as transformações pelas quais se lutava pareciam estar ao alcance das mãos.

Nesta perspectiva, para compreendermos o contexto nacional de 1968, precisamos remontar as mudanças que ocorreram no ano anterior. Cabe ressaltar que houve um aumento significativo, principalmente nas camadas médias, de oposição à ditadura, que legaram ao movimento estudantil a superação do isolamento que o movimento vivia nos anos

---

do Valle *1968: O diálogo é a violência. Movimento Estudantil e Ditadura Militar no* Brasil. 2ª Ed. Campinas: Editora da Unicamp, 2008.

interiores.[105] O avanço da face repressiva da ditadura, que ficou clara nos protestos dos estudantes no fim do ano anterior, aliados à promulgação da nova Constituição e da Lei de Segurança Nacional, geravam fissuras nas camadas médias que, em sua ampla maioria, apoiaram o golpe. Grande parte da diversa frente heterogênea que deu sustentação ao golpe não estava de acordo com o cerceamento das liberdades democráticas e, portanto, colocava-se, gradativamente, em oposição à repressão da ditadura que, naquele momento, atingia predominantemente os estudantes.

Com relação aos estudantes, no ano de 1967 começava a se delinear, de forma mais clara, a reforma universitária proposta pela ditadura, além do problema dos excedentes que se tornava cada vez mais latente. Portanto, ao contrário das manifestações do ano anterior, em 1967 a grande maioria das manifestações estudantis teve como mote os problemas específicos dos estudantes, seja em relação à estrutura das universidades ou em relação a política educacional do governo (PEG), em especial, os acordos MEC-USAID. Nesse período é que a Dissidência alcançou seu maior prestígio político. Neste ano, a UME, ainda na gestão de Daniel Aarão Reis, desenvolve uma campanha bem-sucedida para salvar o restaurante Calabouço, restaurante universitário para estudantes de baixa renda, que seria destruído para construção de um trevo rodoviário. À campanha pela manutenção do restaurante Calabouço se integravam outras frentes de luta, como: a luta pelas vagas dos excedentes, através do Movimento dos Vestibulandos, a pressão por mais verbas e, também, a oposição aos acordos MEC-USAID que, apesar de parte ter sido assinados anos an-

105 MARTINS FILHO, *Op. Cit.*, 1987, p. 119.

tes, eram divulgados a conta-gotas pelo governo. Firmemente baseada nessas pautas, a UME evoluiu substancialmente na relação com os diretórios e conseguiu agrupar, sob sua liderança, diversas outras entidades. Em termos numéricos, para verificarmos de que modo o movimento estudantil, organizado pela Dissidência, cresceu, existiam 23 diretórios universitários vinculados à UME no fim da gestão de Daniel Aarão Reis. Em 1968, no fim da gestão de Vladimir Palmeira, já eram 70.[106] É importante ressaltar que o movimento estudantil desse momento não se restringiu ao movimento universitário. Teve grande importância o movimento secundarista que, na Guanabara – através, principalmente, dos Colégio Pedro II e Colégio da Aplicação da UFRJ[107] – aparece como parte importante do ME e também da militância política de esquerda, sobretudo, a que optou pelo enfrentamento armado.

No ano de 1968, o movimento atingiu seu ápice no estado da Guanabara. Especificamente após março, quando

---

106 PALMEIRA, Vladimir. Entrevista concedida ao Projeto *Memórias estudantis*. *In*: Núcleo de História Oral e Memória (Tempo/UFRJ), p. 15.

107 Sobre o Colégio da Aplicação da UFRJ temos dois estudos que tentam compreender essa relação tão próxima entre os estudantes e a militância política de esquerda. Ambos, para além do contexto nacional e internacional, referem-se à proposta de educação inovadora do colégio, que servia como laboratório de pesquisa para os estudantes universitários da FNFi. Alguns militantes da Dissidência da Guanabara estudaram no Colégio da Aplicação: César Benjamin, Cid Benjamin, Carlos Vainer, Fraklin Martins, Henri Acselrad, Ricardo Villas, Sônia Moraes, entre outros. Sobre os estudos, Cf. ABREU, Alzira Alves de. *Intelectuais e guerreiros*: o Colégio de Aplicação da UFRJ de 1948 a 1968. Rio de Janeiro: Editora da UFRJ, 1992; MAFRA, Patrícia Henriques *Uma escola contra a ditadura:* a participação política do CAp-UFRJ durante o regime militar brasileiro (1964-1968), 2006.,146p. Dissertação (Mestrado em História). Instituto de História e Ciências Sociais (IFCS), Universidade Federal do Rio de Janeiro (UFRJ). Disponível em: http://objdig.ufrj.br/34/teses/PatriciaHenriquesMafra.pdf Acessado: 16/03/2017.

houve o assassinato do estudante Edson Luís em um protesto no restaurante Calabouço. A partir daquele momento confluíram as insatisfações estudantis com relação à estrutura universitária e à política de reforma universitária da ditadura, amalgamadas pela postura repressiva dos órgãos do Estado. Apoiados por uma parcela dos setores médios da sociedade, principalmente devido à repressão que os sensibilizava, os estudantes da Guanabara conseguiram realizar uma passeata com mais de cem mil pessoas, em junho, que ficaria conhecida como *Passeata dos Cem Mil*. Esse processo de radicalização estudantil fez com que, neste ano, houvesse uma proximidade muito grande entre as propostas revolucionárias de esquerda, visando derrubar a ditadura e construir uma nova sociedade, e o movimento estudantil. Evidência disso é o jornal do DCE da UFRJ, já citado neste trabalho e comandado pela Dissidência, que, apesar de ressaltar a importância do ME e de suas reivindicações, demonstrava sua inclinação revolucionária, justamente por não o considerar

> vanguarda revolucionária, e sim um instrumento de propaganda política capaz de, em primeiro lugar, denunciar o poder militar e imperialista instaurado no país e, numa fase posterior, se integrar na luta revolucionária de todo o povo. [Através das lutas reivindicatórias] há o desmascaramento da falsa democracia e o movimento aprofunda seu caráter político. Se torna, então, bem claro que os grandes problemas da Universidade estão ligados à estrutura social. Esta conscientização faz o estudante perceber, na prática, que a Universidade gratuita, pública, livre, democrática, só pode ser conseguida em outro sistema social.[108]

108 DCE UFRJ, *Número experimento-zero*, 1968. *In*: BNM 253, p. 113.

Durante este período, a Dissidência conseguiu ampliar, significativamente, seus quadros. Utilizando-se do crescente radicalismo da massa estudantil, os dissidentes, através do controle das entidades estudantis, montaram uma estrutura de incorporação de quadros, aliada a necessidade prévia de que os possíveis quadros, antes do ingresso efetivo na DI-GB, passassem por um período de formação teórica e prática política. Essa estrutura se desenvolveu em dois níveis: Grupos de Estudo (GE), que, posteriormente, passaram a ser denominados de Organismo de Prática Orientada (OPO), e Organização Para-Partidária (OPP). Na OPO, o militante passava por dois níveis, segundo depoimento atribuído a Fernando de Almeida Sá.[109] No primeiro nível, formava-se um grupo de seis pessoas, entre elas um assistente teórico, com o objetivo de estudar literatura marxista e realidade brasileira. Em um nível superior, caso fosse considerado apto pelo assistente, o militante passava à prática de agitação e propaganda no movimento operário. No estágio de OPP, os *paraquadros* – militantes sob o centralismo da organização, mas que ainda não eram quadros – eram informados de que havia uma organização política por trás desta estrutura, o que até então não sabiam. Diferentemente dos GEs, os membros da OPP recebiam dupla assistência: uma teórica e uma de massa. O assistente teórico ficava responsável pelo aprofundamento do cabedal teórico do grupo, incluindo uma discussão sobre a linha política da DI-GB. Além disso, nas OPPs os militantes já passavam a utilizar codinomes, em uma referência clara à militância na clandestinidade. Especialmente ao nível de OPP, mas houve em níveis de GEs, é que se realizavam, principalmente a partir de 1969, o processo de "militari-

109 Depoimento *atribuído* a Fernando Almeida Sá. *In*: BNM 295, p. 51-54.

zação" dos ingressantes, com lições de manuseio de armas de fogo e treinamentos de tiro.

Em síntese, é importante ressaltar que nesta estrutura, para incorporação de quadros, a DI-GB promoveu uma confluência entre a familiaridade dos estudantes com a estrutura de grupos de estudos, o que facilitava a incorporação, com a necessidade de formar bons quadros teóricos para engrossar suas fileiras. Sobre a estrutura dos grupos formados, Daniel Aarão Reis, em entrevista que nos concedeu, ofereceu detalhes sobre quais eram as leituras, inclusive realçando uma diversidade de leituras dentro do campo marxista:

> Os nossos grupos de estudo melhores começavam com Hegel. Líamos, naturalmente, coisas muito sumárias, de divulgação. Ninguém iria ler Hegel no original, nem traduzido em francês e inglês, mas eram vulgarizações do pensamento de Hegel. Então, a gente passava por Feuerbach, depois Marx, tinha Engels, Lênin, Mao Tsé Tung, Trótski.[110]

Essa característica relativa à liberdade de leituras, que permeava a estrutura de OPO e OPP, era uma característica geral da organização, que ficará mais clara no capítulo seguinte. Agora, vale apenas ressaltar o depoimento de outra militante da Dissidência, Maria Augusta Carneiro, estudante de Direito que seria trocada pela libertação do embaixador norte-americano, que também aponta neste sentido, evidenciando o que a atraiu para militância na DI-GB:

> Nas nossas reuniões, a gente podia falar. Podia falar a bobagem que você quisesse [...]. Mas tinha aquela coisa de você ser instigado a pensar, instigado a racio-

110 AARÃO REIS FILHO, Daniel. *Entrevista concedida a Higor Codarin*, Rio de Janeiro, 12 de julho de 2016.

> cinar, a ler [...]. Enfim, tinha uma coisa que para mim foi muito acolhedora na Dissidência, essa questão da instigação intelectual. Eu achava aquilo fascinante.[111]

Por fim, vale indicar que esta prática de GE e OPP não foi uma constante na trajetória da organização. Criada em 1968, iria ser mantida até 1969, sendo relegada a um plano menor após as investidas da repressão se intensificarem a partir de setembro de 1969, conforme veremos.

Ademais, em consonância com a linha política proposta em dezembro anterior, a Dissidência expandiu seu trabalho em direção ao movimento operário. Neste momento promoveram uma distinção entre os quadros que atuavam no movimento estudantil e quadros que deveriam atuar no movimento operário, em busca de contatos. Alguns quadros já se profissionalizam neste momento, distanciando-se do cotidiano da universidade e entrando na clandestinidade. Samuel Aarão Reis, participante desse processo, nos ofereceu detalhes:

> Em 1968 já estou na clandestinidade, saio da faculdade e vou para a clandestinidade. Neste processo entram quatro pessoas: Eu, Sérgio [Rubens], Stuart [Angel Jones] e Pedro Alves. Vamos morar em uma favela, na favela de Nova Holanda. Fomos, ao mesmo tempo, fazer um curso de torneiro mecânico no SENAI.[112]

Essa necessidade de buscar contatos operários se justificava devido ao pouco avanço com relação às bases operárias vinculadas ao PCB antes da cisão. Segundo Daniel Aarão Reis, a DI-GB "não conseguiu herdar qualquer tipo de contato operá-

111 CARNEIRO, Maria Augusta. Entrevista concedida ao Projeto *Memórias estudantis*. *In*: Núcleo de História Oral e Memória (Tempo/UFRJ), p. 6.

112 AARÃO REIS, Samuel. *Entrevista concedida a Higor Codarin*, Rio de Janeiro, 12 de julho de 2016.

rio do velho Partidão".[113] É interessante frisar que, ao contrário da noção de proletarização ou de limpeza ideológica, que encontrava abrigo em outras organizações, como a AP, a residência na favela e o ingresso em cursos profissionalizantes estava inserido em uma concepção de trabalho político, de agitação e propaganda, em consonância com a perspectiva leninista, proposta no *Que Fazer?*[114] que pautava a ação da Dissidência.

O final de 1968 traria a confirmação de que a luta armada não era apenas o caminho necessário para a Revolução, como também era o caminho inevitável. A partir do início do segundo semestre de 1968, o movimento estudantil já demonstrava sinais de refluxo: a união entre as diferentes vanguardas que se estabeleceu no primeiro semestre não se manteve no segundo, quando haveria a disputa pela UNE; para além, outro fator fundamental foi a intensificação desmedida da repressão, que encarava, definitivamente, a questão estudantil como questão

113 AARÃO REIS FILHO, Daniel *apud* RIDENTI, *Op. Cit.*, 2010, p. 169

114 Para maiores detalhes sobre as características das ações de agitação e propaganda, conforme propostas por Lênin, cf. LÊNIN, *Op. Cit.*, 1986, p. 126-127. Ficará nítido, principalmente no capítulo seguinte, que a principal influência da concepção do partido de vanguarda de Lênin na DI-GB se deu através da obra *Que fazer?*. Por alguns motivos. Para os dissidentes, que visavam refundar a esquerda brasileira em uma perspectiva revolucionária, o opúsculo de Lênin, que funcionou como uma espécie de "marco zero" do Partido Bolchevique na Rússia, despontava como modelo a seguir, justamente pelos dissidentes enxergarem-se como marcos fundadores de uma nova proposta política, efetivamente revolucionária, que deveria iniciar um novo trabalho político junto à classe operária, incutindo-lhe consciência de classe. Além disso, a conjuntura de intensa repressão czarista na Rússia, momento de escrita de Lênin, possibilitava a construção de paralelos com a situação política brasileira, favorecendo a perspectiva de construção de organizações pequenas, centralizadas, atuando na clandestinidade e fora dos circuitos institucionais. Por fim, também deve ser citado a importância que Lênin credita à teoria como parte indispensável do processo revolucionário.

de segurança nacional.[115] Como se não bastasse a repressão nas ruas, a ditadura continuava, mesmo que de forma não linear, desenvolvendo um aparato legislativo para justificar, legalmente, o processo de cerceamento das liberdades democráticas e repressão política. Em dezembro de 1968, no dia 13, a ditadura promulga o AI-5, que, com a abolição do *habeas corpus* em caso de crime político, fechamento do Congresso Nacional, a retirada de direitos políticos, entre outras medidas, nivelava o aparato legal à prática repressiva nas ruas.

Em síntese, o contexto do refluxo do movimento de massas, aliado à escalada repressiva da ditadura, funcionou como impulso para início das ações armadas da Dissidência. Além disso, as ações já realizadas por outros grupos armados, como ALN e VPR, em 1967 e, sobretudo, 1968 exerciam forte pressão para a adesão dos dissidentes cariocas à luta armada. Primeiro pelo fato de que, naquele contexto, conforme veremos no capítulo seguinte, a inação se configurava como pior defeito de qualquer revolucionário. Além disso, as ações armadas seduziam quadros da organização, que, em alguns casos, acabavam migrando para outras organizações, pioneiras nas ações armadas. Neste sentido aponta a entrevista que nos concedeu Aarão Reis:

> Tinham uma força de arrasto muito grande [as ações armadas dos demais grupos]. E se as direções não se inclinassem, certamente perderiam muito dos seus militantes. Era uma coisa até de sobrevivência. Os militantes mais decididos, destemidos, iriam migrar. E começavam a ser assediados.[116]

---

115 O refluxo do movimento estudantil aparece de forma resumida pois não é objetivo deste trabalho. Como base para sua compreensão, cf. nota de rodapé de número 104, sobre o ano de 1968.

116 AARÃO REIS FILHO, Daniel *Entrevista concedida a Higor Codarin*, Rio de Janeiro, 12 de julho de 2016.

Por fim, com a iminência de profissionalização dos quadros na clandestinidade, a DI-GB precisava obter fundos para manutenção física dos militantes, como também para moradia clandestina, nos chamados *aparelhos*, e as ações armadas apareciam como melhor possibilidade de obtenção do montante financeiro necessário.

Com isso, em fins de 1968 e início de 1969, a direção da organização inicia o preparo do que seria, após a conferência de abril, a Frente de Trabalho Armado (FTA). João Lopes Salgado, militante egresso da aeronáutica, estudante e presidente do Centro Acadêmico de medicina na UEG,[117] compra as primeiras armas para a organização na Bahia[118] e, a partir daí, começaram a realizar treinamento de tiro e idealizar as primeiras ações, que ocorreriam a partir de fevereiro.

A DI-GB, dentro do contexto da esquerda armada, foi um dos últimos grupos a propô-la como possibilidade estratégica. Por um lado, o impulso do movimento de massas no primeiro semestre de 1968 talvez tenha funcionado como freio para a organização, que, como vimos, já mantinha uma inclinação pela luta armada desde 1967. No entanto, o refluxo do ME e o AI-5 trouxeram a necessidade da luta armada para a ordem do dia. Conforme expressão de Jacob Gorender, em 1968, devido às circunstâncias, houve um processo

117 BNM 227, p. 174.

118 Depoimento *atribuído* a Daniel Aarão Reis Filho. *In:* BNM 076, p. 250. João Lopes Salgado, em entrevista a Virgílio Sena, corrobora com essa versão e, inclusive, demonstra a facilidade com que compravam as armas na Bahia: "Me lembro, nós saíamos pela Rio-Bahia até a Bahia para comprar armas. Chegava na casa de arma dizendo: "quero comprar quatro revólveres". Impressionante, comprava. Eu fui com Cid [Benjamin] até à divisa da Bahia, voltamos com umas 20 armas, legalmente." *In*: SALGADO, João Lopes *Entrevista a Virgílio Sena*, p. 10-11.

de "imersão geral na luta armada."[119] Sobre a relação entre o AI-5 e os grupos de esquerda armada, tendo em vista compreender qual dos dois fatores impulsionou o surgimento do outro, vale ressaltar a análise de Carlos Fico. Segundo Fico, "trata-se de uma interação – uma ação recíproca que não se explica pela noção de anterioridade – configurada a partir da grande complexidade e relativa autonomia dos fatores intervenientes."[120] Portanto, dizer que o AI-5 impulsionou uma imersão geral na luta armada não implica em dizer que, conforme veremos adiante, não haveria luta armada caso não houvesse o AI-5. No entanto, os dois fatores, claramente, interagiram nesse contexto.

Por fim, o que objetivávamos demonstrar nesse capítulo é que se torna impossível a compreensão dos caminhos e descaminhos da DI-GB na luta armada sem levarmos em conta seu processo de formação e organização dentro do PCB e, sobretudo, a partir do movimento estudantil da Guanabara. A condição social de estudante da maioria de seus militantes; as propostas de lutas específicas relacionadas aos problemas práticos da massa estudantil; a necessidade de formação teórica para o embate no interior do PCB e a continuidade de sua importância através da estrutura dos GEs e OPPs; a opção "tardia" pelo encaminhamento da luta armada, vinculada à importância com que caracterizavam o movimento de massas. De algum modo, todo esse contexto se manifestou na posição e na prática política da organização no embate armado contra a ditadura.

---

119 GORENDER, *Op. Cit.*, 2014, p. 169.

120 FICO, *Op. Cit.*, 2001, p. 64.

Militarismo com tinturas de leninismo: a opção pelas armas e a transformação em Movimento Revolucionário 8 de Outubro

A luta armada [...] se afirmou como algo concreto, feito e sentido no dia-a-dia do povo. Deixou de ser aquela palavra de ordem abstrata lida em panfletos, ou ouvida em discursos, nas passeatas estudantis. Atualmente, no Brasil, a luta armada é de fato uma alternativa de poder, débil ainda, mas existente.

MR-8, *Arma da crítica*, nº1, 1970

Ações meio e a formação da Frente de Trabalho Armado

Conforme mostramos no capítulo anterior, com o refluxo do movimento estudantil e o endurecimento do regime após o AI-5, a Dissidência encaminha a formação do primeiro grupo armado, composto por Cláudio Torres, João Lopes Salgado, Cid Benjamin, Daniel Aarão Reis Filho e Stuart Angel. No entanto, as primeiras ações viriam apenas no ano de 1969. Ainda sem uma linha política que definisse os contornos da integração da luta armada na estratégia revolucionária, os dissidentes iniciaram a realização de ações *meio*, como eram chamadas à época, ou ações de expropriação,[1] que tinham por objetivo levantar fundos para manutenção da organização, seja dos militantes clandestinos ou das entidades que controlavam. Até a conferência, em abril de 1969, que resultou em uma nova linha política, a organização realizou três ações armadas.[2] A primeira, em 15 de fevereiro, quando abordaram um sentinela do Hospital da Aeronáutica, no bairro de Rio Comprido, com objetivo de expropriar uma metralhadora para as ações que se sucederiam. Apesar das armas – todas pistolas – compradas, legalmente, na Bahia, conforme indicamos no capítulo anterior, segundo João Lopes Salgado, a organização passa a procurar armas mais longas, cuja dificuldade de compra era maior. Neste início, as ações deste tipo eram fáceis, pois, segundo Cid Benjamin, participante da ação, os sentinelas ficavam expostos na calçada, diante dos locais que guardavam, fato que facilitava a expropriação.[3] De posse da metralhadora, no dia 24 do mesmo mês, realizaram a segunda ação, quando expropriaram o Bar Castelinho.[4] Por fim, exatamente um mês depois, fizeram a primeira ação de

1 Utilizaremos aqui o termo expropriação, ao invés de roubo. Ao contrário deste último, que implica uma ação conscientemente ilegal e criminosa, os militantes o faziam a partir da noção de legitimidade do ato, em prol do processo revolucionário em curso.

2 Não incluímos, na contabilidade das ações armadas, as expropriações de veículos que, em seguida, eram utilizados nas ações, pela dificuldade, através dos processos judiciais de mapear o total dessas ações. No entanto, gostaríamos de ressaltar que foram realizadas diversas ações de expropriação de veículos e, inclusive, de placas, para dificultar as ações da repressão.

3 BENJAMIN, Cid. *Gracias a la vida:* Memórias de um militante. Rio de Janeiro: José Olympio, 2013, p. 138.

4 Para mais detalhes, cf. BNM 625.

expropriação de agência bancária, no banco Crédito Territorial, localizado em Bonsucesso.[5]

O dinheiro das ações ficou a cargo de Daniel Aarão Reis que, além da manutenção dos militantes já profissionalizados e na clandestinidade, irrigou as entidades estudantis controladas pela DI-GB, que passavam por dificuldades financeiras após o refluxo do movimento estudantil iniciado no segundo semestre de 1968. Sobre isso, é interessante o depoimento do próprio Aarão Reis, em entrevista que nos concedeu:

> eu dava assistência [às entidades estudantis] e era sempre um chororô enorme: "não temos estrutura, a organização não nos dá nada." [...] E naquele dia eu fui para a reunião com os líderes de massa com meu bolso cheio de grana. Comecei a ouvir aquele chororô e falei:
> — Você precisa de quanto?
> Ele respondeu: O que adianta eu dizer?
> — Diga lá, você precisa de mil?
> Líder de massa: Preciso.
> — Ok, coloca para cima, 1.500.
> Líder de massa: Para, rapaz. Porque você está perguntando isso?
> — Porque eu tenho aqui o dinheiro.
> Logo sacaram que nós tínhamos conseguido dinheiro fazendo ação de banco.[6]

É interessante mostrar isso para compreender o ambiente da organização no momento de discussão e produção da nova linha política. O sucesso e a facilidade das primeiras ações geravam a impressão de que este era, realmente, o caminho da revolução, o caminho que os levaria a, como se dizia, construir a infraestrutura necessária para o desenvolvimento do exército revolucionário.

---

5 Para mais detalhes, cf. BNM 296.

6 AARÃO REIS FILHO, Daniel Entrevista concedida a Higor Codarin, Rio de Janeiro, 12 de julho de 2016.

Deve-se frisar, contudo, que grande parte desse sucesso e facilidade estavam ligados ao pouco preparo dos órgãos de repressão para lidar com esse tipo específico de ação. É evidência disso o relatório do detetive da Delegacia de Roubos e Furtos, encarregado de esclarecer quem foram os assaltantes do banco em Bonsucesso:

> Os tipos físicos dos indivíduos autores do assalto, conforme descrição das várias testemunhas que se encontravam no local, quando do evento, têm servido para que esta Seção [ilegível] [procure] nos vários fichários existentes na Polícia, dentre indivíduos já 'conhecidos' por seus antecedentes criminais, mas, como dizer, não obtivemos um mínimo de compensação ao nosso trabalho.
> Temos procurado efetuar levantamento [...] nesses últimos tempos de vários indivíduos fichados na polícia, não abandonando, nunca, qualquer pequeno detalhe que chegue ao conhecimento, mas, apesar de tudo isso, os frutos desaparecem.[7]

A polícia estava, conforme vemos, considerando um crime de ladrões comuns e não associava o fato a grupos políticos. No entanto, segundo o jornal *Correio da Manhã*, na edição seguinte à ação, a partir do depoimento das pessoas que estavam dentro da agência, já havia indícios sobre quem realizava as expropriações, conforme a conclusão que tiram sobre a ação:

> O assalto teve as mesmas características dos praticados contra a Agência Abolição do Banco Aliança e Agência Realengo do Banco da Lavoura de Minas Gerais, com os assaltantes usando as mesmas palavras: "Isto é um assalto. Não vamos matar ninguém. Este dinheiro servirá para a nossa Revolução que salvará o País".[8]

---

7 BNM 296, p. 66.

8 CORREIO DA MANHÃ, *25 de março de 1969*, 1º caderno, p. 6. Disponível em: http://memoria.bn.br/hdb/periodico.aspx. Acessado em: 24/03/2017.

Com o passar do tempo, especificamente a partir de expropriações com perfil semelhante ocorridas em outras cidades, em especial São Paulo e Belo Horizonte, o delegado responsável pela solução do crime, em maio, começava a mapear e compreender o caráter do assalto:

> Nas investigações procedidas por esta Delegacia Especializada, apurou-se que o "modus operandi" empregado pelos assaltantes, quer nos assaltos ocorridos nesta Capital, quer nos ocorridos em Minas Gerais e São Paulo, é sempre o mesmo. [...]
> A polícia de Belo Horizonte, após forte titubeio, logrou prender uma quadrilha composta de *professores* e *estudantes*, todos "comunistas militantes", que confessaram a autoria de inúmeros assaltos naquele Estado e suas ligações com elementos de São Paulo e da Guanabara. [...]
> Pelo exposto, não temos dúvida em afirmar que, no caso presente, os seus autores são elementos subversivos.[9]

Contudo, conforme veremos adiante, apesar de, em maio, dois meses depois da ação, já se saber que não se tratava de crimes comuns, nada se sabia ainda sobre quem eram os realizadores e qual organização política estava por trás da idealização das ações.

Portanto, em um clima extremamente positivo, devido ao amplo sucesso e dinheiro arrecadado nas primeiras ações, possibilitado, em grande parte, pelo atordoamento e total desconhecimento dos órgãos de repressão para com as ações, é que se realizou a III Conferência da Organização. A partir de abril, tentava-se deixar para trás o estigma de organização puramente universitária. Transformava-se de Dissidência Universitária da Guanabara em Dissidência Comunista da Guanabara.

---

9 BNM 296, p. 90.

A linha política de abril de 1969 e os influxos teóricos

Nos deteremos agora em uma análise sobre a Linha Política de Abril de 1969, que resultou dos debates e resoluções da III Conferência. Para isso, relacionaremos, quando necessário, as posições políticas que a DI-GB propôs às principais discussões teóricas em que seus militantes estavam envolvidos, principalmente por intermédio das leituras que realizavam,[10] buscando integrar esta análise ao contexto revolucionário internacional e seus respectivos desdobramentos teóricos.

De início, o documento propõe uma análise sobre a situação do capitalismo no contexto mundial. Ancorada na visão de Lênin sobre o desenvolvimento do capitalismo da fase livre-concorrencial para a fase monopolista, presente, principalmente, em "*Imperialismo, fase superior do capitalismo*",[11] a DI-GB cons-

10 Sobre esse ponto, faz-se necessária uma explicação. Todos os autores que relacionaremos a pontos da linha política foram citados em entrevistas e/ou os encontramos nos "Autos de apresentação e apreensão" que se sucediam às invasões de aparelhos pelos órgãos de repressão. Em alguns processos constam extensas listas sobre o que eram encontrados nos "aparelhos", incluindo grande quantidade de livros. Utilizamo-nos, em especial, do auto de apreensão referente ao aparelho em que viviam Vera Silvia Magalhães, José Roberto Spiegner e Carlos Zílio, localizado na Rua Montevideo, n° 391, Penha, invadido na virada do dia 16 para 17 de fevereiro de 1970. Utilizamos este, em específico, por alguns motivos especiais: José Roberto, no momento da invasão, que resultaria em sua morte, conforme veremos adiante, era integrante da direção da organização. Para além, segundo Cid Benjamin, momentos antes da invasão do apartamento, ocorria uma reunião da direção, entre José Roberto, Cid Benjamin e Daniel Aarão Reis. Portanto, parece-nos que aquele apartamento concentrava as principais obras que influenciavam as perspectivas analíticas da DI-GB. Sobre o auto de apreensão, Cf. BNM 076, p. 44-50. Sobre a reunião da direção, Cf. BENJAMIN, *Op. Cit.*, 2013, p. 32-33.

11 A caracterização da fase monopolista do capitalismo encontra-se, sintetizada, em: LÊNIN, V. I. "O Imperialismo, fase superior do capitalismo." *In*: LÊNIN, V. I, *Op. Cit.*, 1986, p. 641-642.

tatava que houve uma transformação, na primeira metade do século XX, do caráter do imperialismo, "que evoluiu de sua fase colonialista – caracterizada pela exportação de produtos manufaturados dos países metrópoles em troca de matérias primas dos países submetidos – para sua fase monopolista, onde o que se dá é a exportação de capitais."[12] Na esteira, construiu a visão sobre o Estado Monopolista, plasmando a leitura de Lênin sobre o imperialismo à leitura do revolucionário russo sobre o caráter do Estado burguês, presente em *O Estado e a Revolução,*[13] evidenciando que o Estado, nesta fase de desenvolvimento do capitalismo, "é a identificação extrema e absoluta entre o poder econômico e o governo, sustentados por uma poderosa e racional máquina burocrática-militar."[14]

No entanto, se operavam uma aproximação relacionada à visão leninista de Estado e em relação ao desenvolvimento do capitalismo, isso não ocorre com relação ao papel que deveriam desempenhar os países periféricos no desenvolvimento do processo de internacionalização do socialismo. Lênin, escrevendo pelo menos cinquenta anos antes, analisava que os países periféricos, em sua luta pela autodeterminação, atuavam de forma estratégica na luta contra o imperialismo. Entretanto, a ação única desses países seria insuficiente contra o imperialismo. Nesta perspectiva, em *Balance de la discusión sobre la autodeterminación,* Lênin é claro ao mostrar o papel dos países periféricos:

12 DISSIDÊNCIA COMUNISTA DA GUANABARA, *A situação internacional, 1969,* mimeo, p. 1. *In:* Arquivo da Memória Operária do Rio de Janeiro (AMORJ), IFCS/UFRJ, fundo Organizações de Esquerda, Série-02, documento nº 01.

13 Para maiores detalhes, cf. LÊNIN, V. I. "O Estado e a Revolução. A doutrina do marxismo sobre o Estado e as tarefas do proletariado na revolução." *In*: LÊNIN, V. I. *Obras escolhidas, tomo 2.* 2ªed. São Paulo: Alfa-Ômega, 1988.

14 *Ibidem.*

> A dialética da história é tal que as pequenas nações, impotentes como fator *independente* na luta contra o imperialismo, desempenham seu papel como um dos fermentos ou bacilos que auxiliam a entrada em cena da *verdadeira* força contra o imperialismo: o proletariado socialista.[15]

Ou seja, por mais que houvesse um papel importante reservado à luta dos países periféricos pela emancipação, a verdadeira força da internacionalização da revolução estava nas mãos do proletariado dos países centrais.[16] Apesar de relacionada, no que tange à visão leninista sobre o imperialismo ser a "antecâmara do socialismo", a Dissidência apontava que, com o desenvolvimento do capitalismo monopolista, a contradição principal no campo internacional, "existente entre o capital e o trabalho, se explicita, ao nível da luta de classes, como a contradição entre as massas assalariadas dos países subdesenvolvidos e o imperialismo com as burguesias locais."[17] Com isso, ao contrário do papel auxiliar de outrora, em fins da década de sessenta caberia aos países periféricos a vanguarda da luta revolucionária pela internacionalização do socialismo. A esse respeito, os dissidentes apoiavam-se em duas principais influências.

A primeira, teórica. Na década de sessenta, notabilizou-se a produção teórica do marxismo norte-americano, em es-

15 LÊNIN, V. I "Balance de la discusión sobre la autodeterminación." *In*: LÊNIN, V. I, *Obras Escogidas, tomo VI (1916-1917)*, Moscou: Ed. Progreso, 1973, p. 25-26. Tradução do autor.

16 Para uma caracterização rica entre a produção teórica de Lênin, sobre as relações entre imperialismo e autodeterminação e o momento histórico em que estava inserido, Cf. GALISSOT, René, "O imperialismo e a questão colonial e nacional dos povos oprimidos." *In*: HOBSBAWM, Eric J (Org.), *História do Marxismo, vol. 8*. São Paulo: Paz e Terra, 1987, p. 199-276.

17 DISSIDÊNCIA COMUNISTA DA GUANABARA, *Op. Cit.*, 1969, p. 1.

pecial, dos editores da revista *Monthly Review*, Paul Sweezy e Paul Baran,[18] em sua leitura sobre o capitalismo monopolista e, consequentemente, relacionada ao papel dos Estados Unidos neste sistema. Tentando compreender o capitalismo de seu tempo, em ensaio denominado *Capitalismo Monopolista*, de 1966, constatam que

> a hierarquia das nações que constituem o sistema capitalista é caracterizada por um complexo de relações de exploração. Os que estão na cúpula exploram, em graus variados, todas as camadas inferiores, e os que estão em determinado nível exploram os colocados em posição inferior, até chegarmos à camada mais baixa, que não tem ninguém para explorar.[19]

Portanto

> a luta de classes em nossa época foi totalmente internacionalizada. A iniciativa revolucionária contra o capitalismo, que nos dias de Marx pertencia ao proletariado dos países adiantados, passou às mãos das massas empobrecidas dos países subdesenvolvidos, que lutam para libertar-se do domínio e exploração imperialistas.[20]

Em síntese, aos países periféricos, "a única estrada do progresso leva diretamente para fora do sistema capitalista."[21]

A segunda, as revoluções vitoriosas. Sobre essa influência nos deteremos com maior profundidade, pois, confor-

---

18 Apesar de ter nascido na Rússia, sua produção intelectual esteve totalmente vinculada aos EUA.

19 BARAN, Paul; SWEEZY, Paul. *Capitalismo monopolista: ensaio sobre a ordem econômica e social americana*. Rio de Janeiro: Zahar, 1966, p. 181.

20 *Idem*, p. 18.

21 *Idem*, p. 22.

me veremos, para além da influência sobre o protagonismo dos países periféricos, há, sobretudo, uma influência sobre a estratégia revolucionária. Portanto, neste momento, iremos tentar sintetizar esses dois fatores do mesmo processo.

Trataremos aqui das seguintes revoluções: China, Cuba, Vietnã e Argélia. De início, deve-se salientar que todas ocorreram em países periféricos, o que impulsiona a linha política da DI-GB, conforme vimos acima, para além dos debates teóricos, a indicar o protagonismo dos países periféricos no processo revolucionário mundial. Em especial, Cuba, Argélia e Vietnã colocavam na ordem do dia a possibilidade de derrota do imperialismo, seja francês ou norte-americano, constituindo-se "em exemplo para os movimentos revolucionários, influenciando e impulsionando os povos explorados e o proletariado internacional na luta de classes"[22]. De todas as revoluções derivaram exercícios teóricos com objetivo de sistematizar as experiências apreendidas dos respectivos processos revolucionários e, de algum modo, influenciaram na construção teórica da DI-GB. Sobre a luta de libertação nacional da Argélia, temos como principal expoente a obra do ensaísta Frantz Fanon, *Os Condenados da Terra*, de 1961, que propõe, como resposta ao processo violento desumanizador da colonização, a violência do colonizado, que, simultaneamente ao processo de libertação nacional, o humanizaria. Com relação ao Vietnã, temos os textos de Ho Chi Mihn sobre a guerra de guerrilhas contra as tropas francesas. Ambas tinham em comum, apesar das diferenças, a violência como única possibilidade nos embates pela emancipação nacional.

22 DISSIDÊNCIA COMUNISTA DA GUANABARA, *Op. Cit.*, 1969, p. 1.

Ademais, com um poder de influência mais claro, apresentam-se as propostas teóricas que resultaram das revoluções chinesa e cubana. Da Revolução Chinesa, vitoriosa em 1949, dirigida política e teoricamente por Mao Tsé Tung, derivou o *maoísmo*, que adquire proporções significativas no contexto mundial. Logo após a revolução, segundo Daniel Aarão Reis, o maoísmo,

> aparece como estratégia revolucionária para a tomada do poder político na China e, neste sentido, foi caracterizado como uma aplicação criadora do marxismo-leninismo às condições históricas chinesas, ou ainda, em outras palavras, como uma concepção que fora capaz de efetivar a *sinização* do marxismo. Quase simultaneamente, mas numa outra dimensão, a via revolucionária chinesa será apresentada como um caso exemplar para as demais sociedades asiáticas, em particular, e para o conjunto dos povos explorados e oprimidos em geral. Neste registro, o maoísmo já aparece com uma nova qualidade, a de um *modelo revolucionário* para a emancipação dos povos dependentes e/ou colonizados.[23]

No entanto, com o desenvolvimento do desentendimento entre China e URSS, decorrência direta do XX Congresso do PCUS, que resultou no cisma sino-soviético, o maoísmo evoluiu de caso exemplar para modelo revolucionário mundial, ou seja, adquiriu um caráter de universalização. E, após o cisma, na década de 60, adquiriria maior protagonismo entre os comunistas brasileiros.[24]

---

23 AARÃO REIS FILHO, Daniel. "O maoísmo e a trajetória dos marxistas brasileiros." *In:* AARÃO REIS FILHO, Daniel & MORAES, João Quartim (Orgs.) *História do marxismo no Brasil, vol. 1, 2.ed.* Campinas: Editora da Unicamp, 2003, p. 161

24 *Ibidem.*

Sua contribuição para a Dissidência em específico seria, por um lado, a necessidade da revolução por intermédio da ação violenta – "o poder nasce da ponta do cano do fuzil" – com ênfase na aliança operário-camponesa, contrapondo-se à transição pacífica para o socialismo proposta pela URSS e encampada pelo PCB, e, por outro lado, a Revolução Cultural, que era vista como forma de engajamento das massas na construção do socialismo. Exemplo disso é a análise da DI-GB referindo-se à importância da China como contraposição ideológica às propostas da URSS, sem que, com isso, houvesse uma adesão cega e irrestrita às posições do Partido Comunista Chinês (PCCh):

> Dentro do campo socialista, deve ser travada uma intensa luta ideológica contra o revisionismo e as concepções errôneas relativas à coexistência pacífica e à transição pacífica para o socialismo.
> O grande conflito ideológico travado pelo PCUS e PCCh marca uma polêmica de enorme importância para o movimento comunista internacional. Os revolucionários de todo mundo devem apoiar, contribuir e enriquecer as teses centrais do PCCh na sua luta anti-revisionista, sem que isso signifique a perda do espírito crítico em relação aos erros dos comunistas chineses, principalmente na sua política externa. Ao mesmo tempo, devem aplaudir e aprender com a experiência da Grande Revolução Cultural Proletária chinesa, como forma radical de engajar as massas na luta ideológica.[25]

Ademais, com um poder de influência muito maior, temos a Revolução Cubana, de 1959[26]. Principalmente pela pro-

25 DISSIDÊNCIA COMUNISTA DA GUANABARA, *Op. Cit.*, 1969, p. 1-2.

26 A questão da influência da Revolução Cubana sobre a esquerda armada brasileira é um tema sobre o qual se debruçaram diversos pesquisadores, seja de forma direta ou indireta. Como não é o objetivo de nosso trabalho, para a bibliografia básica que guiou nossa pesquisa, Cf. BARÃO, Carlos

ximidade geográfica e, sobretudo, histórica, o processo revolucionário cubano que, a princípio, tinha caráter de libertação nacional, com objetivo de depor o ditador Fulgência Batista, e foi, posteriormente, em direção ao socialismo, teve um impacto bastante amplo na esquerda armada em geral e, em especial, na Dissidência. Se o processo revolucionário em si gerava simpatia nos comunistas brasileiros, em especial pela existência e sobrevivência de um país comunista, no contexto da Guerra Fria, vizinho dos EUA, as análises produzidas posteriormente à revolução, na tentativa de criação de um novo modelo revolucionário que atenderia, principalmente, ao contexto social específico da América Latina elevaram ainda mais o poder de influência da revolução que transformou Cuba no "primeiro território livre da América Latina", como se dizia na época. Segundo Denise Rollemberg, o *foquismo*, como ficaram conhecidas, de modo geral, as teorias baseadas na experiência revolucionária cubana, atendia, mesmo que de maneira ambígua[27], à demanda cubana pela internacionalização da revolução, tanto como necessidade de sobre-

Alberto "A influência da Revolução Cubana sobre a esquerda brasileira nos anos 60." *In:* AARÃO REIS FILHO, Daniel & MORAES, João Quartim (Orgs.), *Op. Cit.*, 2007, p. 229-280; ROLLEMBERG, *Op. Cit.*, 2001; SALES, Jean Rodrigues. *O impacto da revolução cubana sobre as organizações comunistas brasileiras (1959-1974)*. 2005. 262 p. Tese (doutorado) – Universidade Estadual de Campinas, Instituto de Filosofia e Ciências Humanas, Campinas. Disponível em: http://libdigi.unicamp.br/document/?code=vtls000375071. Acessado em: 19/04/2017.

27 Conforme aponta Denise Rollemberg, havia contradições referentes ao incentivo cubano com relação à internacionalização da revolução em decorrência, principalmente, da postura da União Soviética. A posição da URSS era importante pois, progressivamente após 1959, Cuba tornar-se-ia extremamente dependente do auxílio financeiro soviético. Para mais informações, cf. ROLLEMBERG, *Op. Cit.*, 2001.

vivência, mas também como forma de legitimação no movimento comunista internacional. Assim, é possível notar que a construção teórica foquista atendia aos anseios do próprio processo revolucionário cubano, exercendo, a partir daí, forte influência nos grupos de esquerda latino-americanos.[28]

As principais sistematizações que tomamos como exemplo são as promovidas por Ernesto Che Guevara em *A guerra de guerrilhas*, de 1960, e, principalmente, a de Regis Débray em sua obra *Revolução na Revolução?*, de 1966. Apesar de divergentes em alguns pontos,[29] constroem um ponto comum, que influenciou, de modo significativo, a DI-GB: um tipo específico de voluntarismo, fortemente baseado em uma concepção de luta de pequenos grupos, armados, que pudessem, através de suas ações, desencadear o processo revolucionário, principalmente, a partir do campo.

---

28 ROLLEMBERG, *Op. Cit.*, 2001, p. 14-15. Não queremos, com isso, dizer que os teóricos foquistas estavam, conscientemente, atendendo aos anseios do governo cubano. Entretanto, as teorias, na prática, junto ao contexto da Organização Latino Americana de Solidariedade (OLAS), realizada em 1967, transformavam Cuba em um polo diretivo no movimento comunista internacional, com especial poder na América Latina.

29 A principal divergência entre as propostas de foco guerrilheiro em Che e Debray relacionam-se à necessidade do apoio das massas na construção do foco. Ao contrário de Debray, que desvaloriza completamente as ações que visassem um contato com as massas na criação do foco guerrilheiro, Che propõe, mesmo que de forma matizada, que "a luta guerrilheira é uma luta de massas, é uma luta popular: a guerrilha, como núcleo armado, é a vanguarda combatente do mesmo, sua grande força reside na massa da população." *In:* GUEVARA, Ernesto *Guerra de Guerrilhas (1961)*, 10ª ed. São Paulo: edições populares, 1987, p. 15 Para além, em um texto explicativo sobre este primeiro, de 1963, confirma: "la guerra de guerrillas es uma guerra del pueblo, es una lucha de masas. Pretender realizar este tipo de guerra sin apoyo de la población, es el preludio de un desastre inevitable." *In*: GUEVARA, *Op. Cit.*, 1968, p. 551.

Em *A guerra de guerrilhas*, Che, através da análise da revolução vitoriosa em Cuba, concebe que se criou uma nova possibilidade para o "povo libertar-se de um governo que o oprime."[30]A experiência cubana trouxe três contribuições fundamentais para os movimentos revolucionários latino-americanos:

> 1) As forças populares podem ganhar uma guerra contra o exército. 2) Nem sempre há que se esperar que se deem todas as condições para a revolução; o foco insurrecional pode criá-las. 3) Na América subdesenvolvida, o terreno da luta armada deve ser, fundamentalmente, o campo.[31]

Em uma crítica ácida aos que considerava pseudo-revolucionários, que, de uma forma mecânica, esperam que "se deem todas as condições objetivas e subjetivas necessárias, sem preocupar-se de acelerá-las",[32] Che Guevara indicava que os três pontos supracitados, resultantes da experiência cubana, "são as contribuições para o desenvolvimento da luta revolucionária na América, e podem ser aplicadas em qualquer país de nosso continente nos quais se vai desenvolver uma guerra de guerrilhas."[33] Em especial, propunha a necessidade de criação do foco guerrilheiro, que serviria como embrião do exército guerrilheiro, tendo em vista acelerar o processo revolucionário. Para isso, sintetiza, tática e estrategicamente, de que modo a guerrilha se insere na luta pela tomada do poder. Descreve que a guerrilha só pode se desencadear onde se esgotaram "as possibilidades de luta

30 GUEVARA, *Op. Cit.*, 1987, p. 13.

31 *Ibidem.*

32 *Idem*, p. 14.

33 GUEVARA, *Op. Cit.*, 1968, p. 552. Tradução do autor.

cívica",[34] realçando sempre suas principais características: mobilidade, surpresa e flexibilidade.[35]

Neste sentido, imbuído da necessidade de criação do foco, constrói-se a imagem do guerrilheiro: reformador social e combatente. Como reformador social, desponta "como elemento consciente da vanguarda popular"[36], devendo " ter uma conduta moral que o acredite como verdadeiro sacerdote da reforma que pretende"[37]. Como combatente, o guerrilheiro "deve arriscar sua vida quantas vezes for necessário, estar disposto a rendê-la sem a menor sombra de dúvida no momento preciso."[38] Ademais, não deve esmorecer diante de situações adversas, pois "deve estar sempre pronto a ter uma atitude otimista perante as circunstâncias, e a encontrar uma decisão favorável ainda que nos momentos em que a análise das condições adversas e desfavoráveis não resulte num apreciável saldo positivo."[39] Portanto, através dessas características, caberia ao guerrilheiro, dotado de qualidades políticas e militares, *criar um, dois, três Vietnã.*[40]

Podemos notar, assim, que a dupla figura do guerrilheiro, como reformador social e combatente, aproxima-se das características propostas por Lênin na construção que caracteriza o partido de vanguarda, proposta no *Que Fazer?*.[41]

---

34 GUEVARA, *Op. Cit.*, 1987, p. 14.

35 *Idem*, p. 19-27.

36 *Idem*, p. 39.

37 *Ibidem*.

38 *Idem*, p. 41.

39 *Idem*, p. 42.

40 Palavra de ordem de Che Guevara em seu famoso texto: *Mensagem à Tricontinental*, de 1967.

41 Nas palavras do próprio Lênin: "Esta [consciência] só podia ser introduzida de fora. A história de todos os países testemunha que a classe operária,

Guardadas as devidas diferenças, principalmente com relação às formas de luta e organização, o "elemento consciente", que Lênin atribui como função do partido, dotado da teoria revolucionária, com objetivo de levar a consciência, de fora para dentro, aos trabalhadores, em Che Guevara reaparece, em nova forma, na figura do guerrilheiro. Este, para Che, além de constituir-se enquanto exemplo para os demais, "deve orientar constantemente nos problemas ideológicos", pois como vanguarda que constrói o foco guerrilheiro, os dirigentes da guerra de guerrilhas "não são homens que tenham a espinha curvada dia após dia sobre o trabalho, são homens que compreendem a necessidade da mudança social dos camponeses, mas não sofreram, na sua maioria, as amarguras desta vida."[42] Em síntese, da mesma maneira de Lênin, o guerrilheiro é um elemento externo que, de fora, impulsiona a emancipação, neste caso, do camponês.

Nesta direção, naturalmente, o foco guerrilheiro, à semelhança do que veremos em Debray, adquire as funções do partido de vanguarda leninista, dado que

> Nadie puede solicitar el cargo de partido de vanguardia como un diploma oficial dado por la universidad. Ser partido de vanguardia es estar al frente de la classe obrera em la lucha por la toma del poder, saber guiarla a su captura, conducirla por los atajos, incluso.[43]

---

exclusivamente com as suas próprias forças, só é capaz de desenvolver uma consciência trade-unionista, quer dizer, a convicção de que é necessário agrupar-se em sindicatos, lutar contra os patrões, exigir do governo estas ou aquelas leis necessárias aos operários etc." *In:* LÊNIN, *Op. Cit.*, 1986, p. 101.

42 GUEVARA, *Op. Cit.*, 1987, p. 40.

43 GUEVARA, *Op. Cit.*, 1968, p. 554.

Debray, participante da guerrilha de Che na Bolívia, por sua vez, eleva o voluntarismo presente na obra de Che a um novo patamar. Amparado pelo governo cubano, que financiou duzentas mil cópias de seu ensaio,[44] eleva a um nível superior a necessidade da tenacidade militar do revolucionário, desprezando o apoio das massas, a prática partidária e as reflexões teóricas. Sobre o apoio das massas, que, conforme veremos, é uma das principais críticas da DI-GB em relação ao texto de Debray, o filósofo francês, ao descaracterizar os movimentos de massa que sustentaram, nas cidades, a guerrilha da *Sierra*, propõe que, a exemplo de Cuba, em toda a América Latina deveriam ser preparados focos guerrilheiros, uma vez que

> É preciso ir do menor ao maior. [...] O menor é o foco guerrilheiro, núcleo do exército popular, e não é uma frente que cria esse núcleo, mas o núcleo ao desenvolver-se que permitirá criar uma frente nacional revolucionária. [...] É o motorzinho que coloca em marcha o 'grande motor', as massas, e precipita a formação de uma frente na ascensão das vitórias obtidas pelo motorzinho.[45]

A reboque, se o foco guerrilheiro é o fundamental no desenvolvimento do processo revolucionário, constrói-se, também, a idealização do guerrilheiro tenaz, sobrepondo qualidades militares às políticas, uma vez que "políticos puros – que querem continuar a sê-lo – não servem para dirigir a luta armada do povo; os 'militares' puros servem, e diri-

44 QUARTIM DE MORAES, João. "Che Guevara: o antiimperialismo em atos." *In*: *Crítica Marxista*, São Paulo, Xamã, vol. 1, nº 5, 1997, p. 137-138. Disponível em: http://www.ifch.unicamp.br/criticamarxista/arquivos_biblioteca/dossie17Dossie.pdf. Acesso em: 15/04/2017.

45 DEBRAY, *Op. Cit.*, s/d, p. 58.

gindo uma guerrilha, vivendo-a, convertem-se em 'políticos' também."[46] Consolida-se, portanto, a construção imagética do guerrilheiro como um quadro político-militar da revolução, que deve desprezar toda e qualquer discussão teórica, pois "os melhores mestres do marxismo-leninismo são os inimigos enfrentados"[47]. Portanto, vinculando-se à experiência cubana que prescindiu de um partido comunista, aos moldes leninistas, Debray satiriza as atividades partidárias, mostrando que através delas

> elaboram-se programas esplêndidos, abundantemente distribuídos no estrangeiro, ignorados no interior, e se acredita estar em paz com a história porque se colocou o futuro em programa, sem se ocupar sequer de obter os meios de realiza-lo ainda que apenas seja em sua primeira fase. [...] Uma vez mais, apesar de todas as experiências adquiridas até hoje, são criadas instituições antes dos fatos.[48]

Nessa perspectiva, é importante ressaltar que, ao contrário da visão aproximativa que caracterizamos o elemento consciente em Che Guevara e Lênin, Debray propõe uma ruptura com essa proposta, principalmente no que se refere à importância do trabalho teórico, posicionando o foquismo em oposição à concepção leninista de partido de vanguarda, que tinha como característica essencial o desenvolvimento da teoria revolucionária, seja através de análises conjunturais ou organizativas. Se em Che, mesmo que de forma matizada, é possível notar a importância do esforço teórico, seja como faísca necessária para início do foco guerrilheiro ou como reso-

---

46 *Idem*, p. 63.

47 *Idem*, p. 81.

48 *Idem*, p. 57-58.

lução dos problemas ideológicos no seio do foco, em Debray o esforço teórico é totalmente deslegitimado, construindo, assim, o imaginário *antiteoricista* da luta armada, que encontrou abrigo nas organizações de esquerda armada brasileira por aparecer como contraponto às práticas políticas do PCB, derrotadas pelo golpe de 1964, consideradas paralisantes.

Em síntese, ao nos determos, em específico, sobre a produção teórica que objetivou a criação de um modelo revolucionário latino-americano a partir da experiência revolucionária cubana, tínhamos um objetivo. Apesar das diversas críticas, conforme veremos ao analisarmos a estratégia revolucionária da DI-GB, as teorias foquistas, sejam elas de Debray ou de Che Guevara, influíram na consolidação do voluntarismo revolucionário entre os dissidentes e impulsionaram a consolidação do imperativo da ação que, entre outros fatores, atuaria como uma forte barreira moral para a autocrítica do isolamento social da organização nos anos seguintes. O otimismo diante das situações mais adversas, as leituras conjunturais sempre favoráveis, o poder das ações armadas como desencadeadoras do processo revolucionário: todos esses fatores, que transcendiam os livros e encarnavam na figura do próprio Che, assassinado na Bolívia tentando provar a validade de sua teoria, faziam parte do imaginário dos dissidentes. Aliás, nem sua morte, quando completamente isolado na região de Ñancahuazu, serviu para esfriar o ímpeto revolucionário dos comunistas brasileiros, uma vez que, como dizia Debray, ao guerrilheiro caberia desencadear "uma guerra de morte, que já não admite tréguas, retrocessos ou conchavos. Vencer é aceitar, desde o princípio, que a vida não é o bem supremo do revolucionário."[49]

49 *Idem*, p. 37.

Em tempo, vale ressaltar que a teoria foquista cubana, em especial de Debray, para além da legitimidade de mostrar os caminhos a partir de uma revolução vitoriosa ou, nas palavras de Daniel Aarão Reis, mostrar os caminhos da "utopia realizada", aparece no Brasil em um momento de forte questionamento das estruturas partidárias tradicionais. Além disso, atende ao refluxo do movimento de massas na segunda metade de 1968, visto que prescinde, a princípio, do engajamento das massas. Nesta perspectiva, podemos considerar, apoiando-nos em Denise Rollemberg, que as críticas ao PCB, conforme vimos no capítulo anterior, e o refluxo do movimento estudantil, após sua trajetória ascendente no pós-64, funcionam como marcos fundadores, criando uma nova *geração* na esquerda brasileira. Apoiada em Jean François Sirinelli[50], Rollemberg propõe que, ao contrário da geração de 1964, que tinha como fatos inauguradores "os movimentos reformistas e o golpe civil-militar"[51] e "se identificavam com o projeto das reformas de base",[52] a geração de 1968 "está identificada a militantes mais jovens, extremamente críticos às posições e práticas do PCB", e teve como eventos fundadores "o movimento estudantil, as passeatas, as greves, a luta armada."[53] Neste sentido, a ressonância teórica do foquismo nas organizações de esquerda brasileira estava intimamente

50 Para Sirinelli, mais do que um fato puramente biológico, *geração* deve ser entendido como um conceito cultural, identitário, como um "estrato demográfico unido por um acontecimento fundador que por isso mesmo adquire uma existência autônoma." *In:* SIRINELLI *apud* ROLLEMBERG, Denise. *Exílio: entre raízes e radares.* Rio de Janeiro: Record, 1999, p. 49.

51 ROLLEMBERG, *Op. Cit.*, 1999, p. 49.

52 *Idem*, p. 50.

53 *Ibidem.*

ligada à gestação geracional ligada aos eventos supracitados. Sem considerarmos esse quadro, é impossível compreender a grande influência do foquismo cubano nas organizações de esquerda armada brasileiras.[54]

Feito este parêntese, voltemos à análise da linha política. Para além do contexto internacional, a DI-GB promove, também, uma análise sobre a sociedade brasileira e, consequentemente, sobre o processo revolucionário nacional. Influenciada, sobretudo, pelas teses da POLOP, indicadas no capítulo anterior, aponta que a "sociedade brasileira caracteriza-se por sua estrutura capitalista de produção". Ao contrário da leitura política do PCB, não eram os resquícios feudais que impediam o desenvolvimento das forças produtivas nacionais, mas sim as relações capitalistas de produção. Aliás, para além das cidades, também no campo destacavam-se "as relações de produção capitalistas, seja pela quantidade, seja pela qualidade. A própria produção no campo é uma economia de mercado e não de sub-

54 Apoiamo-nos, nesta conclusão, para além dos já citados, em dois principais textos. Daniel Aarão Reis, em sua obra *A revolução faltou ao encontro*, mostrou-nos que os movimentos comunistas nacionais gozam de autonomia perante ao Movimento Comunista Internacional, não sendo, portanto, meros satélites que orbitam na esfera de influência dos países comunistas. Entretanto, levando isto ao limite, propôs que a utilização, na construção das linhas políticas dos comunistas brasileiros, das teorias internacionais atenderia a um esforço retórico, visando a coesão do grupo, a partir da legitimidade dessas teorias, visto que são os caminhos dos revolucionários que já haviam feito a revolução, algo que os comunistas brasileiros almejam alcançar. No entanto, conforme nos indica Jean Sales, as organizações comunistas não são totalmente autônomas e nem totalmente dependentes. Há uma via dupla entre influência e autonomia. E isso deve ser levado em conta. Para verificar a discussão, Cf. AARÃO REIS FILHO, Daniel. *A revolução faltou ao encontro. Os comunistas no Brasil.* São Paulo: Brasiliense, 1990, p. 77-103; SALES, Jean Rodrigues, *Op. Cit.*, 2005, p. 19-25.

sistência, fechada em si mesma."[55] Ademais, as relações de produção capitalistas são consequências do domínio imperialista, que não é um elemento externo à nação, mas sim interno, uma vez que "com ele se identifica a classe de patrões nacionais."[56]

Nesta linha, a burguesia nacional é apontada como sócia-menor do capital internacional, portanto, contrarrevolucionária, preferindo a integração à disputa, que "colocaria em risco a sua própria condição de classe exploradora."[57] Assim, mantém-se em voga a necessidade da revolução anti-imperialista, já que constatada a integração entre a burguesia nacional e o imperialismo, pois "as classes revolucionárias, ao destruir o imperialismo, destroem necessariamente a burguesia local brasileira a ele integrada, o que em resumo é o próprio sistema capitalista."[58] Com a vinculação entre a burguesia nacional e o imperialismo, torna-se natural que a contradição fundamental e principal da sociedade brasileira "é a que põe em choque burguesia e proletariado",[59] pois, "está tão aguda a contradição capital versus trabalho, tão ligada à pressão imperialista do sistema, que as lutas revolucionárias desembocam, fatalmente, na negação da sociedade atual."[60] Em síntese, "fica definida a etapa socialista da Revolução Brasileira."[61]

Apostando que as condições objetivas estavam dadas, visão construída sobre a leitura conjuntural de uma "utopia

55 DISSIDÊNCIA COMUNISTA DA GUANABARA, *Op. Cit.*, 1969, p. 2.

56 *Ibidem.*

57 *Idem*, p. 1.

58 *Idem*, p. 2.

59 *Idem*, p. 2.

60 *Ibidem.*

61 *Idem*, p. 3.

do impasse"[62] do capitalismo no Brasil, vinculada principalmente à tese de estagnação econômica duradoura de Celso Furtado,[63] a única ação possível dos revolucionários era formar um exército dos trabalhadores, da cidade e do campo, em composição com os setores médios da sociedade, sob hegemonia da classe operária, com objetivo de destruir o aparelho burocrático-militar do Estado, que, personificado no regime ditatorial, "é um instrumento do domínio dos grandes monopólios nacionais e estrangeiros, voltando-se para uma política que acelera o processo de integração do capitalismo brasileiro no sistema imperialista internacional."[64]

Aqui cabe um adendo. Apesar da manutenção, ao que parece, da visão sobre o processo revolucionário passar por etapas, isso, de certo modo, é apresentado pela DI-GB de forma distinta do que vimos em relação ao PCB. Segundo a linha política dos dissidentes, o desenvolvimento capitalista do Brasil "[...] foge ao 'modelo europeu' pelas distorções provocadas pela integração ao capitalismo monopolista internacional, que ocasionou, entre outras coisas, uma precoce monopolização nos setores básicos da economia."[65] Ao que tudo indica, para além da influência das análises políticas polopistas, os dissidentes, ao analisarem a sociedade brasi-

62 Termo emprestado de Daniel Aarão Reis Filho. Para melhor caracterização da utilização pelo autor, cf. AARÃO REIS FILHO, *Op. Cit.*, 1990, p. 45-76.

63 Duas principais obras de Celso Furtado influenciaram os dissidentes, e a esquerda armada no geral, neste sentido: *Dialética do desenvolvimento (1964)* e *Subdesenvolvimento e estagnação na América Latina (1966)*. Segundo Gorender, "[...] os leitores de esquerda filtraram da tese de estagnação estrutural conclusões que vinculavam a ditadura militar ao impasse do capitalismo no Brasil e reforçavam a perspectiva socialista." *In*: GORENDER, *Op. Cit.*, 2014, p. 85

64 *Idem*, p. 8

65 *Ibidem*.

leira, assimilaram, de forma seletiva, as teses desenvolvidas pelo historiador pecebista Caio Prado Junior e pelo economista Andreas Gunder Frank.

Caio Prado Júnior, em sua obra *A Revolução Brasileira*, de 1966, tinha por objetivo analisar a realidade brasileira para criticar, duramente, as análises conjunturais do PCB, que vinculadas a "esquemas abstratos e preestabelecidos",[66] teriam, em parte, possibilitado o golpe. Para isso, ao contrário do desenvolvimento dos modos de produção pelos quais passaram os países europeus, o Brasil, no período colonial, já estava integrado ao capitalismo mercantil, portanto, nunca teria passado por uma fase feudal, sendo assim impossível haverem resquícios feudais no campo. Neste sentido, a exemplo do que vimos sobre a análise da DI-GB, os polos principais da estrutura social do campo não seriam o senhor e o camponês, mas sim "o empresário capitalista e o trabalhador empregado, assalariado ou assimilável econômica e socialmente ao assalariado".[67]Ademais, a penetração do capital financeiro no Brasil não teria sido uma ruptura com o modo de produção anterior, mas

> resultante natural da evolução de um sistema econômico em que o nosso país já se achava enquadrado. O imperialismo não é senão o sistema internacional do capitalismo em sua fase contemporânea, e tem suas raízes no capitalismo mercantil dentro do qual e por influxo do qual o Brasil e todos os seus elementos constitutivos se plasmaram e evoluíram.[68]

66 PRADO JÚNIOR, *Op. Cit.*, p. 19.

67 *Idem*, p. 105.

68 *Idem*, p. 81.

Com isso, não seriam os resquícios feudais os principais entraves ao desenvolvimento das forças produtivas brasileiras, mas as heranças coloniais que auxiliam na manutenção da dominação imperialista. Portanto, Caio Prado Júnior percebe que

> não nos podemos libertar da subordinação com respeito ao sistema internacional do capitalismo, sem a eliminação paralela e simultânea daqueles elementos de nossa organização interna, econômica e social, que herdamos de nossa formação colonial. E a recíproca é igualmente verdadeira: a eliminação das formas coloniais remanescentes em nossa organização econômica e social é condicionada pela libertação das contingências em que nos coloca o sistema internacional do capitalismo no qual nos entrosamos como parte periférica e dependente.[69]

Nesta mesma direção analítica, de integração do Brasil ao sistema capitalista, aponta o trabalho de um dos expoentes da já citada teoria da dependência, o norte-americano Andreas Gunder Frank. Influenciado pela análise de Trótski[70] sobre o desenvolvimento desigual e combinado do capitalismo mundial, ao se debruçar sobre a questão agrária brasileira, tinha como objetivo, à mesma maneira de Caio Prado Júnior, combater a tese *dualista* de análise do Brasil, que defendia, como vimos, a existência de resquícios feudais no campo. Em *A agricultura brasileira: capitalismo e mito do feudalismo*, de 1964, percebe que para entendermos a agricultura no Brasil, um país subdesenvolvido, deveríamos compreender, primeiro, o subdesenvolvimento, ou melhor, o *desenvolvimento do subdesenvolvimento*. Para essa compreensão, propunha que o capi-

69 *Idem*, p. 187.

70 RIDENTI, Marcelo. "Ecos de Trotski Na Esquerda Armada Brasileira. " *Estudos de Sociologia (São Paulo)*, Araraquara, vol. 2, p. 93-95, 1997.

talismo "representa um só sistema" e por natureza "produz desenvolvimento e subdesenvolvimento". Neste sentido, o "subdesenvolvimento do Brasil é tão natural do sistema como o desenvolvimento dos Estados Unidos".[71] Portanto, ao contrário das análises que percebiam o atraso rural relacionado aos resquícios feudais e o progresso urbano relacionado ao desenvolvimento do capitalismo, Gunder Frank propôs uma integração entre os dois fenômenos, como partes naturais de um sistema socioeconômico que as gera. Assim, a agricultura brasileira "só pode ser compreendida como resultado do desenvolvimento-subdesenvolvimento capitalista mundial".[72] Ademais, para além da caracterização da integração do Brasil, desde o período de colonização, à esfera de exploração, seja do capitalismo mercantil ou do capitalismo monopolista, a análise de Gunder Frank, a partir da lógica desenvolvimento-subdesenvolvimento, torna-se importante para os dissidentes pois, à maneira do ensaio de Baran e Sweezy supracitado, que estabelece uma cadeia de exploração entre as nações na fase monopolista do capitalismo, Gunder Frank expande este argumento para o contexto nacional, evidenciando o mesmo mecanismo para as diversas regiões do Brasil:

> Esse desenvolvimento simultâneo de riqueza e pobreza desiguais pode ser visto também em regiões de um mesmo país. As relações [...] entre o Sul e o Nordeste do Brasil são, fundamentalmente, as mesmas que existem entre a metrópole e suas regiões subdesenvolvidas.[73]

71 FRANK, André Gunder. "A agricultura brasileira: capitalismo e mito do feudalismo". *In*: STEDILE, João Pedro (Org.). *A questão agrária no Brasil: o debate na esquerda (1960-1980)*. São Paulo: Expressão Popular, 2012, p. 58.

72 *Idem*, p. 65.

73 *Idem*, p. 63.

É importante essa caracterização pois, neste sentido, as regiões rurais aparecem como elo final de uma extensa cadeia mundial de exploração, sendo, portanto, um local estratégico de desenvolvimento do processo revolucionário, pelo estágio em que se encontram as contradições entre capital e trabalho.

Portanto, a partir da síntese entre a análise da cadeia de exploração resultante do capitalismo monopolista, que impulsiona os países periféricos à vanguarda da revolução mundial, e a integração completa do Brasil na lógica capitalista, as condições objetivas estavam dadas. Caberia, apenas, criar as condições subjetivas, que, à influência do foquismo, realizar-se-iam-se através da guerra revolucionária, "processo inevitável para o qual os revolucionários devem preparar-se e preparar as massas, especialmente o proletariado."[74] Este ponto é importante, pois, no desenvolvimento do que consideravam a estratégia da guerra revolucionária, encontram-se concepções que se aproximam e colidem, diretamente, com as propostas foquistas.[75]

De forma inicial, questionando a preponderância do fator militar sobre o político, que vimos, especialmente, na concepção debrayista do foco guerrilheiro, a linha política indicava que a guerra revolucionária deveria ser compreendida

> como um processo político e não como explicitação militar da luta política. [...]. GR [guerra revolucio-

---

74 DISSIDÊNCIA COMUNISTA DA GUANABARA, *Op. Cit.*, 1969, p. 4.

75 Um impulso teórico crítico ao foquismo de Debray foi encontrado na obra de Miguel Urbano Rodrigues, militante do Partido Comunista Português exilado no Brasil, denominada *Opções da Revolução na América Latina*, de 1968. Obviamente era uma leitura seletiva, pois grande parte das críticas que o autor tece à experiência cubana e, principalmente, às definições tático-estratégicas do autor não foram incorporadas pelos dissidentes, visto que a organização aderiu à luta armada como forma de luta. Para maiores detalhes das críticas de Miguel Urbano, cf. URBANO RODRIGUES, Miguel. *Opções da Revolução na América Latina*. Rio de Janeiro: Paz e Terra, 1968.

> nária] não é o foco guerrilheiro ou insurreição urbana. *O processo armado não está contido nesta ou naquela forma de GR. Ele é muito mais do que isso porque não só engloba todas as formas armadas de luta, como também uma infinidade de formas não armadas que encaminham, preparam e fortalecem as formas armadas de luta.*[76]

Essa percepção ampla sobre a guerra revolucionária decorria, para além da visão sobre a necessidade do trabalho de massas, conforme veremos adiante, também da concepção de que a guerra seria de longa duração, devido à força da burguesia e à fraqueza do proletariado, que, ainda influenciado pela prática reformista do PCB, "encontra-se num baixo nível de consciência e organização."[77] Portanto, utilizando-se desta concepção ampla de GR, a DI-GB enxergava este processo através de diferentes fases. Neste início, as formas armadas de luta não teriam caráter estratégico, mas deveriam impulsionar a criação do foco guerrilheiro, segunda fase da guerra revolucionária e objetivo "tático-global". Relacionadas à primeira fase estavam as formas não estratégicas[78] de luta, que incluíam: autodefesa armada, sabotagem de massas e propaganda armada. Esta última visava "estimular lutas políticas e econômicas locais, propagar elementos estratégicos e fornecer exemplos concretos da viabilidade da luta contra as forças repressivas."[79]

76 DISSIDÊNCIA COMUNISTA DA GUANABARA, *Op. Cit.*, 1969, p. 4. Grifo nosso.

77 *Idem*, p. 8.

78 O documento propunha uma diferença entre formas de luta estratégicas e não estratégicas, que deveriam atuar de forma conjunta. As estratégicas correspondem às formas de luta que têm condições de desdobramento no sentido da tomada do poder. As não estratégicas são as formas não constantes, que fortalecem as formas estratégicas.

79 *Idem*, p. 7.

Nesta primeira fase, deveriam, portanto, a partir das formas não estratégicas de luta, romper com a baixa consciência e organização do proletariado, através, principalmente, da criação de uma "infraestrutura político-militar". Este seria o principal objetivo junto ao movimento operário. De início, as ações de propaganda armada teriam o objetivo de conscientizar os trabalhadores, evidenciando possibilidades concretas de alternativa à situação de exploração a que estavam submetidos, impulsionando o movimento de massas da classe operária. No bojo dessa movimentação, apareceriam as "parcelas avançadas" das massas, potencialmente revolucionárias. À organização caberia a tarefa de vincular-se organicamente a essas parcelas avançadas, "de modo a organizá-las em moldes político-militares em cima de um trabalho de massas."[80] A composição dessas parcelas avançadas em moldes político-militares é o que os dissidentes caracterizavam como Grupos Político-Militares (GPMs), que seriam o cerne da construção da infraestrutura político-militar. Estes GPMs atuariam de forma constante sobre o movimento de massas, identificando a luta de massas com a construção do foco guerrilheiro, através, principalmente, da propaganda armada.

Em síntese, nessa concepção de atuação junto ao movimento operário, é evidente a imprescindibilidade do movimento de massas, seja para caracterizar suas parcelas avançadas – pois "as vanguardas só se formam em processos de massas"[81] –, seja para, posteriormente, organizar essas parcelas avançadas para atuar junto às massas. Para essa formulação, além da concepção de movimento de massas que

---

80 *Idem*, p. 10.

81 *Ibidem*.

traziam da atuação no movimento estudantil, contribuíram, significativamente, as greves operárias ocorridas em Osasco e Contagem no ano anterior.[82] Essas, apesar do recrudescimento do regime, evidenciavam a possibilidade de movimentação dos trabalhadores, influindo, assim, na caracterização da atuação dos dissidentes junto ao movimento operário.

Neste sentido, bem próximos à visão leninista de partido de vanguarda, criticavam algumas posições referentes à relação entre vanguarda e as massas, sobretudo as debrayistas, e propunham a sua própria:

> Os comunistas devem negar as duas concepções errôneas acerca da relação vanguarda-massa. Primeiro, a que considera apenas uma variável – a vanguarda – que subestima a participação das massas no processo revolucionário e que substitui o papel das massas pela atuação militar da vanguarda. Segundo, a concepção que se restringe à outra variável – a massa – desconhecendo o papel revolucionário da vanguarda, colocando-a a reboque da massa. *Compreender a justa relação entre vanguarda e massa significa dar àquela o seu papel histórico de apontar teórica e praticamente objetivos e caminhos que as massas assimilem em seu processo político.*[83]

Contudo, deve-se salientar que, apesar de atribuírem um papel importante ao movimento de massas, visavam

---

82 Para maiores detalhes sobre as greves operárias de 1968, Cf. COUTO, Ari Marcelo Macedo. *Greve na Cobrasma: uma História de luta e resistência.* São Paulo: Annablume, 2003; MIRANDA, Orlando. *Obscuros Heróis de Capricórnio.* São Paulo: Global 1987; RIZEK, Cibele S. *Osasco 1968: a experiência de um movimento.* Dissertação de Mestrado, São Paulo: PUC, 1988; WEFFORT, Francisco *Participação e conflito industrial: Contagem e Osasco, 1968.* Cadernos CEBRAP, nº5, São Paulo, 1972.

83 DISSIDÊNCIA COMUNISTA DA GUANABARA, *Op. Cit.*, 1969, p. 5. Grifo nosso.

desvincular as massas de outras formas de organização, que não fossem os grupos político-militares. Conforme aponta a própria linha política, o principal objetivo, nesse sentido, era desvincular os trabalhadores dos sindicatos:

> É nossa tarefa ganhar as massas para a *negação dos sindicatos como forma de organização, alertá-las para seu caráter de conciliação com a burguesia. Assim, devemos, a todo momento, denunciar as vacilações dos sindicatos enquanto estrutura de organização* [...]. Não devemos participar de eleições sindicais, pelo *aspecto deseducativo e inconsequente inerente a essa posição,* no atual momento.[84]

Esta tática é elucidada pelo depoimento de César Benjamin, que esclarece a relação entre a negação dos sindicatos como forma de atuação e a perspectiva revolucionária dos dissidentes:

> Se nós estávamos fazendo luta armada, e esta deveria desembocar em um processo revolucionário, as instituições não são tão importantes, seja o parlamento ou o sindicato. São instituições ligadas ao Estado, e nós queríamos quebrar o Estado. Não reconhecíamos o Estado como uma arena de luta, nós lutávamos fora do Estado, e isto tinha uma extensão para nossa concepção de trabalho operário.[85]

Cabe ressaltar que a postura esquerdista dos dissidentes com relação à atuação nos sindicatos estava respaldada ainda na leitura, também esquerdista, de Lênin no *Que Fazer?*. Naquele momento, o revolucionário russo, alimentando a sua

84 *Idem*, p. 10. Grifo nosso.

85 BENJAMIN, Cesar. Entrevista concedida a Marcelo Ridenti. *In:* Arquivo Edgar Leuenroth (AEL/Unicamp), Fundo *Militância Política e luta armada no Brasil,* fita 1, lado a (arquivo digital: 89 lado a).

tese central de distinção entre espontaneidade e consciência, aponta que o sindicalismo

> implica precisamente a escravidão ideológica dos operários pela burguesia. Por isso, a nossa tarefa, a tarefa da social-democracia, consiste em *combater a espontaneidade*, em fazer com que o movimento operário *se desvie* desta tendência espontânea do trade-unionismo, de se acolher debaixo da asa da burguesia, e em atraí-lo para debaixo da asa da social-democracia revolucionária.[86]

Portanto, deixando de lado a atuação nos sindicatos, os dissidentes deveriam, através das ações de propaganda armada iniciais, priorizar as "lutas gerais da classe operária", reforçando a necessidade de foco nas lutas políticas em detrimento das lutas econômicas, e, neste sentido, a luta contra o arrocho salarial deveria ser a principal bandeira das ações de propaganda.[87] Nesta leitura, as lutas econômicas poderiam oferecer "experiência política"[88] e tornar palpável as ações de propaganda armada aos operários. Em síntese, postulavam uma atuação ampla junto ao movimento operário, focando questões específicas aos trabalhadores, sejam políticas ou econômicas, pois, o "principal não é exclusivo, o secundário não é desprezível."[89]

Ademais, como dissemos, à segunda fase corresponderia a construção do foco guerrilheiro. Este era considerado o instrumento estratégico de luta, "mediação para a formação do exército dos trabalhadores". Apesar da necessidade de se desenvolver

---

86 LÊNIN, V. I "Que fazer?" *In:* LÊNIN, V. I. *Op. Cit.*, 1986, p. 108.

87 DISSIDÊNCIA COMUNISTA DA GUANABARA, *Op. Cit.*, 1969, p. 10.

88 *Ibidem.*

89 *Idem*, p. 9.

no campo, devido, a exemplo da leitura de Che, este ser o ponto mais fraco do aparato militar da burguesia, propunham a noção de guerra combinada, que entendiam como a "combinação de luta na cidade e no campo, das formas principais a cada fase com as formas secundárias e dos diversos níveis de luta das diferentes regiões".[90] Também sob influência do foquismo, os dissidentes concebiam que a característica ideológica do foco, ao mostrar a possibilidade de derrota do exército burguês, era mais importante do que "a presença dos operários urbanos e rurais em suas fileiras."[91] Como conclusão, fazendo uma análise sobre o momento da guerra revolucionária no Brasil, sintetizavam qual deveria ser a atuação política da esquerda revolucionária, visando a construção do foco guerrilheiro sob uma ótica operária, novamente criticando a visão militarista debrayista:

> Levar a efeito as formas não estratégicas e abandonar a preparação do foco, é despreparar-se para os momentos decisivos, em que a preparação militar adequada, o conhecimento de áreas propícias, etc, serão requisitos indispensáveis para o avanço da GR; é arriscar-se a não aproveitar concretamente a reunião das condições objetivas e subjetivas para o ingresso na segunda fase da GR. Em contrapartida, preparar-se para a forma estratégica e não desenvolver a prática das formas não estratégicas no trabalho político militar junto à classe operária, é não entender a relação entre a forma estratégica, foco, e as não estratégicas; é não encarar o processo armado a partir de uma ótica operária; é reduzir as condições necessárias à eclosão do foco à capacidade de um punhado de bravos.[92]

90 *Idem*, p. 5.

91 *Idem*, p. 6.

92 *Idem*, p. 9.

Ademais, vale ressaltar que, novamente fundindo a visão foquista com a concepção leninista de partido, a DI-GB, negando a tradição do PCB como partido da classe operária, propõe como necessidade a construção de um partido efetivamente revolucionário. Percebendo que sua construção não dependia, exclusivamente, da atuação da vanguarda, mas também do nível de consciência do proletariado, concebe que a hegemonia proletária na guerra revolucionária somente se efetivaria com a sua criação. Como as diversas formas de luta revolucionária têm por objetivo o desenvolvimento da consciência proletária: "A relação entre o POR [Partido Operário Revolucionário] e a luta revolucionária é, portanto, dialética. Aquele não se forma senão no interior desta e a luta revolucionária não alcança seu objetivo final sem o POR."[93] Neste sentido, constatada a necessidade de construção de um partido, os dissidentes concluíam a linha política realizando uma análise sobre o fracionamento que originou as diversas organizações de esquerda que, naquele momento, atuavam como vanguarda da luta revolucionária. Apesar do fracionamento, percebiam que as diversas organizações de esquerda armada estavam travando uma luta ideológica "pela construção do POR e demonstrando concretamente seus objetivos de unificação do campo revolucionário."[94] Em síntese, vislumbravam que o caminho das diversas organizações, inclusive dela própria, apontava, naturalmente, para a unificação, como "caminho que mais serve à aglutinação, à racionalização e ao fortalecimento das forças revolucionárias."[95]

---

93 *Idem*, p. 11.

94 *Idem*, p. 12.

95 *Ibidem*.

Além dos influxos teóricos que estão claramente postos no percurso analítico que fizemos a respeito da linha política, para obtermos um quadro completo sobre a adesão da DI-GB à luta armada, devemos mobilizar outra chave interpretativa, que não é possível por intermédio da análise sobre partidos políticos, conjunturas, seja nacional ou internacional, e modelos revolucionários. Para isso, é necessário que, além do já exposto, avaliemos a opção pela luta armada a partir da perspectiva individual, dos sujeitos históricos constituintes da organização, com os quais se relacionam, intimamente, o questionamento do *status quo* dos costumes. Situados e atuantes em um contexto histórico fortemente questionador das referências normativas da sociedade, tendo como principal expoente, em esfera mundial, o ano de 1968, à opção pela luta armada se agregava uma possibilidade de revolução individual, existencial, que rompesse, mesmo que parcialmente,[96] com os padrões

96 É importante salientar que essa ruptura com os costumes, apesar de radical, se apresentava como uma ruptura seletiva, deixando de fora aspectos importantes. Daniel Aarão Reis, por exemplo, ressalta, em depoimento, essa seletividade, enfatizando o bloqueio em relação à essas duas questões: "A grande maioria da militância de esquerda era muito resistente a questionamentos heterodoxos. No seio das organizações revolucionárias, isso era muito claro. Nós não permitíamos homossexualismo e drogas. Eu me lembro que havia uma turma nossa que consumia droga mais leve, maconha, e que muito depois a gente veio a saber na direção da organização. Eles nos disseram, muito depois que a coisa se tornou clara, que era um perrengue você fumar um baseado naquela época, porque você tinha que se defender da repressão política de direita e da repressão da militância de esquerda que também não admitia essas liberdades." AARÃO REIS FILHO, Daniel. Entrevista concedida ao Projeto *Memórias Estudantis*. Núcleo de História Oral e Memória (Tempo/UFRJ), p. 27. Arnaldo Chain, neste período vinculado à OPP da DI-GB, relembra, inclusive, que neste processo houve uma determinação da organização contra o uso da maconha, evidenciando a barreira moral com relação ao uso de drogas na DI-GB.

sociais. César Benjamin, por exemplo, entrou para a organização em 1969, com então quatorze anos, e em depoimento ressalta a perspectiva individual de sua opção, relacionando-a com o contexto da época:

> Eu acho que essa época, não só na militância, mas em diversos outros aspectos, tem uma coisa muito interessante: viver seu próprio discurso. [...] me parece que é uma coisa que está no contexto cultural da época, não só na política. É uma práxis, em todos os sentidos. [...] [A opção] pela luta armada foi, também, uma crítica de costumes. Para mim, pelo menos, e para as pessoas que eu convivi, 1968 foi um ano extremamente libertador. [A luta armada] era uma opção por um outro modo de vida. Você não pode fazer luta armada com família, filho, trabalho. Então, nesse sentido, há embutida na opção pela luta armada uma opção de costumes também.[97]

Em especial para as mulheres, a opção pela luta armada se conjuga com o momento de questionamento do matrimônio, a possibilidade de utilização da pílula anticoncepcional e o amor livre, propulsoras do rompimento com o papel que lhes era atribuído socialmente. Além disso, "a participação das mulheres na luta armada foi uma enorme ruptura com as lutas e movimentos sociais anteriores, nos quais predominavam os homens."[98] O depoimento de Vera Sílvia é emble-

Para maiores detalhes, cf. CHAIN, Arnaldo. Entrevista concedida a Daniel Aarão Reis e Vera Sílvia Magalhães, 17 de julho de 1988. *In*: Arquivo Público do Estado do Rio de Janeiro, Fundo *Vera Sílvia Magalhães,* caixa 02, doc. 26, p. 5.

97 BENJAMIN, César. Entrevista concedida a Marcelo Ridenti. *In*: Arquivo Edgar Leuenroth (AEL/Unicamp), Fundo *Militância Política e luta armada no Brasil,* fita 1, lado a (arquivo digital: 89 lado a)

98 QUARTIM DE MORAES, Maria Lygia. "O Encontro Marxismo-Feminismo no Brasil." *In*: AARÃO REIS FILHO, Daniel & RIDENTI, Marcelo

mático ao ressaltar esse aspecto emancipador da luta armada para as mulheres:

> Eu tinha, na minha cabeça, que precisava fazer uma revolução pessoal. Uma proposta de relação afetiva diferente, achava um bode aquela perspectiva de casamento dos meus pais, queria ser melhor. Era uma coisa importante, ter uma relação igual com um homem. Essa foi uma batalha importante, para mim, naquela época. A militância foi uma forma de ruptura com tudo isso. Era uma forma de sair de tudo isso e parecia que levaria a um caminho revolucionário. A revolução era de costumes também, não era só uma revolução social. Em determinados momentos, em termos de opção individual, enquanto agentes, enquanto sujeitos dessa história, o grande motor foi uma ruptura dos costumes.[99]

Operando essa união entre a luta armada como possibilidade de revolução social e individual, para além do contexto histórico específico, algumas referências teóricas balizavam o imaginário dos dissidentes. Por um lado, podemos notar a aproximação entre marxismo e existencialismo, trazida, especialmente, pelo filósofo francês Jean Paul Sartre.[100] Ademais, demonstrando de modo mais claro essa perspectiva de ruptura com os costumes, está a obra de Wilhelm Reich, *A revolução sexual*. Partindo de uma perspectiva relacional entre psicologia e sociologia, o autor promove uma crítica ácida à moral sexual vigente na sociedade, relacionando-a ao capitalismo. Objetivando o matrimônio como pedra angular dessa moral

---

(Orgs.). *História do Marxismo no Brasil, vol. 6: Partidos e movimentos após os anos 1960*. Campinas: Editora Unicamp, 2007, p. 341-373, p. 346.

99 MAGALHÃES, Vera Sílvia. Entrevista concedida a Marcelo Ridenti. *In:* Arquivo Edgar Leuenroth (AEL/Unicamp), Fundo *Militância Política e luta armada no Brasil* fita 1, lado a (Arquivo Digital: 139a).

100 Os dissidentes liam, especialmente, *Marxismo e Existencialismo* e *Os caminhos da liberdade (A idade da razão)*. *In*: BNM 076, p. 45.

sexual, que reprime os indivíduos e constrói um muro "entre eles e a vida",[101] percebe na revolução social o caminho para destruição dessa moral e fruição dos indivíduos reprimidos sexualmente. Conforme suas próprias palavras: "Toda moral nega a própria vida, e a revolução social parece não ter tarefa mais importante do que possibilitar finalmente ao homem, ao ser humano vivo, a satisfação e a realização de sua vida."[102]

Relacionados a estas discussões teóricas, adquire significativa importância a redescoberta dos textos de juventude de Marx, em especial os *Manuscritos Econômico-Filosóficos*, escritos em Paris, em 1844, que chegam aos dissidentes por intermédio da obra do intelectual alemão Erich Fromm, *Conceito marxista de homem,*[103] que, além dos manuscritos, promove uma sistematização dos conceitos ali postos. Nos manuscritos, Marx propõe, entre outras coisas, o comunismo como possibilidade de construção do *homem-novo.*[104] Utilizando a perspectiva em contexto genérico, ou seja, independente de gênero, Marx aponta que no capitalismo

---

101 REICH, Wihelm. *A revolução sexual.* 8ªed. Rio de Janeiro: Zahar, 1981, p. 20

102 *Idem,* p. 31.

103 FROMM, Erich. *Conceito marxista de homem. 2ªed.* Rio de Janeiro: Zahar, 1962.

104 A questão do homem-novo foi recolocada, no imaginário dos anos 1960, também por Ernesto Che Guevara, relacionando sua construção ao desenvolvimento do processo revolucionário. Em discurso realizado em março de 1965, denominado *El socialismo e el hombre em Cuba,* fica clara sua concepção sobre o processo de construção do homem-novo, como parte indispensável do processo revolucionário: "Para construir el comunismo, simultáneamente con la base material hay que hacer al hombre nuevo. [...] En este período de construcción del socialismo podemos ver el hombre nuevo que va naciendo. Su imagen no está todavía acabada; no podría estarlo nunca ya que el proceso marcha paralelo al desarrollo de formas económicas nuevas." *In:* GUEVARA, *Op. Cit.*, 1968, p. 631-632.

> o trabalhador se torna uma mercadoria tão mais barata quanto mais mercadorias cria. Com a valorização do mundo das coisas aumenta em proporção direta a desvalorização do mundo dos homens. O trabalho não produz somente mercadorias; ele produz a si mesmo e ao trabalhador como uma mercadoria.[105]

No comunismo, pelo contrário:

> O comunismo na condição de supra-sunção *positiva* da *propriedade privada*, enquanto *estranhamento-de-si humano*, e por isso enquanto *apropriação* efetiva da essência *humana* pelo e para o homem. Por isso, trata-se do retorno pleno, tornado consciente e interior a toda riqueza do desenvolvimento até aqui realizado, retorno do homem para si enquanto homem *social*, isto é, humano.[106]

Portanto, para os dissidentes, relacionando o contexto e o universo teórico que congregava as duas perspectivas revolucionárias, social e individual, a opção pela luta armada despontava como um processo de construção individual, enquanto esboços de homens-novos que, na própria prática revolucionária, romperiam não apenas com a estrutura econômica que oprimia e explorava a grande maioria da população brasileira, mas também possibilitaria a emancipação humana.

Em síntese, a construção da linha política de abril de 1969 foi, por um lado, o coroamento dos embates e posições políticas tiradas da luta interna do PCB e o amadurecimento das concepções sobre qual seria a melhor maneira de dar prosseguimento à guerra revolucionária no Brasil, através de uma miscelânea de referências teóricas, seja sobre aspectos

105 *In*: MARX, *Karl. Manuscritos Econômico-filosóficos (1844)*. São Paulo: Boitempo, 2004, p. 80.

106 *Idem*, p. 105.

tático-estratégicos e/ou leituras conjunturais nacionais e internacionais. Em uma leitura fortemente marcada pelos conceitos-chave *integração* e *dependência*, ligados ao imperialismo, que legavam a um plano inferior as particularidades e, principalmente, a autonomia do contexto nacional, construiu-se a visão de que o Brasil vivia um impasse que somente seria resolvido fora do sistema capitalista. À essa leitura conjuntural, respaldados pela produção teórica da época e pelas revoluções vitoriosas que difundiam seus modelos revolucionários, respondiam com uma estratégia revolucionária que, influenciada pelo sucesso das ações armadas iniciais, buscava uma síntese entre as propostas leninistas clássicas de partido de vanguarda e o foquismo voluntarista cubano para efetuar a revolução que emanciparia o proletariado e a nação. Por outro lado, não explicitamente exposto na linha política, a opção pela luta armada adquiria, também, aspectos de uma tentativa de ruptura individual, existencial.

De dissidentes a revolucionários: as consequências da III Conferência

Após a conferência, o principal objetivo dos dissidentes era colocar em prática as resoluções políticas que resultaram do processo de discussão. Naquele momento, mais que ações meio, a linha política, conforme vimos, reivindicava a necessidade de realização de ações de propaganda armada, visando a construção de uma infraestrutura para deflagrar o foco guerrilheiro e partir para a segunda fase da guerra revolucionária. No entanto, de modo complementar às ações de propaganda armada, a DI-GB visava dar consequências práticas a outras posições políticas propostas na linha de atuação.

Conforme vimos, os dissidentes construíram uma concepção de guerra revolucionária combinada, construída por fases. Estas determinavam a forma de luta e sua localidade principal, fato que não inviabilizava a integração de outras formas de luta em outras regiões que não fossem a região relacionada à respectiva fase. Ademais, para além da Guanabara, seria necessária a atuação dos revolucionários em "pontos nevrálgicos da produção" de regiões consideradas estratégicas, como "Centro-Sul e Nordeste".[107] Neste sentido, tendo em vista a concepção de guerra combinada e a atuação em outras regiões estratégicas, podemos compreender o interesse e a realização da fusão política com os dissidentes estudantis baianos do PCB, processo que se inicia em fins de 1968, mas que adquire caráter formal em junho de 1969.

Ao contrário do movimento estudantil da Guanabara, que se reestruturou após o golpe de 1964, principalmente, através dos estudantes universitários, em Salvador, a rearticulação política do movimento estudantil partiu dos círculos de estudantes secundaristas, em especial, estudantes do Colégio Estadual da Bahia. Mais conhecido como Central, naquele período "foi um dos principais centros aglutinadores da atividade política e cultural.".[108] O processo de rearticulação, iniciado em 1966, sob forte influência do PCB, adquiriu certa relevância a partir do ano de 1967, principalmente em decorrência das manifestações contra a Lei Orgânica, em trâmite na Assembleia Legislativa. Seguindo os princípios postulados pelos acordos MEC-USAID, a lei tinha como principal pauta, à exemplo do

107 DISSIDÊNCIA COMUNISTA DA GUANABARA, *Op. Cit.*, 1969, p. 10.

108 SOUZA, Sandra. *Ousar lutar, ousar vencer: História da luta armada em Salvador (1969-1971)*. Salvador: EDUFBA, 2013, p. 42.

que vimos no caso da Guanabara, o fim da gratuidade do ensino, que, segundo Sandra Souza, se materializaria através da "transformação das instituições públicas de Ensino Médio em fundações e a cobrança de anuidades."[109] Iniciadas pelo movimento dos secundaristas, que seriam atingidos diretamente, as manifestações sensibilizaram também os universitários, que passariam a ampliar suas fileiras.[110]

De forma paralela, em processo semelhante ao que descrevemos sobre a Guanabara, a rearticulação do movimento estudantil em Salvador, hegemonizada pela esquerda, foi acompanhada de diversas críticas com relação às posições políticas do PCB, resultando na criação de uma Dissidência Estudantil. No entanto, segundo Sandra Souza, no interior deste processo de construção da DI-BA, constituíram-se duas correntes independentes, que, em 1968, "atuavam organizadamente: uma sob liderança de Juca Ferreira e Sérgio Landulfo Furtado, e a outra coordenada por Chantal Russi, Marie Helene Russi, Carlos Sarno e Jurema Valença."[111] A primeira, essencialmente secundarista, iria promover a fusão com a DI-GB.

A fusão foi resultado da ida de algumas lideranças da DI-GB, incluindo Franklin Martins, Cláudio Torres e José Roberto Spiegner, para Salvador, resultando em uma conferência que se realizou em junho de 1969, na cidade de Dias d'Ávila, próxima à capital baiana. Em um ambiente de discussão sobre a linha política recém proposta pela DI-GB, formalizou-se, ao final do processo, a fusão política, ficando definido que a or-

109 *Idem*, p. 50.

110 Fugiríamos do escopo do trabalho se descrevêssemos, com profundidade, a rearticulação do movimento estudantil baiano e suas relações com as organizações de esquerda. Para isso, cf. SOUZA, *Op. Cit.*, 2013.

111 *Idem*, p. 60.

ganização na Bahia seguiria as orientações da Guanabara. Sobre o processo de fusão, é interessante mostrar que havia uma confluência sobre a visão política de ambas as dissidências, fato que facilitou o processo de discussão e integração entre as duas organizações. José Carlos Souza, secundarista baiano, aponta que, naquele momento, entre eles, havia uma forte inclinação pela luta armada, no entanto, salienta que seu desenvolvimento deveria ser "combinado com a luta de massas, que não adiantaria ter uma luta armada sem a luta de massas".[112] Neste sentido, Juca Ferreira, principal dirigente da DI-BA naquele momento, aponta como os dissidentes baianos viam a DI-GB, explicando, de certo modo, a confluência entre as propostas políticas: a "Dissidência da Guanabara era uma estrutura mais politizada, inclusive investia mais no movimento de massa, era o fuzil submetido à política."[113]

Do processo de fusão, naquele momento, resultaram poucas atividades conjuntas, a não ser alguns, poucos, processos de militarização de militantes baianos, através de treinamentos de tiro ministrados por Cláudio Torres e Franklin Martins, além da ida à Guanabara de Antônio de Freitas Silva, de codinome Baiano, que tinha por objetivo trabalhar em uma fábrica para desenvolver contatos operários.[114] Isso iria mudar apenas no ano de 1970, com a ida de Lúcia Murat para a Bahia, com objetivo de fortalecer o vínculo entre as organizações, reestruturando o trabalho na capital baiana. Essa reestruturação

---

112 SOUZA, José Carlos. *Entrevista realizada por Sandra Regina Barbosa da Silva Souza e Muniz Ferreira*, p. 3.

113 FERREIRA, Juca. *Entrevista realizada por Sandra Regina Barbosa da Silva Souza e Muniz Ferreira*, p. 5.

114 Sobre a ida de "Baiano" para o Rio de Janeiro, em junho de 1969, Cf. Depoimento *atribuído* a Antônio de Freitas Silva. *In*: BNM 295, p. 212.

possibilitaria uma prática conjunta, que, a partir do final de 1970, concretizaria um intercâmbio significativo de militantes, e, principalmente, abriria uma perspectiva de atuação no campo, conforme veremos adiante. Por ora, objetivávamos ressaltar que a fusão com a DI-BA respondia à necessidade de expandir sua atuação no Nordeste, considerada uma das áreas estratégicas. Voltemos agora à Guanabara, onde a linha política de abril de 1969 trazia mais consequências práticas para a atuação dos dissidentes.

Deve-se salientar que a estrutura da organização, após abril de 1969, mudou. A partir daquele momento, passava a estruturar-se em três frentes: Frente de Trabalho Operário (FTO), Frente de Camadas Médias (FTCM) e Frente de Trabalho Armado (FTA). Os responsáveis por cada uma das frentes constituíam a Direção Geral da organização, naquele momento composta por: Daniel Aarão Reis Filho, comando da FTO, Franklin Martins, comando da FCM, e Cláudio Torres, comando da FTA. A necessidade da divisão da organização, para além de evitar o acúmulo de tarefas em diferentes funções, respondia à necessidade de compartimentar as informações, dificultando, caso houvesse alguma prisão, o mapeamento total da organização por parte dos órgãos repressivos. Segundo depoimento atribuído a Pedro Alves Filho, o processo de compartimentação gerava a máxima de que "cada um deve saber exclusivamente o suficiente para sua prática."[115] Concomitante a este processo, houve um aprofundamento da necessidade de profissionalização dos quadros. Respaldados na leitura leninista de *O que fazer?*, que impunha a perspectiva de que uma organização revolucionária "deve

115 Depoimento *atribuído* a Pedro Alves Filho. *In*: BNM 076, p. 316

englobar, antes de tudo e sobretudo, pessoas cuja profissão seja a atividade revolucionária",[116] grande parte dos militantes deixou as universidades, e militantes que trabalhavam eram pressionados a deixar o trabalho formal e se dedicar, exclusivamente, a atividades revolucionárias. Dois casos são simbólicos neste sentido: Fernando Gabeira, que estava em processo de ascensão no *Jornal do Brasil*, pediu demissão do jornal em agosto.[117] Sobre o caso de Gabeira, é interessante o depoimento de Daniel Aarão Reis, que, para além de evidenciar a pressão da organização pela profissionalização, reforça também a vontade do próprio militante em se tornar um profissional a serviço da revolução:

> Houve uma radicalização, do ponto de vista orgânico. [...]. Fizemos uma política ultra rigorista. Por exemplo: Fernando Gabeira era diretor do arquivo do JB e recebeu um convite para ser editor nacional. O que dissemos para ele? Você tem que sair do jornal e se profissionalizar. [...] Ele também queria sair, se sentia um quadro de segunda classe trabalhando no jornal. Se sentia burocratizado e percebeu que era esse mesmo o caminho. Naquela época essa era a empolgação geral, as pessoas assumirem a luta revolucionária vinte e quatro horas. Ser profissional da revolução, se não a revolução não teria êxito.[118]

Ademais, o próprio Daniel Aarão Reis, que havia passado em concurso público para taquígrafo no Tribunal Superior do Trabalho, em junho de 1968, e a partir de dezembro do mesmo ano entra com pedido licença médica e deixa de

116 LÊNIN, *Op. Cit.*, 1986, p. 158.

117 Depoimento *atribuído* a Fernando Gabeira. *In*: BNM 076, p. 237.

118 AARÃO REIS FILHO, Daniel Entrevista concedida a Marcelo Ridenti. *In*: Arquivo Edgar Leuenroth (AEL/Unicamp), Fundo *Militância Política e luta armada no Brasil*, fita 2, lado a (Arquivo Digital 111a).

comparecer ao trabalho.[119] Portanto, com o processo crescente de profissionalização, vinculado a um contexto de semiclandestinidade, pois, como vimos, os órgãos de repressão ainda não tinham conhecimento da existência da Dissidência, há uma dinamização das atividades políticas, que, seguindo as resoluções da III conferência, deveriam ser feitas a partir de formas armadas e não armadas de luta.

À Frente de Camadas Médias[120] cabia a responsabilidade de ações políticas diante da classe média, principalmente relacionadas ao movimento estudantil, com objetivo de desenvolvimento do trabalho de massas, que, consequentemente, incorporaria quadros e/ou simpatizantes que auxiliariam na logística da organização. Com relação ao ME, cabe ressaltar que, apesar do refluxo no movimento, as principais entidades estudantis da Guanabara continuavam hegemonizadas pela DI-GB. A UME, principal exemplo disso, mantinha-se sob direção da DI-GB, com Carlos Alberto Muniz na presidência. Através desse controle, mantinham em funcionamento a estrutura de incorporação de quadros, por intermédio dos GEs e OPPs, criada no ano anterior.

Contudo, a organização não se limitou a atuar no movimento estudantil. Houve, também, tentativa de mobilização em setores assalariados vinculados à classe média, especialmente entre jornalistas e bancários. Sobre esses últimos, por intermédio do militante Paulo Teixeira Vinhosa, bancário, ten-

---

119 BMM 645, p. 378-380.

120 Alguns integrantes da FCM, conforme descrição que consta em inquérito: Sônia Yessin Ramos, Ronaldo Goytacaz, Cláudio Campos, Paulo Vinhosa, Fernando Gabeira, Carlos Vainer, João Goytacaz, José Ruivo, José Roberto Spiegner, Carlos Zílio e Lúcio Flávio Uchoa. *In*: BNM 076, p. 6. Vale ressaltar que diversos militantes passavam, ao longo do tempo, a outras frentes, fato que pode acarretar inconsistências. Contudo, serve, ao menos, de parâmetro.

taram uma aproximação através da campanha salarial que vinha sendo realizada pelo segmento. Nessa perspectiva foi realizada uma panfletagem na Assembleia Salarial dos Bancários, em julho, mas que não alcançou resultados significativos.[121] Para além, a Dissidência investia na produção de um jornal, de nome *Resistência*, editado, principalmente, por Fernando Gabeira. Publicado mensalmente desde 1968, tinha como principal objetivo ser uma "fonte de informações que escapa à brutal censura imposta à imprensa."[122] Para isso, publicava, em especial, notícias sobre torturas, prisões políticas e arbitrariedades autoritárias do governo, com objetivo de sensibilizar e organizar uma oposição de massa à ditadura por intermédio da informação, pois, segundo o próprio jornal: "Contra um povo organizado não há ditadura que resista."[123] Com relação à militância política de esquerda, o jornal também aparecia como espaço, literalmente, de resistência à política de contrainformação da ditadura. Parte da edição de agosto de 1969 é dedicada à divulgação de textos de Carlos Marighella e Carlos Lamarca, com objetivo de descontruir as informações vinculadas aos órgãos de repressão e difundidas pela mídia convencional. No entanto, em nenhum momento há uma propaganda aberta da luta armada, pelo contrário. Em matéria desta mesma edição, denominada "Terroristas e bandidos", tinham como objetivo concluir, de maneira opinativa, após a apresentação dos textos

121 BNM 076, p. 15.

122 RESISTÊNCIA, nº11, 26/07/1969. *In*: Centro de Documentação e Memória da Unesp (CEDEM/Unesp), coleção Archivio Storico Del Movimento Operaio Brasiliano. Localização: Ema005/63, p. 1.

123 RESISTÊNCIA, nº12, 26/08/1969. *In*: Centro de Documentação e Memória da Unesp (CEDEM/Unesp), coleção Archivio Storico Del Movimento Operaio Brasiliano. Localização: Ema005/63. p. 3.

dos guerrilheiros, descontruindo a imagem divulgada pela ditadura de que os militantes de esquerda armada eram terroristas. Para isso, atestavam que

> tanto Lamarca como Marighella são patriotas, que se batem por um Brasil verdadeiramente dos brasileiros e por isso se lançam, de armas na mão, contra um regime cuja principal característica é a sufocação das aspirações populares, a serviço do capital estrangeiro e das oligarquias.[124]

No entanto, continua o jornal:

> Não acreditamos nos métodos preconizados por Lamarca e Marighella. [...] achamos que a ditadura está isolada e a intensificação da luta política – lúcida, incansável e corajosa – pode derrubá-la em prazo relativamente curto. [...] E por isso, sustentamos que a passeata dos cem mil na Guanabara levou a ditadura muito mais perto da derrubada do que todos os assaltos a bancos, quarteis e emissoras reunidos.[125]

Pareceu-nos contraditório, à primeira vista, o jornal da DI-GB, no momento em que o grupo já havia aderido à luta armada, negar a capacidade política dessa luta. No entanto, a função do jornal, pelo menos nesse momento,[126] era arregimentar apoio nas classes médias e não fazer propaganda sobre a luta armada. Portanto, enfatizavam referências com poder de mobilização. Neste sentido, a função do *Resistência* era construir e mostrar, ao mesmo tempo, um cenário de insatisfação com a ditadura, rompendo com a censura, impulsionando um processo de organização das massas contra o regime autoritário.

---

124 *Idem*, p. 4.

125 *Ibidem*.

126 Veremos adiante que o jornal, mantido até 1972 no Brasil, sofreria profundas mudanças nos anos seguintes.

Ademais, com objetivo de construir a logística necessária para manutenção e ampliação da DI-GB, a FTCM produziu um documento intitulado "Documento das 100 Tarefas".[127] Visando angariar apoio junto ao principal segmento social a que estavam ligados, criaram uma lista com diversas possibilidades para os simpatizantes que quisessem contribuir com a organização, mesmo não se tornando militantes efetivos. No documento são listadas necessidades diversas para manutenção da organização política, desde possibilidade de oferecimento de locais para esconder pessoas e realizar reuniões, empréstimo de carros, doação de dinheiro, contatos de advogados para eventuais prisões e contatos operários. Ademais, caso não houvesse como ajudar em nenhuma dessas tarefas, poderiam ser úteis transmitindo esse documento para outras pessoas ajudar, ou fazendo pichações e panfletagens. Por fim, também ajudariam caso fizessem a leitura, discussão ou divulgação do jornal *Resistência*.[128]

Com relação à Frente de Trabalho Operário,[129] devemos dizer que sua criação alterou a postura da DI-GB com relação ao movimento operário. Conforme vimos, desde a conferência de dezembro de 1967 havia uma inclinação dos dissidentes para uma maior atuação no movimento operário, fato evidenciado pela criação de uma frente de trabalho responsável por pichações e panfletagens. No entanto, segundo documento político de um militante na *Tribuna de Debates*, de codinome Chico, até abril de 1969 a atuação se fazia "num

127 Para documento na íntegra, Cf. BNM 076, p. 3424-3425.

128 BNM 076, p. 3425.

129 Alguns integrantes da FTO: Samuel Aarão Reis, Stuart Angel, Pedro Alves, Henri Acselrad, José Luiz Saboya, Lúcia Murat.

número muito grande de áreas e ao nível muito geral da agitação"[130] e "praticamente não tocava nos problemas mais sentidos objetivamente pela massa, ficando apenas no nível de propaganda do socialismo, da violência e da organização independente",[131] fato que teria inviabilizado a abertura de contatos no seio da classe operária.

Portanto, tendo em vista superar esses problemas e mobilizar as parcelas mais avançadas do movimento operário, decidiram que a prática política da FTO seria manter as ações de agitação e propaganda, ao estilo leninista. Contudo, ao contrário do caráter abstrato e geral anterior, deveriam, como vimos na linha política de abril, focar em problemas específicos dos trabalhadores, como o arrocho salarial, e em setores específicos da produção, elegendo, como setor principal, o metalúrgico. Diversas ações de propaganda armada foram realizadas em fábricas metalúrgicas, entre elas: Ficap, Sulzer, Carrocerias Carbras e Ishikawajima.[132] Para além do setor metalúrgico, neste

---

130 "CHICO", *Tribuna de Debates: como prosseguir,* janeiro de 1971, mimeo, p. 5. *In:* Arquivo Edgar Leuenroth (AEL/Unicamp), Fundo Gilberto Mathias, série 01 (Organizações de Esquerda), sub-série 03 (Movimento Revolucionário 8 de Outubro).

131 *Idem,* p. 6.

132 Não conseguimos, por intermédio dos depoimentos ou entrevistas, precisar as datas em que ocorreram as ações de panfletagem. Por suposição, a partir da expropriação de um veículo que foi utilizado na panfletagem da empresa Ficap, inferimos que a ação de panfletagem na Sulzer ocorreu em outubro de 1969. A panfletagem no estaleiro Ishikawajima, segundo depoimento de Solange Lourenço, ocorreu entre agosto e setembro. As demais, ao que pudemos notar, também ocorreram no segundo semestre de 1969. Sobre o automóvel utilizado na panfletagem, Cf. BNM 076, p. 2271. Sobre a data da expropriação do automóvel, cf. depoimento *atribuído* a José Luiz Saboya. *In:* BNM 295, p. 1023. Depoimento *atribuído* a Solange Lourenço Gomes, *In:* BNM 192, p. 48.

período realizaram uma panfletagem em frente a uma fábrica de tecidos em Duque de Caxias e algumas panfletagens que, nos processos judiciais, não se referem a fábricas específicas, mas claramente estão relacionadas por terem sido realizadas em bairros industriais, como é o caso das realizadas na Praia do Caju, São Cristóvão e Méier.[133] Assim, ao longo de 1969, em decorrência do trabalho de propaganda armada na porta das fábricas, abriram-se contatos operários que possibilitaram o início de trabalho de agitação no interior das fábricas, o que, sobretudo após o sequestro do embaixador, inaugurou uma nova tática de trabalho junto ao movimento operário. A partir do trabalho interno, os militantes promoviam as ações de agitação e propaganda que, para além do apontamento de problemas gerais da classe trabalhadora, mobilizavam problemas específicos de cada local de trabalho. Neste sentido, desenvolveram uma prática que obteve grande respaldo junto aos operários. O relato de Daniel Aarão Reis é evidência disso:

> a gente começou, nessa época das panfletagens, a ter alguns contatos operários, e eles nos davam informações: por exemplo, numa fábrica, o dedo-duro é tal pessoa. Na semana seguinte, a gente ia lá, pichava as portas de fábrica, identificava o dedo-duro, dizia para ele que, caso se comportasse mal, a gente ia matá-lo. Isso criava um "auê" incrível nas fábricas. Os operários adoravam.[134]

Desta maneira, a partir de depoimento atribuído a José Ruivo, notamos que a FTO, em fins de 1969, ficou subdivi-

---

133 Depoimento *atribuído* a Pedro Alves Filho. *In:* BNM 076, p. 315. Complementado pelo depoimento atribuído a Daniel Aarão Reis. *In:* BNM 076, p. 251.

134 AARÃO REIS FILHO, Daniel Entrevista concedida a Marcelo Ridenti. *In:* Arquivo Edgar Leuenroth (AEL/Unicamp), Fundo *Militância Política e luta armada no Brasil,* fita 2, lado b (arquivo digital 111, lado b).

dida em Unidade Interna e Unidade Externa. À primeira caberia dar "assistência aos contatos existentes no interior das empresas" e à segunda cabia a coordenação das "atividades de agitação e propaganda levadas a efeito nos perímetros externos das fábricas."[135]

Neste sentido, de modo a plasmar a atividade das duas unidades e aumentar os contatos operários, da mesma maneira que produziam um jornal destinado às camadas médias, produziam um jornal com objetivo de atingir a classe operária: *União Operária,* posteriormente denominado *Força Operária.* Em sua primeira edição, aparentemente do final de 1969, analisava que seu surgimento respondia à necessidade, por parte dos trabalhadores, de que existisse um jornal "que defenda os seus interesses, denuncie a exploração nas fábricas" e que fosse "um instrumento de luta e organização dos trabalhadores contra os patrões."[136] Para isso, diferenciava-se dos demais jornais, pois "vê tudo a partir do olho do trabalhador. Em todas as notícias ele vai ver onde está o interesse do trabalhador e onde está o interesse do patrão."[137] Visando caracterizar-se como instrumento de organização dos "operários e trabalhadores mais combativos que não se conformam em sofrer injustiças e ficar calados",[138] necessitava da contribuição dos trabalhadores, que deveriam entregar "todas as denúncias de sua fábrica ou favela."[139] Assim, ao que

135 Depoimento *atribuído* a José Ruivo de Pereira e Souza. *In:* BNM 076, p. 147-148.

136 MOVIMENTO REVOLUCIONÁRIO 8 DE OUTUBRO, *União Operária, I,* s/d, mimeo., p. 3 *In:* BNM 076, p. 3534.

137 *Ibidem.*

138 *Ibidem.*

139 *Ibidem.*

parece, o jornal é feito a partir das consequências do trabalho de panfletagem, que abria contatos, pois grande parte de suas páginas foram destinadas ao relato de problemas específicos de algumas fábricas, como: demissão de operários nas fábricas Carbrasa e Ciferal; condições insalubres de trabalho na General Eletric; aumento da produtividade a partir da obrigatoriedade de exercícios físicos na Ishikawajima e horas de trabalho não pagas na Lustrene.[140] Ademais, corroborando o depoimento supracitado de Daniel Aarão Reis Filho, a respeito da denúncia dos "dedos-duros", consta essa reportagem sobre a empresa Ciferal:

> Soubemos que os companheiros da Ciferal descobriram que, além do Mongol, o Jesus e o Oliveira são dedos-duros. Eles andaram denunciando a luta contra os dois dias que os operários de lá trabalharam de graça para cobrir a folga dos dias 24 e 26. Se o Jesus e o Oliveira gostaram de trabalhar dois sábados, que valem por 3 dias, pois são dias extraordinários, eles que trabalhassem sozinhos. Essa primeira vez estão sendo avisados. Dedo-duro não tem vez. Dedo-duro é cabra safado, falso e policial. Da próxima vez o Mongol vai ter companhia no ajuste de contas. É bom se cuidar.[141]

Vale ressaltar que, gradativamente, ao longo do trabalho desenvolvido junto ao movimento operário no ano de 1969 e, principalmente a partir do final do ano, foi se delineando uma tática de mobilização conjunta sobre a classe operária e setores empobrecidos da população, principalmente no que tange à questão de moradia. Podemos citar alguns exemplos que indicam neste sentido. O *União Operária*, conforme indi-

140 *Idem*, p. 4 *In*: BNM 076, p. 3535.

141 *Ibidem*.

camos acima, pedia denúncias de postos de trabalho e das favelas. Além disso, no ano seguinte, os dissidentes iniciariam a prática de panfletagens específicas nas favelas, como foi o caso da panfletagem realizada na Vila Kennedy e no Jacarezinho,[142] esta última resultando na prisão de diversos militantes, conforme veremos no capítulo seguinte. Poderíamos arriscar dizer qual fator possibilitou essa mudança tática. O contato mais próximo com os operários pode ter ressaltado os pontos de convergência entre a classe trabalhadora e a população urbana mais pobre, desempregada e em condições de subemprego. A favor dessa interpretação está o aumento quantitativo da população da Guanabara, estimado em 3,3 milhões de pessoas ao longo da década de 1960,[143] que teve como resultado, não apenas na Guanabara, mas nos principais centros urbanos do Brasil, um "aumento significativo da parcela da população vivendo em favelas, loteamentos irregulares ou outras formas de moradias subnormais."[144]

Em síntese, a criação da FCM e da FTO e suas respectivas dinâmicas durante o ano de 1969, seja através da edição de jornais, que ocupava um espaço significativo na atuação dos dissidentes, ou em relação a ações de panfletagem em busca de ampliação de contatos, realizavam, na prática, a concepção política dos dissidentes sobre a necessidade do trabalho junto às massas, com objetivo de propulsionar o movimento de massas. Consolidava-se, assim, a influência da visão leninista proposta no *Que Fazer?*, relacionada à importância

---

142 BNM 076, p. 1017.

143 LUNA; KLEIN. *Op. Cit.*, 2014a, p. 78.

144 *Ibidem.*

da edição de periódicos,[145] como fator de educação e organização, e também à necessidade de realização das ações de agitação e propaganda, como forma de sensibilizar os operários e os "setores empobrecidos" para a causa revolucionária. Contudo, se houve uma dinamização na FCM e FTO, com a adesão formal à luta armada, após a III Conferência, a Frente de Trabalho Armado começava uma trajetória de ascensão e protagonismo no interior da organização.

Após a realização das primeiras e bem-sucedidas ações, a DI-GB promoveu a formalização, na conferência de abril, de um grupo especificamente formado para realização de ações armadas: a Frente de Trabalho Armado.[146] Sua função era dupla. Por um lado, tinha como objetivo fazer, a exemplo das ações realizadas antes de abril, ações *meio*, que atendiam à demanda da organização para manutenção dos militantes e das entidades que orbitavam em sua esfera de influência. No entanto, conforme vimos ao analisar a linha política, a FTA tinha também, por objetivo, a realização de ações de propaganda armada, que junto às ações da FTO que estimulavam lutas locais, atuariam de modo a evidenciar a possibilidade de enfrentamento às forças de repressão, sensibilizando a massa para construção do foco guerrilheiro. Neste sentido, visando atuar em confluência com a linha política, durante todo o ano de 1969 foram realizadas diversas ações, que teriam dois resultados distintos: por um lado, a organização deixa-

145 LÊNIN, *Op. Cit.*, 1986, p. 193-194.

146 Composta, no início, por: Cláudio Torres, João Lopes Salgado, Cid Benjamin, Vera Silvia Magalhães, Sérgio Rubens. Ao longo de 1969, seria acrescido de outros militantes, em especial, de Franklin Martins, que participaria, inclusive, da ação do sequestro do embaixador norte-americano. *In*: Depoimento *atribuído* a Cláudio Torres, BNM 295, p. 190.

ria, fundamentalmente, de ser uma organização puramente estudantil, adquirindo prestígio nacional dentro do cenário da esquerda revolucionária. Por outro, atrairia, para si, a força repressiva do Estado, deixando de ser uma organização desconhecida, tornando-se uma das principais organizações a serem destruídas pelos órgãos de repressão.

As primeiras duas ações, após a conferência de abril, foram ações meio, tendo em vista a infraestrutura da organização. A primeira foi a expropriação de um policial-militar em serviço na Usina Light, no dia nove de maio, na região do gasômetro, no Leblon[147] visando, a exemplo do assalto ao sentinela do Hospital da Aeronáutica, uma metralhadora INA. Contudo, ao contrário da ação em Rio Comprido, no Leblon houve reação por parte do policial-militar, resultando em troca de tiros e em um policial atingido. O objetivo da organização não era, obviamente, ferir o policial, mas, durante a ação, Cid Benjamin se viu obrigado a atirar. Com riqueza de detalhes, ele mesmo relata este episódio em seu livro de memórias, o que justifica a longa citação:

> Fomos Cláudio Torres, Vera Sílvia, [João Lopes] Salgado e eu. Cláudio e Vera abraçados, como um casal, aproximaram-se do policial. Eu e Salgado chegamos caminhando de direções opostas, de forma a estarmos perto do PM quando ele fosse abordado. Vera, com um cigarro na mão, pediu fogo ao policial. Quando ele pegou a caixa de fósforos, foi rendido por Cláudio, que tentou tomar-lhe a metralhadora. Mas o PM reagiu. Deu um passo atrás e engatilhou a arma para disparar. Quando percebi o que acontecia, dei um tiro à queima-roupa no peito do policial.

---

147 Há um processo específico sobre essa ação. Para maiores detalhes, Cf. BNM 411.

> Ele caiu, Salgado pegou a metralhadora e tratamos de correr em direção ao carro para sair do local. Mas surgiu outro PM de dentro do gasômetro, também armado de metralhadora. Não sabíamos que os policiais trabalhavam em dupla e um deles ficava sempre dentro do gasômetro.
>
> Começou um tiroteio que levou alguns minutos. Não tínhamos como chegar ao carro sem correr risco de sermos baleados. Só quando o PM parou de atirar, talvez por ter se esgotado a munição do pente de sua metralhadora, é que conseguimos fugir.
>
> Acompanhei, depois, pelos jornais a evolução do quadro de saúde do policial baleado, torcendo para que não morresse. Ele sobreviveu.
>
> Mas não tive sentimento de culpa. Se não tivesse atirado, Cláudio e Vera provavelmente teriam sido mortos.[148]

A segunda, realizada no dia quatro de julho, foi uma expropriação a um carro coletor de valores do Banco Mercantil de Niterói, em Ipanema. Ao contrário da dificuldade que possa aparentar – se analisarmos essa ação tendo em vista a maneira como os bancos realizam, atualmente, o transporte de valores por intermédio de carros blindados de empresas especializadas em segurança –, àquela época os bancos realizavam, na maioria das vezes, a coleta dos valores com utilitários normais, neste caso, um Aero-Willys, através de funcionários do próprio banco, desarmados.[149] Sabendo disso, os militantes, no momento da passagem do carro-coletor, simularam uma manobra de estacionamento, que bloqueou a rua e obrigou o automóvel do banco a parar, sendo facilmente rendido. Considerando esses fatores, essas ações fo-

148 BENJAMIN, *Op. Cit.*, 2013, p. 141-142.

149 Depoimento *atribuído* a Catarino Miranda, funcionário do banco e motorista do Aero-Willys. *In*: BNM 227, p. 12.

ram realizadas amplamente pela Dissidência, em detrimento, inclusive, das agências bancárias, justamente pela facilidade com que obtinham boa quantia de dinheiro.[150]

No mês seguinte, em agosto, a DI-GB deixaria para trás o nome que a ligava ao PCB e se transformaria em Movimento Revolucionário 8 de Outubro. Não por vontade de romper com seu passado, mas para confrontar os órgãos de repressão. Conforme indicamos no capítulo anterior, dentre as diversas dissidências estudantis do PCB, havia uma localizada em Niterói, capital do Estado do Rio de Janeiro, a DI-RJ. Esta, fortemente vinculada ao foquismo debrayista, desenvolvia, desde 1968, uma atividade no Paraná, tendo em vista a deflagração do foco guerrilheiro. Para além, mantinha suas atividades no Rio de Janeiro, impulsionadas, principalmente, por intermédio da grande soma de recursos provindo das ações de expropriação nos bancos e, sobretudo, dos desvios bancários realizados pelo funcionário do Banco do Brasil, Jorge Medeiros Valle, de codinome "Bom Burguês".[151] Estes, inclusive, serviam também à DI-GB, a partir de contatos entre Reinaldo

150 Em termos numéricos, por exemplo, a ação sobre o carro coletor foi mais satisfatória do que a ação de expropriação na agência bancária de Bonsucesso. Na agência bancária expropriaram, segundo depoimento do gerente do banco, 37.756,12 cruzeiros novos. Na ação do carro-coletor, arrecadaram 57.980,07 cruzeiros novos. Para verificação dos dados, Cf. BNM 296, p. 18 (sobre a agência de Bonsucesso) e BNM 227, p. 20 (sobre o carro-coletor).

151 Para análise da trajetória interessante de Jorge Medeiros Valle, cf. ALMEIDA, Valesca Souza. *O "Bom Burguês": A trajetória de Jorge Medeiros Valle sob a ditadura brasileira.* 2015, 141f. Dissertação (Mestrado em História). Instituto de Ciências Humanas e Sociais, Universidade Federal Fluminense, Niterói/RJ. Disponível em: http://www.historia.uff.br/stricto/td/1920.pdf acessado em: 15/04/2017.

Pimenta e Daniel Aarão Reis.[152] Contudo, desde fevereiro de 1969, o grupo sofria sucessivas investidas da ditadura, que resultavam em diversas prisões de militantes, terminando com o suicídio/assassinato mal esclarecido de seu principal líder, Reinaldo Pimenta, em junho.[153] No entanto, como se não bastasse desmantelar a organização, o CENIMAR, órgão de inteligência da Marinha,[154] divulgaria, nos principais jornais, que uma organização, de nome Movimento Revolucionário 8 de Outubro, teria sido destruída.

A primeira notícia sobre o desmantelamento da organização fluminense apareceu no *Correio da Manhã*, edição do

---

152 Naquele período de 1969: "A DI de Niterói também nos ajuda, porque eles estavam recebendo dinheiro daquela trama do 'Bom Burguês', e sobrava dinheiro para nós. Eles estavam com muito dinheiro na época e ele [Reinaldo Pimenta], volta e meia, não tinha como guardar e me dava pacotes com cem milhões de cruzeiros novos. Na época era muito dinheiro." *In*: AARÃO REIS FILHO, Daniel. Entrevista concedida a Marcelo Ridenti. *In*: Arquivo Edgar Leuenroth (AEL/Unicamp), Fundo *Militância Política e luta armada no Brasil*, fita 2, lado b (arquivo digital 111, lado b).

153 Pairam muitas dúvidas sobre a morte de Reinaldo Pimenta. Existem indícios de que ele pulou do prédio em que estava, com objetivo de não ser preso. Outros indícios apontam que ele teria sido jogado pelos agentes do CENIMAR. Como não é o objetivo deste trabalho, deixamos indicado duas possíveis entradas para a análise da organização e da situação de Reinaldo Pimenta. Cf. BNM 093; HERLER, Thomaz Joezer. *Formação e trajetória do primeiro MR-8: Possibilidades e limites de construção de uma vanguarda revolucionária político-militar (1964-1969).* 2015. 265f. Dissertação (Mestrado em História). Universidade do Oeste do Paraná. Marechal Rondon/PR. Disponível em: http://www.documentosrevelados.com.br/wp-content/uploads/2015/11/dissertacao-thomaz-versao-final-com-ficha-catalografica.pdf.Acessado em: 15/04/2017.

154 Vale ressaltar que tanto o CENIMAR como o CIE (Centro de Informações do Exército) e o CISA (Centro de Informações da Aeronáutica), apesar de serem órgãos de informação, extrapolavam suas funções de informação, inclusive, por diversas vezes, atuando em operações de segurança, ou seja, faziam a função de prisão e interrogatórios, com a utilização de tortura. Mais informações sobre esses órgãos, Cf. FICO, *Op. Cit.*, 2001, p. 92-93.

dia 27 de julho, sob o título "Polícia acredita que o MR-8 foi desmontado", que descrevia, em detalhes, a ação do CENIMAR durante a operação que resultou na morte de Reinaldo Pimenta, e concluía:

> Com a prisão dos principais integrantes do grupo "Movimento Revolucionário 8", as autoridades federais acreditam que o núcleo responsável por assaltos a bancos, atentados terroristas, desfalques no Banco do Brasil, roubo de armas, falsificação de documentos oficiais e outros delitos esteja totalmente desmontado.[155]

Contudo, cabe ressaltar que a própria DI-RJ não se intitulava MR-8. Nos documentos políticos referiam-se, a si mesmos, como Organização, ou somente com a inicial "O". Ademais, eles mesmos ainda não haviam definido um nome, sendo apenas Dissidência do Partido Comunista.[156] Portanto, quando o CENIMAR efetuou as prisões não conseguiu descobrir o nome da organização, o que dificultava a divulgação da operação, visto que não faria sentido divulgar o desmantelamento de uma organização sem nome. O nome atribuiria força à organização, e, consequentemente, um poder ainda maior aos agentes que a desmantelaram.[157] No entanto, a DI-

---

155 CORREIO DA MANHÃ, 27/07/1969, p. 6. *In:* http://memoria.bn.br/hdb/periodico.aspx Edição 23398, Acessado em: 25/07/2017.

156 Depoimento *atribuído* a Sebastião Medeiros Filho. *In:* BNM 093, p. 76.

157 Podemos inferir que a necessidade de nomeação à DI-RJ, por parte dos agentes do CENIMAR, correspondia ao que Carlos Fico identifica como *ethos* da comunidade de segurança. De modo a justificar e enaltecer a criação de um sistema de segurança, valiam-se da "noção de 'guerra interna', que tendia não apenas a identificar o inimigo interno, mas a superestimar sua capacidade ofensiva". Neste sentido, um nome, como Movimento Revolucionário 8 de Outubro, poderia, quando divulgado à opinião pública, exercer um maior poder de caracterização de uma guerra interna, pois faz

-RJ editava um jornal, de nome Oito de Outubro, em homenagem ao dia da morte de Che Guevara,[158] que caiu nas mãos dos agentes repressivos. Então, o batismo da DI-RJ, como MR-8, foi à revelia, realizado pelos agentes do CENIMAR, baseado no nome do jornal editado pelos dissidentes fluminenses, de modo a ressaltar a importância sobre as prisões que haviam feito.[159] Levando isso em conta, a FTA da DI-GB realiza sua primeira ação de propaganda armada, plasmando-a à necessidade de obtenção de fundos para desenvolvimento da organização, confluindo, em uma só ação, os dois principais objetivos das atividades da Frente de Trabalho Armado.

Ao mesmo molde da ação do mês anterior, expropriavam, no dia 15 de agosto, uma Kombi transportadora de valores do Banco Português do Brasil.[160] Contudo, para além da tentativa de adquirir os valores que estavam sendo transportados – que se mostrou frustrada devido ao carro estar transportando apenas cheques não negociáveis[161] –, os membros da FTA soltaram, ao fim da ação, diversos panfletos, atendendo à demanda da linha política em relação à propaganda armada e tomando para si, como meio de confrontar a informação divulgada pela ditadura nos jornais, o nome MR-8,

---

alusão a um movimento organizado e, teoricamente, forte. Legitimando, portanto, seu combate. *In*: FICO, *Op. Cit.*, 2001, p. 136.

158 Posteriormente ficou provado que a data é incorreta. Che Guevara foi preso na Bolívia, mas seria assassinado somente no dia seguinte, dia 09 de outubro de 1967. Para maiores detalhes, Cf. ANDERSON, Jon Lee *Che, uma biografia.* Rio de Janeiro: Editora Objetiva, 2005, p. 844-847.

159 Aponta neste sentido entrevista concedida a esta pesquisa por Daniel Aarão Reis Filho.

160 Há um processo específico sobre essa ação. Para maiores detalhes, Cf. BNM 580.

161 BNM 580, p. 20.

provando que a organização continuava atuante. Reproduziremos, na íntegra, o panfleto para demonstrar de que modo os dissidentes cariocas realizavam, na prática, a propaganda armada, tentando romper a censura e demonstrando que as expropriações a banco tinham um propósito:

> Companheiros:
>
> Mais um banco está sendo assaltado, não por ladrões comuns, mas por revolucionários que preparam a luta armada dos explorados contra os exploradores: É o MR 8 de outubro que novamente expropria os patrões.
>
> Os operários do campo e da cidade, unidos aos outros setores explorados estão em luta, embrionária, mas crescente, pela tomado do poder e implantação de um governo que defenda os seus interesses que são os interesses do povo brasileiro.
>
> A ditadura, representando os patrões estrangeiros e seus testas de ferro, está aí, arrochando mais e sempre oprimindo com a polícia ou impostos. Os lucros, tirados em cima do trabalho do povo, são os grandes grupos financeiros que estão fora de nosso país. O pouco que fica, é o osso das minorias encarnadas pela casta dos generais, patrões e latifundiários.
>
> O povo brasileiro, começa a juntar forças para arrancar este osso e quebrar os dentes destas minorias, e para isto, estamos tomando o dinheiro dos bancos, armadas da polícia e das forças armadas. Sabemos que a luta será longa e encarniçada, e por isto precisamos nos organizar em todos os setores, com a clareza de que esta organização em massa preparada político-militarmente e liderada pelos trabalhadores terá êxito. A luta, companheiros, é de todo o povo, alguns morreram nela, outros estão presos e são torturados, outros estão se organizando e lutando. Precisamos ampliá-la cada vez mais, desde o interior das fábricas e bancos até as plantações de cana no Nordeste ou à zona do algodão em São Paulo. Contra a força militar capacho, só o povo organizado militarmente.

> O Movimento Revolucionário 8 de outubro, que neste momento expropria mais um banco e continuará expropriando outros, deixa claro ao poder títere, que a morte de Che Guevara representa o nascimento de outros revolucionários, assim como a morte de Reinaldo Pimenta; Edson Luís Souto; sargento Lucas[162] e Marco Antônio.[163] [164]

Portanto, a despeito de toda bibliografia sobre o tema, o nome MR-8 foi assumido pela Dissidência da Guanabara em ação anterior ao sequestro do embaixador norte-americano, comumente apontada como momento de início das ações da organização sob o novo nome. Para além do panfleto, aponta nesta mesma direção o depoimento de Cláudio Torres, que em diálogo com Franklin Martins para o projeto *Hércules 56*, diz:

> Cláudio: Antes da ação do americano, e foi uma decisão consciente da direção da Dissidência, nós

162 Segundo *Dossiê dos Mortos e Desaparecidos Políticos a partir de 1964*, trata-se de João Lucas Alves, integrante do Comando de Libertação Nacional (COLINA), barbaramente torturado e declarado morto, por suicídio, em 06/03/1969. *In*: COMISSÃO DE FAMILIARES DE MORTOS E DESAPARECIDOS POLÍTICOS; INSTITUO DE ESTUDO DA VIOLÊNCIA DO ESTADO; GRUPO TORTURA NUNCA MAIS - RJ E PE, *Dossiê dos mortos e desaparecidos políticos a partir de 1964*. Recife: Companhia Editora de Pernambuco, 1995, p. 56–57. Disponível em: http://www.dhnet.org.br/dados/dossiers/dh/br/dossie64/br/dossmdp.pdf acessado em: 12/04/2017.

163 Segundo *Dossiê dos Mortos e Desaparecidos Políticos a partir de 1964*, trata-se de Marco Antônio Brás de Carvalho, de codinome Marquito, militante da Ação Libertadora Nacional (ALN), fuzilado, em sua casa, no dia 28/01/1969. *In:* COMISSÃO DE FAMILIARES DE MORTOS E DESAPARECIDOS POLÍTICOS; INSTITUO DE ESTUDO DA VIOLÊNCIA DO ESTADO; GRUPO TORTURA NUNCA MAIS – RJ E PE. *Op. Cit.*, 1995, p. 58. Disponível em: http://www.dhnet.org.br/dados/dossiers/dh/br/dossie64/br/dossmdp.pdf acessado em: 12/04/2017.

164 BNM 580, p. 26.

> começamos a assinar as nossas operações armadas com o nome MR-8. Nome que não era nosso. [...]
>
> Franklin: Nós assinamos antes? Não, eu acho que foi só naquela [ação do sequestro do embaixador], começamos naquela.
>
> Cláudio: Olha, eu fui absolvido no processo, não deveria estar falando nisso. Mas na operação do carro de transporte em Copacabana – que a imprensa publicou depois que tinha sido roubada a marmita do motorista e que só tinha cheque vencido –, aquela ação foi assinada como MR-8.[165]

Rebatizado, mais ainda fora do radar da repressão, o novo MR-8 mantinha, em ritmo acelerado, as ações armadas na Guanabara. No mesmo mês de agosto fariam outra ação: expropriariam a casa do deputado federal, eleito pelo MDB, Edgar Magalhães de Almeida. Para isso, no dia 14, Vera Silvia, passando-se por uma repórter da revista *Realidade,* agendou uma entrevista, para o dia 19, com o deputado para conhecer sua extensa coleção de obras de arte, que mantinha em sua casa, em Copacabana. Chegado o dia 19, subiram ao apartamento do deputado João Lopes Salgado, Vera Silvia Magalhães, José Sebastião Rios e Sérgio Rubens, ficando na cobertura, de modo a garantir a segurança da ação, Cid Benjamin e Franklin Martins, já integrado à FTA. Segundo depoimento do próprio deputado, ao inquérito instalado para apurar o caso, a repórter, logo após uma passagem rápida por parte de sua coleção, solicitou que todos os integrantes da família se reunissem na sala para realização de uma foto, com objetivo de facilitar a ação.[166] Com todos reunidos no mesmo cômodo,

---

165 DA-RIN, Silvio *Hércules 56:* o sequestro do embaixador norte-americano em 1969. Rio de Janeiro: Zahar, 2007, p. 300.

166 BNM 603, p. 16-25.

João Lopes Salgado, de posse da metralhadora, anunciou o assalto. Após relutância do deputado, abriram o cofre da residência, que resultou em trinta mil dólares e diversas joias, que, segundo o inquérito, eram avaliadas em 442.400,00 cruzeiros novos.[167] Antes de deixarem o apartamento, fizeram questão de se desvincularem dos criminosos comuns. Ao filho do deputado, Vera Silvia teria dito que aquela era uma encenação de um assalto, visando acalmar a criança, mas um assalto "desses que você vê na televisão e que têm sido feito aos bancos".[168] Já ao deputado, logo após anunciarem o assalto, fizeram questão de dizer que se tratava de "um novo tipo de assalto."[169]

"Audácia, ainda audácia, sempre audácia!": o sequestro do embaixador norte-americano

Até o fim de agosto de 1969, com exceção da ação de duplo caráter junto ao carro coletor do Banco Português do Brasil, todas as ações armadas haviam sido realizadas para construção de infraestrutura, objetivando dinheiro e armas. Analisando que, por ora, aquelas ações meio propiciaram uma relativa emancipação da organização, atingindo a "cota de expropriação",[170] relegavam-nas a um segundo plano, colocando na ordem do dia a necessidade da preparação de ações de propaganda armada. Cabe ressaltar também que a prisão do principal líder estudantil da DI-GB nas manifestações de 1968, Vladimir Palmeira, em decorrência da invasão policial ao XXX Congresso da UNE em outubro de 1968, rea-

167 *Idem*, p. 7.

168 *Idem*, p. 20.

169 *Idem*, p. 24.

170 MARTINS, Franklin *apud* DA-RIN, *Op. Cit.*, 2007, p. 301.

lizado em Ibiúna, também impulsionava o MR-8 na busca de uma operação que viabilizasse sua libertação, desde o início de 1969. Neste sentido aponta o depoimento de Cláudio Torres, sobre a necessidade de encontrar uma solução para libertar Vladimir, sendo, inclusive, cogitado um assalto ao quartel onde ele estava preso, demonstrando o peso que sua prisão acarretava na organização:

> existia um peso moral na gente, que era o compromisso de libertar o Vladimir. Esse troço pesava muito.
>
> Lembro que o Vladimir estava preso num quartel da Marinha, lá do outro lado da baía. Fui fazer um levantamento do quartel, como visitante [...]. E quando retornei, reunimos o grupo de fogo, e eu disse: "Olha, nós não temos condições de fazer essa ação." E então ficou aquele peso no grupo de fogo: "Puxa, nós falhamos."[171]

Portanto, tendo essas duas problemáticas em vista, começava a tomar corpo a ideia da ação que se tornaria a mais ousada da esquerda armada brasileira: o sequestro do embaixador norte-americano.

Conforme indicou-nos Daniel Aarão Reis, a ideia de sequestro do embaixador norte-americano foi uma ideia em progresso,[172] aventada nos debates e diálogos entre os militantes da organização meses antes da ação. Durante este período, aprofundavam as reflexões sobre a possibilidade e as consequências que se sucederiam a uma ação desta envergadura. Acima de tudo, vislumbravam seu poder de mobilização. O

---

171 TORRES, Cláudio *apud* Silvio *Hércules 56:* o sequestro do embaixador norte-americano em 1969. Rio de Janeiro: Zahar, 2007, p. 302.

172 Há certo conflito de versões sobre quem, de fato, aventou, pela primeira vez, a ideia de sequestrar o embaixador norte-americano. A mais provável é que tenha partido de um diálogo entre Franklin Martins e Cid Benjamin.

sequestro do embaixador do país considerado "vanguarda internacional na defesa dos interesses do capitalismo"[173] era tudo que precisavam para colocar em prática a linha política de abril. Para além, a repercussão política de uma ação como essa teria como consequência a globalização de todas as ações armadas que já haviam acontecido, realizadas pelas diversas organizações, "dando uma maior dimensão ao processo em andamento da Guerra Revolucionária e da guerrilha urbana, em particular".[174] Além disso, serviria, como prelúdio, à deflagração da guerrilha rural, que seria iniciada, ainda em 1969, por Marighella.[175] Por fim, conjugando com os objetivos políticos que visavam atingir, também a utilizariam de modo a conseguir a libertação de Vladimir Palmeira, ou seja, efetuariam a troca do embaixador pela libertação de presos políticos.

As tarefas de levantamento e preparação para a realização do sequestro são iniciadas após a deliberação da Direção Geral, que aprovou a ação em fins de julho ou início de agosto, estabelecendo uma data para sua realização: a semana da pátria, de modo a contrapor-se, rompendo a censura, à propaganda ufanista dos militares. No entanto, por dois fatores o MR-8 decide que a realização da ação deveria ser feita de

---

173 DISSIDÊNCIA COMUNISTA DA GUANABARA, *Op. Cit.*, 1969, p. 1.

174 MOVIMENTO REVOLUCIONÁRIO 8 DE OUTUBRO, "A experiência da guerrilha urbana, no Brasil." *In:* MOVIMENTO REVOLUCIONÁRIO 8 DE OUTUBRO, *A Arma da crítica, nº1, Outubro, 1970, mimeo*, p. 10. *In*: Arquivo da Memória Operária do Rio de Janeiro, IFCS/UFRJ, fundo Organizações de Esquerda, Série-07 (periódicos), documento nº 02.

175 No manifesto de Marighella divulgado após a tomada da Rádio Nacional, em agosto de 1969, dizia: "Este ano é o ano da guerrilha rural." Para mais informações sobre a ação e a trajetória de Marighella, cf. MAGALHÃES, Mario. *Marighella: o guerrilheiro que incendiou o mundo.* São Paulo: Companhia das Letras, 2012.

forma conjunta com outra organização. Primeiro, havia insegurança por parte dos militantes com relação à envergadura da ação. Para além, também influiu a motivação política pela realização de uma ação em aliança. A linha política de abril, inclusive, previa a necessidade de aprofundamento da prática conjunta entre as organizações como pressuposto do "fortalecimento do campo revolucionário."[176]

Neste sentido, tentaram um primeiro contato com a Vanguarda Armada Revolucionária (VAR), que, segundo Cid Benjamin, foi priorizada devido a "maior identidade política nas avaliações".[177] No entanto, a exemplo da tentativa de construir o processo de unificação de organizações que compuseram a VAR,[178] os contatos foram frustrados devido à impossibilidade de os militantes da VAR comparecerem aos pontos marcados. Com isso, iniciaram-se os contatos com a ALN, que levaram à seção paulista da organização, comandada por Joaquim Câmara Ferreira. Em encontro entre Cláudio Torres e Toledo, codinome de Câmara Ferreira, em São Paulo,[179] aventou-se a possibilidade do sequestro do embaixador de forma conjunta, fato que agradou a Câmara Ferreira, que pediu um levantamento

---

176 DISSIDÊNCIA COMUNISTA DA GUANABARA, *Op. Cit.*, 1969, p. 11.

177 BENJAMIN, Cid *Entrevista concedida a Higor Codarin*, Rio de Janeiro, 14 de julho de 2016.

178 A Dissidência tentou, no início de 1969, integrar-se ao processo de construção da VAR, com objetivo de "fazer uma grande congregação de organizações revolucionárias em uma organização só." No entanto, por sucessivos "furos" de pontos marcados, não foi possível. Daniel Aarão Reis Filho, em entrevista que nos concedeu, atribui a não realização a um bloqueio por parte da direita da VAR, composta pela DDD. *In*: AARÃO REIS FILHO, Daniel, *Entrevista concedida a Higor Codarin*, Rio de Janeiro, 12 de julho de 2016.

179 Segundo depoimento *atribuído* a Cláudio Torres, o encontro ocorreu em frente ao Cemitério da Consolação. A data não foi mencionada. *In*: BNM 645, p. 279

sobre a viabilidade da ação. Realizando o levantamento, Vera Silvia conseguiu grande parte das informações através de um flerte com o chefe da segurança da embaixada, que, quando concluído, deixou claro que a ação, do ponto de vista operacional, era simples, pois o embaixador se deslocava em horários semelhantes, sem segurança e com o carro marcado com a bandeira dos Estados Unidos. Com o prazo se aproximando, Cid Benjamin[180] levou as informações do levantamento a Câmara Ferreira, em nova reunião em São Paulo, que sacramentou a participação da ALN na ação.

Contudo, para além do levantamento operacional, foram elencados os pré-requisitos de segurança necessários, como o local em que guardariam o embaixador e "aparelhos" reservas para os militantes que participariam da ação. Com a aproximação da semana da pátria, parte considerável dos pré-requisitos não haviam sido concluídos, sendo o principal deles: o local para onde levariam o embaixador. Sem conseguir alugar um espaço com boas condições, ficou definido que o local onde manteriam o embaixador seria a casa localizada na rua Barão de Petrópolis, número 1026, em Rio Comprido. Alugada por Helena Khair, simpatizante da organização, desde agosto,[181] tinha, inicialmente, outro propósito: abrigar o *Off-set* que imprimiria os jornais da organização, por supervisão de Fernando Gabeira, morador da casa. Isso tornava, portanto, inviável o "aparelho" para guarda do embaixador, visto que quebrava as regras de compartimentação da organização.[182] Entretanto,

180 BENJAMIN, *Op. Cit.*, 2013, p. 106-107

181 Para o contrato de locação, cf. BNM 645, p. 66.

182 Ademais, o próprio Gabeira, em *O que é isso, companheiro?*, relata que o locatário indagou, no momento da visita ao imóvel, se o mesmo seria utilizado por organizações terroristas. A confirmação desta locação, mesmo

conforme indica Daniel Aarão Reis ao rememorar as discussões na DG sobre a questão, ganhou a proposta capitaneada por Franklin Martins, de realizar a ação a despeito dos pré-requisitos de segurança:

> Deve-se destacar o papel do Franklin Martins. Ele nos disse: Vamos fazer a ação de qualquer maneira.
>
> Cláudio [Torres] respondeu: Mas todo mundo vai cair [ser preso]...
>
> Franklin respondia: A gente desaparece se for o caso. Essa ação vale a pena. Vai marcar época. Globaliza tudo que veio atrás e vai indicar os caminhos a seguir.
>
> O Cláudio era o mais sensato entre nós, eu ia a reboque do Franklin e queria realizar a ação. Cláudio ficou em minoria.[183]

Ultrapassados os problemas referentes à segurança, no dia dois de setembro[184] chegaram ao Rio os militantes da ALN que iriam participar da ação: Joaquim Câmara Ferreira, Manoel Cyrillo e Virgílio Gomes da Silva, trazidos por Paulo de Tarso Venceslau, responsável pela logística da ALN. Pelo MR-8 participariam: João Lopes Salgado, Cláudio Torres, Cid Benjamin, Franklin Martins, Vera Silvia Magalhães, Sérgio Rubens, José Sebastião Rios e, por força das circunstâncias, Fernando

---

depois da indagação do locatário, também rompia com os pré-requisitos de segurança, na avalição de Cláudio Torres: "uma casa com este tipo de problema não poderia ser alugada para ser aparelho de imprensa da organização. Aliás, não poderia ser alugada para nada, o negócio deveria ser desfeito no ato. *In*: AARÃO REIS FILHO, Daniel (Org.). *Versões e Ficções: o sequestro da história*, São Paulo: Perseu Abramo, 1997, p. 198.

183 AARÃO REIS FILHO, Daniel Entrevista concedida a Marcelo Ridenti, *In:* Arquivo Edgar Leuenroth (AEL/Unicamp), Fundo *Militância Política e luta armada no Brasil*, fita 2, lado b (arquivo digital 111, lado b)

184 Depoimento *atribuído* a Paulo de Tarso. *In*: BNM 645, p. 248.

Gabeira e o militante provindo da DI-BA, Antônio de Freitas, que estava na casa tendo em vista auxiliar Gabeira com a impressão dos jornais. Antes da ação, no dia três, foram discutidas algumas questões: o comando militar da ação caberia à ALN, na figura de Jonas, codinome de Virgílio. O comando político seria dividido entre Franklin Martins, pelo MR-8, e Joaquim Câmara Ferreira, pela ALN. Neste sentido, Franklin Martins apresentou a Toledo o manifesto que havia escrito, discutido na Direção Geral do MR-8, que deveria ser deixado no carro do embaixador para ser divulgado nos principais meios de comunicação. Segundo Franklin Martins, Câmara Ferreira aprovou, na íntegra, o manifesto, apenas acrescentando a parte final que fazia referência à vingança contra os torturadores.[185] Ademais, antes da ação também discutiram a composição da lista de presos políticos que deveriam ser libertados em troca da vida do embaixador. Nas discussões tornou-se unânime a vontade de que a lista tivesse caráter representativo, ou seja, contemplasse diversos setores de esquerda.[186] De início, propuseram dez nomes. Entretanto, no processo de desenvolvimento da lista, segundo Franklin Martins, chegaram a 13. Toledo indagou, então, que fossem a 15, sendo, portanto, incluídos dois militantes do MR-8, que haviam sido presos em uma panfletagem no primeiro de maio anterior: Maria Augusta Carneiro e Ricardo

185 MARTINS, Franklin *apud* DA-RIN, *Op. Cit.*, 2007, p. 310.

186 Analisando os nomes na lista, conseguimos perceber o caráter representativo: Gregório Bezerra, líder histórico do PCB; Vladimir Palmeira (MR-8); Luís Travassos (AP, líder estudantil); José Dirceu (DI-SP, líder estudantil); Flávio Tavares (Movimento Armado Revolucionário – MAR); Onofre Pinto (VPR); Ricardo Zaratini (ALN), Rolando Frati (ALN), Ivens Marchetti (DI-RJ); Leonardo da Silva Rocha (ALN); Maria Augusta Carneiro (MR-8) e Ricardo Villas-Boas (MR-8).

Villas-Boas.[187] Com a lista e o manifesto prontos, realizariam a ação no dia seguinte.

No dia quatro de setembro, tudo ocorreu como planejado. Realizaram o bloqueio ao carro do embaixador, rendendo o motorista e transferindo o diplomata à Kombi que o levaria até a rua Barão de Petrópolis. No carro deixaram o manifesto que explicitava as exigências dos militantes. A lista com os nomes, conforme veremos abaixo, seria divulgada posteriormente ao aceite por parte dos militares, somente após a divulgação do manifesto nos principais meios de comunicação. Vale ressaltar que, se os pré-requisitos de segurança não haviam sido atingidos e apareciam como obstáculos à segurança da ação, houve um fato que fortaleceu sua possibilidade de sucesso. A isquemia cerebral do general-presidente Costa e Silva, manifestando seus primeiros indícios no dia 25 de agosto, acarretou seu afastamento do poder, sendo necessário a constituição de uma junta militar para substituí-lo, em fins de agosto, fato que fragilizava o governo e aumentava a possibilidade de aceite por parte dos militares.

Conforme planejado, na noite do dia quatro, os militares aceitaram as exigências e romperam a censura com a divulgação do manifesto, nos telejornais da noite, e nos principais jornais na edição do dia seguinte. Como podemos verificar abaixo, o manifesto correspondia à necessidade de realizar uma grande ação de propaganda armada, evidenciando a

187 Vale ressaltar que os militantes do MR-8 presos na panfletagem não estavam ligados, pelos órgãos de repressão, a organizações de esquerda armada. No entanto, conforme indicou Franklin Martins, na impossibilidade da ALN trazer os últimos dois nomes, coube ao MR-8, com a autorização de Toledo, incluir os dois.

possibilidade de vencer as forças repressivas, com caráter globalizante, fato que justifica a longa citação:

> Grupos revolucionários detiveram hoje o senhor Charles Burke Elbrick, embaixador dos Estados Unidos, levando-o para algum lugar do país, onde o mantêm preso. Este ato não é um episódio isolado. Ele se soma aos inúmeros atos revolucionários já levados a cabo: assaltos a bancos, nos quais se arrecadam fundos para a revolução, tomando de volta o que os banqueiros tomam do povo e de seus empregados; ocupação de quartéis e delegacias, onde se conseguem armas e munições para a luta pela derrubada da ditadura; invasões a presídios, quando se libertam revolucionários, para devolvê-los à luta do povo; explosões de prédios que simbolizam a opressão; e o justiçamento de carrascos e torturadores.
>
> Na verdade, o rapto do embaixador é apenas mais um ato da guerra revolucionária, que avança a cada dia e que ainda este ano iniciará sua etapa da guerrilha rural.
>
> Com o rapto do embaixador, queremos mostrar que é possível vencer a ditadura e a exploração, se nos armarmos e nos organizarmos. Aparecemos onde o inimigo menos nos espera e desaparecemos em seguida, desgastando a ditadura, levando o terror e o medo para os exploradores, a esperança e a certeza de vitória para o meio dos explorados.
>
> O senhor Burke Elbrick representa em nosso país os interesses do imperialismo, que, aliados aos grandes patrões, aos grandes fazendeiros e aos grandes banqueiros nacionais, mantém o regime de opressão e exploração.
>
> Os interesses desses consórcios de se enriquecerem cada vez mais criaram e mantém o arrocho salarial, a estrutura agrária injusta e a repressão institucionalizada. Portanto, o rapto do embaixador é uma advertência clara de que o povo brasileiro não lhes dará descanso e a todo momento fará desabar sobre eles o peso de sua luta. Saibam todos que esta é uma luta sem tréguas, uma luta longa e dura, que

não termina com a troca de um ou outro general no poder, mas que só acaba com o fim do regime dos grandes exploradores e com a constituição de um governo que liberte os trabalhadores de todo o país da situação em que se encontram.

Estamos na Semana da Independência. O povo e a ditadura comemoram de maneiras diferentes. A ditadura promove festas, paradas e desfiles, solta fogos de artifício e prega cartazes. Com isso, ela não quer comemorar coisa nenhuma; quer jogar areia nos olhos dos explorados, instalando uma falsa alegria com o objetivo de esconder a vida de miséria, exploração e repressão em que vivemos. Pode-se tapar o sol com a peneira? Pode-se esconder do povo a sua miséria, quando ele a sente na carne?

Na Semana da Independência, há duas comemorações: a da elite e a do povo, a dos que promovem paradas e a dos que raptam o embaixador, símbolo da exploração.

A vida e a morte do sr. embaixador estão nas mãos da ditadura. Se ela atender a duas exigências, o sr. Burke Elbrick será libertado. Caso contrário, seremos obrigados a cumprir a justiça revolucionária. Nossas duas exigências são:

a) A libertação de quinze prisioneiros políticos. São quinze revolucionários entre os milhares que sofrem as torturas nas prisões-quartéis de todo o país, que são espancados, seviciados, e que amargam as humilhações impostas pelos militares. Não estamos exigindo o impossível. Não estamos exigindo a restituição da vida de inúmeros combatentes assassinados nas prisões. Esses não serão libertados, é lógico. Serão vingados, um dia. Exigimos apenas a libertação desses quinze homens, líderes da luta contra a ditadura. Cada um deles vale cem embaixadores, do ponto de vista do povo. Mas um embaixador dos Estados Unidos também vale muito, do ponto de vista da ditadura e da exploração.

b) A publicação e leitura desta mensagem, na íntegra, nos principais jornais, rádios e televisões de todo o país.

Os quinze prisioneiros políticos devem ser conduzidos em avião especial até um país determinado

> – Argélia, Chile ou México –, onde lhes seja concedido asilo político. Contra eles não devem ser tentadas quaisquer represálias, sob pena de retaliação.
>
> A ditadura tem 48 horas para responder publicamente se aceita ou rejeita nossa proposta. Se a resposta for positiva, divulgaremos a lista dos quinze líderes revolucionários e esperaremos 24 horas por seu transporte para um país seguro. Se a resposta for negativa, ou se não houver resposta nesse prazo, o sr. Burke Elbrick será justiçado. Os quinze companheiros devem ser libertados, estejam ou não condenados: esta é uma "situação excepcional". Nas "situações excepcionais", os juristas da ditadura sempre arranjam uma fórmula para resolver as coisas, como se viu recentemente, na subida da junta militar.
>
> As conversações só serão iniciadas a partir de declarações públicas e oficiais da ditadura de que atenderá às exigências.
>
> O método será sempre público por parte das autoridades e sempre imprevisto por nossa parte.
>
> Queremos lembrar que os prazos são improrrogáveis e que não vacilaremos em cumprir nossas promessas.
>
> Finalmente, queremos advertir aqueles que torturam, espancam e matam nossos companheiros: não vamos aceitar a continuação dessa prática odiosa. Estamos dando o último aviso. Quem prosseguir torturando, espancando e matando ponha as barbas de molho. Agora é olho por olho, dente por dente.
>
> *Ação Libertadora Nacional (ALN)*
>
> *Movimento Revolucionário 8 de Outubro (MR-8)*[188]

A partir da divulgação do manifesto ficou claro que a ditadura iria ceder às exigências dos militantes. Para a libertação dos presos políticos, a junta militar outorgou um novo Ato Institucional, de número 13,[189] que criava a disposição

188 DA-RIN, *Op. Cit.*, 2007, p. 338-339.

189 Disponível na íntegra em: http://www.planalto.gov.br//CCIVIL_03/AIT/ait-13-69.htm Acessado: 17/04/2017.

legal de banimento aos que atentavam contra a segurança nacional, criando a figura do banido político. Assim, tornaram-se banidos do território nacional os quinze presos políticos supracitados que, a bordo do avião *Hércules 56* da Força Aérea Brasileira, aterrissaram no México no dia da independência do Brasil.[190] Após a divulgação do momento de embarque da maioria dos presos políticos, os militantes realizaram a soltura do embaixador, no mesmo dia sete, aproveitando o momento de saída dos torcedores que assistiam a um jogo de futebol no Maracanã.

Analisando as consequências da ação pelo prisma dos objetivos imediatos, o sequestro de Charles Elbrick foi um sucesso incontestável. No entanto, se a liberdade se tornava uma realidade para os quinze presos políticos que aterrissavam na Cidade do México, a clandestinidade e a prisão tornar-se-iam o cotidiano não apenas dos participantes da ação, mas dos demais militantes do MR-8. Como aponta Cid Benjamin, "se o ingresso na luta armada já tinha representado uma travessia do Rubicão, o sequestro do embaixador aprofundou as consequências daquela opção."[191] E a primeira delas não tardaria a aparecer.

Se a ação sobre o carro coletor do Banco Português foi a primeira com o nome MR-8, a tática de contrainformação à repressão só se confirmou após a assinatura do manifesto de sequestro do embaixador. O rompimento da censura, com a divulgação nos principais jornais, consolidou a tática de contrapor-se ao desmantelamento do antigo MR-8. Contudo, isso

---

190 Não tratamos aqui do cotidiano da casa durante os três dias, pois fugiria ao nosso escopo. Para mais detalhes, Cf. BENJAMIN, *Op. Cit.*,2013, p. 105-122; BERQUÓ, Alberto. *O Sequestro dia a dia.* Rio de Janeiro: Nova Fronteira, 1997; DA-RIN, *Op. Cit.*, 2007.

191 BENJAMIN, *Op. Cit.*, 2013, p. 122.

durou por pouco tempo. O cerco da repressão após o sequestro deu resultados em curto prazo, resultando em duas "quedas", como eram chamadas as prisões, para o MR-8. Antônio de Freitas Silva, o Baiano, foi preso no dia seguinte à libertação do embaixador, em seu "aparelho", localizado em São Cristóvão.[192] Ademais, o mais duro golpe da repressão foi a prisão de Cláudio Torres, dirigente da organização, no dia nove de setembro. Após diversos desencontros nos pontos previamente marcados, Cláudio Torres, no dia nove, resolveu voltar para a casa dos tios, onde morava, na região limítrofe entre os bairros de Copacabana e Leme. Ali, já era aguardado pelos agentes da repressão que, após troca de tiros, efetuaram sua prisão.[193]

Submetido a longas sessões de tortura, foi-lhe retirada, à força, a informação de que não se tratava da DI-RJ, mas sim de uma organização até então desconhecida, a DI-GB, que, segundo os órgãos de repressão, atuava sob o nome de MR-8 para "desmoralizar as autoridades militares, em represália à prisão amplamente anunciada pela imprensa falada, escrita e televisada."[194] Portanto, a organização foi obrigada a enveredar, completamente, para a clandestinidade, e os militantes que participaram da ação, altamente "queimados",[195] deveriam ficar entocados em seus aparelhos, evitando contatos que pudessem levá-los à prisão. Neste momento, inclusive, delineia-se a ida de Franklin Martins a Cuba, onde faria treinamento guerrilheiro integrado ao III Exército da ALN,[196]

---

192 Depoimento *atribuído* a Antônio de Freitas Silva. *In*: BNM 295, p. 218.

193 Depoimento *atribuído* a Cláudio Torres. *In*: BNM 295, p. 208-209.

194 BNM 580, p. 82.

195 Jargão utilizado para designar militante procurado pelos órgãos de repressão.

196 Segundo Denise Rollemberg, os "Exércitos" eram as designações dadas,

pois se tornou um militante extremamente visado pela repressão. Com Cláudio Torres preso e Franklin Martins a caminho de Cuba, a DG precisou ser recomposta. A partir daquele período a trinca de dirigentes seria formada por Daniel Aarão Reis, ainda líder da FTO, José Roberto Spiegner, líder da FTCM, e Cid Benjamin, líder da FTA.

Vale ressaltar que, para os militantes da ALN, as investidas da repressão também não demorariam a chegar e, quando chegaram, tiveram um impacto maior. Virgílio Gomes seria preso em São Paulo, no dia 29 do mesmo mês, resultando em severas torturas, que o levaram à morte no mesmo dia.[197] Seriam presos também Paulo de Tarso, no dia 1º de outubro, e Manoel Cyrillo, no dia 30, ambos no litoral paulista, na cidade de São Sebastião.[198] Como se não bastasse, o fim do ano de 1969 traria uma outra grande perda para as organizações armadas. O principal líder da ALN, vanguarda no processo de ruptura com o PCB e adesão à luta armada, Carlos Marighella, foi assassinado em emboscada realizada pelo delegado Fleury, em São Paulo.[199]

Para além do cerco da repressão, cada vez mais próximo, a ditadura reforçava, com bases legais, sua estrutura de segurança interna. Além do sistema DOI-CODI, que se con-

---

pela ALN, às turmas de militantes que realizavam treinamento guerrilheiro em Cuba, o qual trataremos mais detalhadamente adiante. Em síntese, o III Exército se referia ao terceiro grupo de militantes da ALN que iam a Cuba realizar o treinamento. *In*: ROLLEMBERG, *Op. Cit.*, 2001, p. 35.

197 COMISSÃO DE FAMILIARES DE MORTOS E DESAPARECIDOS POLÍTICOS; INSTITUO DE ESTUDO DA VIOLÊNCIA DO ESTADO; GRUPO TORTURA NUNCA MAIS -RJ E PE, *Op. Cit.*, 1997, p. 311-312.

198 Depoimento *atribuído* a Manoel Cyrillo. *In*: BNM 645, p. 245; DE TARSO VENCESLAU, Paulo *apud* DA-RIN, *Op. Cit.*, 2007, p. 325.

199 Para maiores detalhes da operação que assassinou Marighella, cf. MAGALHÃES, *Op. Cit.*, 2012, p. 530-555.

solidou a partir de julho de 1969, a ditadura alterou a Lei de Segurança Nacional, promulgada em 1967, em fins de setembro. Amparada no código penal militar, procurava reprimir o que considerava "guerra psicológica" e "guerra revolucionária", estabelecendo diversas tipificações de crimes que redundavam, na ampla maioria das vezes, em prisão perpétua ou pena de morte.[200] Tendo em vista esse cenário, conforme indica depoimento atribuído a Daniel Aarão Reis, grande parte da rede de infraestrutura do MR-8, principalmente simpatizantes, perdeu-se, fato que impôs, aliada à falta de segurança, a necessidade de suspender, por um período, as ações armadas, retomadas no ano seguinte.[201] Contudo, apesar da suspensão, uma ação seria realizada ainda em 1969, resultado das necessidades provindas da lógica clandestina: a expropriação do Instituto de Identificação Felix Pacheco, no dia 18 de novembro, localizado em Madureira.[202] Após levantamento feito por Lúcia Murat, que se passou por jornalista para obter informações sob a produção e local onde eram guardados os documentos,[203] foram expropriadas diversas carteiras de identidade, folhas de atestados criminais e cartões de identidade domésticos em branco, tendo em vista a produção de documentação falsa que auxiliaria na manutenção dos militantes na clandestinidade. Antes de concluírem a ação, picharam em uma das paredes "Viva Marighella – MR-

200 DECRETO-LEI Nº 898, 29 de setembro de 1969. Disponível em: http://www.planalto.gov.br/ccivil_03/decreto-lei/1965-1988/Del0898.htm. Acessado: 22/04/2017

201 Depoimento *atribuído* a Daniel Aarão Reis Filho. *In*: BNM 076, p. 2949.

202 Há um processo específico sobre essa ação. Cf. BNM 112.

203 Depoimento *atribuído* a Lúcia Murat. *In*: BNM 112, p. 316.

-8",[204] homenageando o líder recém assassinado e assumindo a autoria da ação.

Em síntese, a adesão à luta armada pela Dissidência da Guanabara, rebatizada Movimento Revolucionário 8 de Outubro, alteraria completamente a vida de seus militantes. Muitos, nos anos seguintes, seriam submetidos a longas e bárbaras sessões de tortura, resultando, em alguns casos, em mortes e desaparecimentos. A própria organização, diante dos limites práticos que se impuseram, alteraria, em grande parte, sua prática junto às massas. Entretanto, ela seguia considerando que a guerra revolucionária estava em curso, e a máxima da Organização Latino-Americana de Solidariedade (OLAS) se fazia sentir mais do que nunca: o dever de todo revolucionário é fazer a revolução.

204 BNM 112, p. 27.

"Substituir a apatia pela determinação e a desconfiança pela certeza": a constatação do isolamento e o aprofundamento do militarismo

> Estamos unidos por uma mesma determinação revolucionária. Isso nos diferencia dos que vacilam e abandonam a prática. Nós nos comprometemos é com a revolução e encontramos na nossa [prática] a visão político-ideológica que permitirá a consecução desse nosso objetivo. Devemos preservá-la. E para tanto substituir a apatia pela determinação e a desconfiança pela certeza.
>
> *José Gonde, 1969*

Ao contrário do que ocorreu com a ALN, conforme vimos no capítulo anterior, o MR-8, contrariando as expectativas dos próprios militantes, não foi atingido, de forma significativa, pelas investidas da repressão durante o período imediatamente posterior à ação do sequestro do embaixador norte-americano. Com exceção de Cláudio Torres e Antônio de Freitas Silva, a organização não sofreu nenhuma outra prisão durante os meses finais de 1969. No entanto, apesar do sucesso tático, a ação do sequestro inaugurava uma nova conjuntura para a esquerda armada em geral e para o MR-8 em particular. As mortes de Jonas e, principalmente, de Marighella evidenciavam a abertura de uma nova fase nos embates entre a esquerda armada e o aparato repressivo do Estado que, conforme indicamos no capítulo anterior, estava amparado por uma legislação mais rígida e se consolidava como uma estrutura mais articulada e eficaz. Além disso, se antes da ação o MR-8 mantinha suas atividades fora dos radares da repressão, a partir de setembro deixou de ser, definitivamente, uma organização desconhecida, transformando-se em uma das principais organizações de esquerda armada brasileira, aparecendo como um dos principais alvos dos órgãos repressivos. Tendo em vista esse cenário, com objetivo de evitar novas prisões, o MR-8 enveredou, completamente, pela clandestinidade.

Neste contexto, tentando compreender a nova conjuntura a que estavam submetidos, a Direção Geral inicia um processo de discussão, por meio da *Tribuna de Debates*,[1] que cul-

1 Sobre essa estrutura, criada para suprir a demanda de diálogo e discussão diante do cenário de clandestinidade, Cid Benjamin explica: "havia circulação de materiais, qualquer militante poderia escrever o artigo que quisesse, e havia inclusive a própria impressão das *Tribunas de Debates*, que a direção imprimia e difundia. Poderia escrever a barbaridade que quisesse que estava garantida a circulação daquele material." *In:* BENJAMIN, Cid. Entrevista concedida a Marcelo Ridenti. *In:* Arquivo Edgar Leuenroth (AEL/Unicamp), Fundo *Militância Política e luta armada no Brasil*, fita 1, lado b (arquivo digital 127, lado b). Franklin Martins corrobora essa versão e atesta que essa prática construiu um processo de discussão rico na DI-GB/MR-8: "no meio dessa coisa militar, tudo isso, tinha *Tribuna de Debates*, [que] circulava, [inclusive] documentos contra a posição da Direção. Tinha uma discussão política rica dentro da Dissidência." *In:* MARTINS, Franklin *apud* DA-RIN, *Op. Cit.*, 2007, p. 311.

mina na realização de uma miniconferência,[2] com muita dificuldade devido à clandestinidade, entre dezembro de 1969 e janeiro de 1970, com objetivo de promover um balanço sobre a prática armada da organização durante o ano que chegava ao fim, como também uma análise crítica sobre a situação da esquerda armada no geral, com o propósito de construção da tática política para o ano de 1970.[3]

Ao que indica um documento com a epígrafe *Temário Discussão*, o processo de discussão aberto pela Direção Geral partiu da constatação de que havia, naquele momento, se instalado uma crise nas organizações de esquerda armada. Essa crise deveria ser analisada a partir da realização de um balanço da prática armada, seja com relação ao contexto geral das organizações ou com relação à própria organização em particular, levando em consideração os avanços e desvios, como também a ofensiva militar da burguesia, por intermédio, obviamente, do aparato repressivo da ditadura.[4] Dos documentos que pudemos nos dispor sobre esse processo,

---

2 Sobre a realização da miniconferência, que visava o estabelecimento de uma nova tática para a organização, corroboram os depoimentos atribuídos a César Benjamin e a Lúcia Murat. *In:* Depoimento *atribuído* a César Benjamin, BNM 567, p. 191; Depoimento *atribuído* a Lúcia Murat, BNM 112, p. 316.

3 Não conseguimos grandes detalhes sobre a miniconferência. Contudo, analisaremos este processo com base na documentação apreendida na invasão do aparelho de José Roberto Spiegner, que conforme citamos em nota anterior, era um dos aparelhos onde realizavam as reuniões da direção neste período. Vale ressaltar que alguns documentos estão sem nome, mas constam as datas, que nos possibilitaram inferir que se tratava deste processo de discussão aberto em fins de 1969. Para o aparelho de José Roberto, cf. nota de rodapé nº 200. Para verificação dos documentos apreendidos no aparelho, cf. BNM 076, p. 3269- 3570.

4 *TEMÁRIO DISCUSSÃO*, s/d, manuscrito. *In:* BNM 076, p. 3295.

é recorrente a constatação de que havia um movimento de crescente isolamento das organizações em relação às massas e de que a prática de ações armadas, superestimada, consolidava uma prática política "espontaneísta" e "vanguardista".

Apesar da posição que se tornaria dominante na organização, conforme veremos a seguir ao descrevermos a tática política que foi definida para o ano seguinte, neste processo aparecem as primeiras propostas de recuo e questionamento da luta armada como possibilidade estratégica de encaminhar a revolução. Contudo, segundo Daniel Aarão Reis, em entrevista que nos concedeu, as propostas de recuo eram "muito permeadas pela ideia de que estávamos à beira do abismo. Era muito mais uma perspectiva de recuar para tomar força do que propriamente alguma formulação nova."[5] Depoimento de Vera Silvia reforça a análise de Aarão Reis, apontando que, naquele processo, "começaram as primeiras críticas com relação ao militarismo. [...] Mas eram críticas bem suaves, não havia abertura de alternativa para uma prática diferente."[6]

Como evidência dessa perspectiva crítica à luta armada, encontramos um documento de novembro de 1969, sob o título *Tocar o burro de carga*, escrito pelo militante de codinome Saraiva,[7] que, apesar de nenhuma formulação políti-

---

5 AARÃO REIS FILHO, Daniel. Entrevista concedida a Higor Codarin. Rio de Janeiro, 12 de julho de 2016.

6 MAGALHÃES, Vera Silvia. Entrevista concedida a Marcelo Ridenti. *In:* Arquivo Edgar Leuenroth (AEL/Unicamp), Fundo *Militância Política e luta armada no Brasil*, fita 1 lado b (arquivo digital: 139lado b).

7 É importante salientar que não conseguimos descobrir os nomes reais dos militantes que escreviam os documentos. Nos processos judiciais aparecem os codinomes, ou nomes de guerra, dos militantes. Estes, na grande maioria das vezes, diferiam dos nomes que assumiam na produção de documentos políticos. Apesar disso, em depoimentos que utilizamos, em es-

ca inovadora, representa uma síntese da proposta de recuo deste momento, baseada nos principais entraves enfrentados pelas organizações de esquerda armada. De forma inicial, o documento evidencia que as funções realizadas, nos últimos meses, pelas diversas organizações

> se situaram prioritariamente em logística (que acabou confundindo-se com PA [propaganda armada]); em nível mais baixo, algum trabalho na classe operária e outros setores sociais dos principais centros urbanos, e provavelmente algum ensaio junto à classe operária rural.[8]

Segundo Saraiva, essas funções não foram compreendidas a partir das "limitações globais" que se impunham à esquerda armada, assim, a prática das esquerdas, carente dessa análise, foi semelhante a tocar um burro de carga. Ademais, Saraiva compreende que a fragmentação das organizações que propõem a luta armada é evidência de que, naquele momento, ainda se configurava uma "fase pré-revolucionária", que seria ultrapassada somente quando

> os comunistas superarem o aleatório presente. Quando, pelo trabalho sistemático e planificado conseguirem vincular-se concretamente às massas revolucionárias – à classe operária rural-urbana – criando os elementos [necessários] à estratégia da guerra revolucionária brasileira.[9]

---

pecial no depoimento concedido por Daniel Aarão Reis e o depoimento de Vera Sílvia Magalhães a Marcelo Ridenti, inferimos que este texto seja de José Roberto Spiegner ou de Sebastião Rios, por terem sido caracterizados como escritores de textos críticos ao caminho trilhado pela organização nesse momento.

8 "SARAIVA". *Tocar o burro de carga*, novembro/1969, mimeo, 5f. p. 1. *In:* BNM 076, p. 3428.

9 *Ibidem.*

Constatado que os principais entraves são a prática fragmentada e o isolamento das massas revolucionárias, Saraiva analisa que a tarefa principal, no momento, seria extrair da "análise-prática" os dados para construir uma estratégia, pois, segundo o autor, os grupos, ao desenvolverem a luta armada, criaram uma "tática-global" que se restringiu a combater a prática reformista, encarnada no PCB, e que "é muito pouco". Desta contraposição da luta armada ao reformismo, sem o desenvolvimento de uma estratégia global, decorriam a "presunção revolucionária" e o "espontaneísmo".

Avançando para uma análise mais profunda sobre a prática do MR-8 em específico, Saraiva indica que a afirmação da luta armada como possibilidade estratégica está ligada à origem pequeno-burguesa, não só da organização, mas de todas as demais organizações de esquerda armada. Essa origem social trazia, entranhada dentro de si, um "ranço idealista" que influenciava na produção de linhas políticas com "formulações brilhantes", mas "carentes de experiência real".[10] Descrevendo a tática-global proposta na linha política de abril, que, conforme já indicamos, propunha a necessidade de trabalho junto à classe operária, urbana e rural, Saraiva é incisivo ao criticar os resultados obtidos e ressalta o desconhecimento como fator predominante na atuação do *Oito*:

> A classe operária nos é conhecida dos livros e através de uma experiência emperrada em algumas concentrações da Guanabara, o setor rural nos é inteiramente desconhecido. Como determinar uma tática-global com total falta de conhecimento prático da realidade.[11]

10 *Idem*, p. 2-3. *In:* BNM 076, p. 3428-3429.

11 *Idem*, p. 3. *In:* BNM 076, p. 3429.

Neste sentido, isoladas das massas e fragmentadas politicamente, percebe, como agravante/resultado desse processo, o aumento da estruturação dos órgãos de repressão na caçada às organizações. Segundo o documento:

> A visão deles deixou de ser impedir algumas ações e passou a ser impossibilitar a estruturação revolucionária. Começaram a colocar todos os seus trabalhos dentro de uma visão de conjunto. [...] A informação permite o cerco, e este é o componente conjuntural ou componente resultado de nosso engarrafamento político orgânico.[12]

Em síntese, Saraiva constata a situação da organização: "Estamos isolados, nível de estrutura baixo, com poucas possibilidades de desenvolver esta estrutura, e cercados". Situação resultante de uma linha política que se mostrou, a partir da prática, "superficial à realidade." Seguindo essa perspectiva, propunha um prognóstico negativo, caso a organização mantivesse a mesma prática política: "Até agora batemos com a cabeça na parede endurecendo-a, se continuarmos quebraremos o pescoço."[13]

Por fim, conclui o documento em uma análise bem alinhada aos depoimentos de Daniel Aarão Reis e Vera Silvia, que destacavam a falta de uma proposição alternativa. No trecho abaixo, nota-se que a guerra revolucionária não está fora do horizonte, contudo, as organizações avançaram mais do que poderiam, sendo necessário um recuo para reavaliação de suas possibilidades concretas, tendo em vista, principalmente, impulsionar um processo de unificação entre as organizações para atuação em conjunto, o que justifica a longa citação:

---

12 *Idem*, p. 3. *In:* BNM 076, p. 3430.

13 *Ibidem*.

> Companheiros, estamos superestimando uma logística malfeita, uma PA [propaganda armada] mambembe e idealizando um trabalho de massa ou parcelas de massas emperrado. É necessário que encaremos com maior frieza os dados e os resultados; é necessário que, como comunistas, nos transformemos, isolando os pressupostos e ideias a priori. Definamos nossas tarefas mais comezinhas para termos clareza dos trabalhos maiores a serem feitos e o façamos dentro de nossas limitações e previsões. Precisamos tomar as cartas da burguesia e dá-las com paciência revolucionária. Precisamos trabalhar integrando nossa organização para podermos contribuir efetivamente para integrações maiores. Urge ultrapassarmos as frentes burocráticas ou de cunho meramente práticas sem um trabalho de análise permanente e que possa refletir nos vários setores da prática revolucionária. É necessário que nos redefinamos a partir da experiência dos últimos meses. A organização deve-se recolocar na prática com uma visão mais concreta da GR [guerra revolucionária].[14]

Contudo, conforme dissemos acima, essa posição não foi a dominante dentre os quadros da organização. Pelo contrário. Apesar das constatações em comum, a grande maioria dos documentos, a exemplo das qualidades que deviam caracterizar o guerrilheiro, ressaltava o otimismo diante da situação adversa. Como principal exemplo, trazemos o documento intitulado *Como Prosseguir,*[15] do militante de codinome José Gonde, escrito em dezembro de 1969, que visa, além da análise da situação da organização, propor alternativas.

Ao iniciar a análise sobre a atuação das esquerdas durante o ano de 1969, Gonde constata que a prática durante o ano evi-

14 *Idem*, p. 5. *In:* BNM 076, p. 3432.

15 GONDE, José. *Como prosseguir.*, dezembro de 1969, mimeo, 15f. *In:* BNM 076, p. 3407-3422.

dencia "o grande avanço que vem tendo". Para justificar essa afirmação, utiliza-se do argumento que se tornaria recorrente na organização para legitimar a opção pela luta armada, que é, justamente, a contraposição ao reformismo. Nas palavras de Gonde, a prática política deixou de ser "uma vaga oposição aos 'ortodoxos democráticos burgueses tradicionais' para transformar-se na alternativa revolucionária real, de armas na mão, ao poder burguês."[16] Contudo, os "avanços apresentados serviram de pano de fundo para os nossos graves erros."[17] Os erros, a exemplo do que expusemos anteriormente, eram: o espontaneísmo, incapacidade de vinculação às massas e superestimação das ações armadas em detrimento do trabalho de massas.[18] Apesar dos erros, Gonde propõe saídas que romperiam o isolamento, através do trabalho de massas, mas dentro dos parâmetros da luta armada.

De início, sobre o espontaneísmo, propõe a atuação em conjunto com outras organizações, dinamizando a construção de uma frente revolucionária. Nota-se que essa atuação conjunta tem em vista, sobretudo, a ação em detrimento de posições políticas, realçando que o militarismo mais ortodoxo iniciava um processo crescente de influência na organização: "A superação dessas questões não se dará a curto prazo, pois a resposta correta já vem sendo dada por algumas OOs [organizações] revolucionárias, dinamizando sua política de frentes, *unindo-se não em torno de linhas ou de mesas, mas sim em torno da prática.*"[19] Com relação à incapacidade de vinculação

16 *Idem*, p. 1. *In:* BNM 076, p. 3407.

17 *Ibidem.*

18 *Ibidem.*

19 *Ibidem*, grifo nosso.

às massas fundamentais, Gonde a avalia como decorrência de um desvio da atuação das organizações, e indica que em algumas organizações existiram planos de tentar essa vinculação, em outras "o problema foi mais grave, a subestimação foi política."[20] Ademais, as suas proposições, para superar o isolamento das massas estão vinculadas ao último dos desvios pelo qual as organizações incorreram: a superestimação das ações armadas e a subestimação do trabalho de massas. Especificamente sobre o MR-8, evidencia que após o sequestro do embaixador

> em função da grande repressão, e das nossas dificuldades internas, abandonamos o trabalho de massa nas CMPs [camadas médias populares]. Considerando a impossibilidade conjuntural do movimento de massa, identificávamos movimento de massa com trabalho de massa e assim sumimos do setor.[21]

A necessidade de realização do trabalho de massas junto às camadas médias, em especial no movimento universitário, estava ligada à reconstrução das redes de simpatizantes que se perderam após a ação do sequestro. Essas redes possibilitariam "a repercussão global das práticas político-militares sobre as massas",[22] ou seja, teriam o papel de difundir, rompendo a censura, as ações da esquerda armada visando a superação do isolamento. Neste sentido, teria papel fundamental uma mudança qualitativa do jornal *Resistência*, que, conforme veremos adiante, seria confirmada no ano seguinte. Ao contrário do que vimos no capítulo anterior, ao analisarmos

---

20 *Ibidem.*

21 *Idem*, p. 3. *In:* BNM 076, p. 3409.

22 *Ibidem.*

as edições de julho e agosto de 1969 do jornal e constatarmos a não referência explícita à luta armada, Gonde propunha a necessidade do jornal se tornar o elo de ligação entre a vanguarda e a massa, devendo, portanto:

> ser propagandeador [sic] da esquerda revolucionária. Divulgando as nossas ações, procurando dar mais confiança à massa (sujeita a um trabalho de solapamento da imprensa burguesa), educando-a para o papel dirigente da classe operária, e conduzindo [...] à visão de continentalidade da L.A [luta armada] (divulgando a luta dos outros povos).[23]

Por fim, após longas recomendações sobre a necessidade de reconstruir a rede de simpatizantes, Gonde finaliza seu documento, mostrando otimismo, e o pede também para os demais militantes, salientando o imperativo moral de manutenção na luta armada, que aumentaria ao longo dos dois anos seguintes, relacionado com a perspectiva de compromisso com o projeto revolucionário e, principalmente, com os companheiros:

> não poderemos concluir de maneira pessimista. Todos os companheiros que encontram-se inadaptados nos seus organismos, interagentes com o outro companheiro que apresenta visão diferente, entocados e afastados da prática, deverão, entretanto, enfrentar esse processo sem desânimo. Digo isso porque embora divergindo da visão que atualmente norteia nossa prática, *estamos unidos por uma mesma determinação revolucionária. Isso nos diferencia dos que vacilam e abandonam a prática. Nós nos comprometemos é com a revolução e encontramos na* [na nossa prática] *a visão político-ideológica que permitirá a consecução desse nosso objetivo. Devemos preservá-la. E para tanto substituir a apatia pela determinação e a*

23 *Idem*, p. 7. *In:* BNM 076, p. 3413.

> *desconfiança pela certeza. [...] "A verdadeira história do nosso povo está sendo construída há muito tempo e hoje saudamos os companheiros que tombaram, escrevendo-a de armas nas mãos".*[24]

Em síntese, pretendemos, com a análise de dois textos resultantes do processo de discussão aberto no MR-8, representar, por um lado, a ênfase que os militantes ofereciam à necessidade de discussão política, apesar das mudanças impostas pela lógica da clandestinidade. Esta ênfase não se verifica apenas na prática de produção de textos que objetivavam a análise da conjuntura, mas também na própria retórica dos militantes que, no momento próprio de sua produção, reafirmavam a necessidade constante desse movimento de reflexão política para superar a crise. Nas palavras do próprio Gonde:

> A discussão ideológica proposta pela DG é correta mas atingiremos o ponto máximo se tiver como desdobramento a exigência do estudo e o aprofundamento da nossa linha. *A teoria substitui a simples vontade revolucionária. A luta ideológica não se embasa na determinação, mas sim nos fundamentos teóricos que confirmam e guiam a prática.*[25]

Ademais, objetivávamos também evidenciar o clima dentre os quadros da organização diante das consequências da ação de maior envergadura política que haviam realizado. O sequestro do embaixador tornou-se um marco fundamental na existência do MR-8. Como já dissemos, aumentou seu prestígio, tanto no contexto da esquerda armada, como aos olhos dos órgãos de repressão. No entanto, além disso, reforçou também a opção pela luta armada, que trouxe consigo

24 *Idem*, p. 15. *In:* BNM 076, p. 3422, grifo nosso.

25 *Ibidem*. Grifo nosso.

diversas consequências, sendo a principal delas o imperativo da ofensiva que dificultava, sobremaneira, possibilidades de recuo. Em suma, contraditoriamente às constatações, uníssonas, de isolamento diante das massas potencialmente revolucionárias e do cerco crescente da repressão, o MR-8, apesar de algumas vozes dissonantes que advogavam o recuo, seguiria a recomendação de Gonde, consolidando a substituição da *desconfiança* pela *certeza* de sucesso da revolução brasileira, com a definição da nova tática política para o ano de 1970.

A tática política para o ano de 1970 está condensada no documento *Sobre o trabalho da Organização de 1970*, de fevereiro.[26] Como não poderia ser diferente, a organização constatou, realizado o balanço político, que "no militarismo e no espontaneísmo consistiam os principais emperramentos para o desenvolvimento da prática revolucionária."[27] Desta constatação, para delinear a tática para o ano seguinte, desenvolveu, também, uma análise sobre a correlação de forças entre a burguesia e os revolucionários. A burguesia, através de sua ofensiva militar, provocou "pesadas perdas na esquerda revolucionária". Neste sentido, na mesma linha das leituras políticas que descrevemos acima, a ofensiva da ditadura só foi possível pelos erros e desvios da esquerda revolucionária, que eram: "desligamento das massas fundamentais, o amadorismo, a fragmentação do campo revolucionário."[28] Contudo, apesar das evidências negativas, demonstravam otimismo a partir do desvelamento da

26 MOVIMENTO REVOLUCIONÁRIO 8 DE OUTUBRO. *Sobre o trabalho da organização de 1970*, 1970a, mimeo. *In:* Centro de Documentação e Memória da Unesp (CEDEM/Unesp), coleção Archivio Storico Del Movimento Operaio Brasiliano. Localização: Caixa 10. 03.31,5/n.

27 *Idem*, p. 1.

28 *Ibidem*.

postura agressiva da ditadura após o sequestro, pois "o combate à revolução obrigou a burguesia a adotar uma rígida política repressiva. [...] que não era, absolutamente, eficaz no sentido de ampliação da base política da ditadura junto às camadas médias populares." Nesta perspectiva, a ditadura tenderia, para contrapor-se à perda de base de apoio devido à repressão, a realizar, no ano seguinte, "pseudo-aberturas" para manter o apoio das camadas médias. Como ponta de lança dessa suposta abertura, estaria o processo eleitoral, que seria realizado ainda em 1970, "como demonstração de estabilidade do sistema."[29]

Tendo em vista essa leitura conjuntural, o documento passa a analisar a situação das organizações de esquerda armada, propondo uma revisão da previsão feita na linha política de abril do ano anterior. Ao contrário da leitura de que havia uma tendência pela unificação das diversas organizações, neste momento percebiam que ainda não havia tais condições. Contudo, "a realidade nos apresenta uma efetiva possibilidade de coordenação de esforços dos revolucionários."[30] Como cerne dessa prática coordenada deveria estar a atuação no processo eleitoral, não visando o impedimento de sua realização, mas "a denúncia e abertura de alternativa de participação à massa".[31] Posteriormente, deveriam encaminhar, também, uma tática que visasse a realização conjunta de ações armadas, "seguindo um programa político elaborado conjuntamente", sob um único nome, fator que contribuiria para o fortalecimento do campo revolucionário diante das massas.[32]

29 *Ibidem.*

30 *Ibidem.*

31 *Ibidem.*

32 *Idem*, p. 4.

Além da prática coordenada com as demais organizações, o documento elenca as outras duas principais tarefas para o ano de 1970. Por um lado, a exemplo da tática de 1969, a atuação deveria manter a centralidade no movimento operário, de modo a superar o isolamento e conseguir "penetração nas classes fundamentais". Nesta perspectiva, fizeram uma reavaliação das resoluções políticas da III Conferência, ao realizar um balanço da abertura de contatos junto aos operários. Como vimos, segundo a linha política de abril, esses contatos com as parcelas avançadas do movimento de massas só poderiam ser vinculados organicamente à organização caso houvesse movimento de massas. Assim, seriam organizados em grupos político-militares para atuar, justamente, nesses movimentos e angariar novos contatos e militantes para a organização. Dada a inexistência de um movimento de massas, persistia o impasse sobre como utilizar os contatos, o que fica evidente neste trecho do documento: "ainda não conseguimos estabelecer uma política que oriente a transformação de nossas redes de contatos nos grupos político-militares. Os passos a serem dados neste caminho ainda não estão satisfatoriamente demarcados e é nossa obrigação fazê-lo."[33] No bojo da constatação desse impasse, propunham uma crítica à visão política da conferência de abril, que tendia "a subestimar a importante função (o importante papel) das lutas econômicas",[34] postulando com isso que seriam as lutas travadas localmente que apresentavam "melhores condições de encaminharmos mais rapidamente nossos objetivos de

33 *Idem*, p. 2.

34 *Ibidem*.

formação de uma estrutura político-militar."[35] Em síntese, invertiam a lógica da linha de abril, que caracterizava as lutas políticas como principais em relação às lutas econômicas.

Como conclusão dessa nova avaliação, o foco da organização não deveria ser a realização de propaganda armada em caráter geral, como a ação de sequestro do embaixador ou ações que tendiam a ressaltar questões gerais, mas ações de propaganda armada localizadas, que teriam como foco as lutas econômicas, como a melhoria salarial, melhores condições de trabalho e respeito às oito horas de trabalho, de modo a relacioná-las, sempre, com a luta política, representada, principalmente, na luta contra o arrocho salarial.[36] Contudo, para além de atuação exclusiva no movimento operário, o MR-8, como vimos no capítulo anterior, desenvolve uma relação entre a classe operária e os setores empobrecidos da sociedade. Segundo o documento, ao analisar certas particularidades da sociedade brasileira, verificara-se a "importância dos vários setores empobrecidos da sociedade, setores não-operários, mas que têm com ele grande proximidade",[37] por estarem submetidos a "miseráveis condições de vida e ligados à luta contra a exploração."[38] Neste sentido é que se delineia, taticamente, a necessidade de ações de propaganda armada sobre problemas específicos que transcendam as fábricas e atinjam, também, os locais de moradia, especialmente, as favelas.

Por fim, o documento propunha o aumento da atuação junto às camadas médias, através de uma "política de

35 *Ibidem.*

36 *Ibidem.*

37 *Ibidem.*

38 *Idem*, p. 2.

denúncia, de capitalização de nossos atos e outras frentes de luta", visando uma "política de isolamento constante da ditadura",[39] e também ressalta a necessidade de impulsionar o trabalho na Bahia que, desde a unificação com a DI-BA, não obteve resultados práticos. O desenvolvimento do trabalho na Bahia deveria estar inserido em um "plano nacional de atuação", que seria desenvolvido em conjunto com as demais organizações. No momento, ainda sem o plano nacional de atuação, a organização procuraria fortalecer o estado da Bahia "humano-materialmente, com vista a mobilizá-la para a elaboração desta visão."[40]

Em resumo, a tática apresentada é evidência do momento delicado pelo qual passava o MR-8 no início de 1970. A eleição de ações de propaganda armada localizadas, em especial nas fábricas e locais de moradia, como principal ponto da atuação política, em detrimento das ações de propaganda armada gerais, caracteriza a tentativa de tirar proveito da experiência política que deu resultado junto ao movimento operário, principalmente em relação ao número de contatos abertos. No entanto, também demonstra a fragilidade da organização, evidenciando a necessidade de equacionar os objetivos políticos com as possibilidades reais na nova conjuntura, que afastava cada vez mais a possibilidade de avanço do movimento de massas. Compreendiam que a conjuntura indicava a necessidade de acumular forças, reconstruindo as redes de simpatizantes nas camadas médias, principal ponto de apoio da organização, mas também impulsionando uma maior penetração nas classes revolucionárias, através das ações de propaganda

39 *Idem*, p. 3.

40 *Idem*, p. 5.

armada. Nesta direção, apesar da constatação do isolamento social crescente, podemos notar que a posição, cada vez mais central, das ações de propaganda armada é sintomática de um processo crescente de influência do militarismo dentre os militantes. Processo que seria reforçado pelas diversas prisões que se sucederam nos primeiros meses de 1970.

"Se não íamos morrer todos, íamos morrer grande parte". O início de 1970 e as primeiras "quedas"

A virada de 1969 para 1970 representou o início da nova tática política. Com as ações armadas em suspenso, desde a expropriação do Instituto Felix Pacheco, o MR-8 tentava dinamizar a prática coordenada com as demais organizações e expandir sua atuação para além da Guanabara. Após o sequestro do embaixador, os laços com a ALN, antes inexistentes, firmaram-se. Com a morte de Marighella e as sérias perdas que a organização sofreu na segunda metade de 1969, a ALN abriu a possibilidade de que o MR-8 atuasse em uma de suas bases operárias em São Paulo. Atendendo à demanda, Fernando Gabeira, que participou da ação do sequestro e estava "queimado" na Guanabara, foi deslocado para a capital paulista na virada do ano, para organizar a base operária e transformá-la em apoio para a organização.

Além da atuação em São Paulo, o MR-8 também deslocou, em fevereiro, Lúcia Murat e Marcos Dantas para Salvador,[41] com objetivo de estruturar o trabalho na Bahia. A fusão política do ano anterior, como vimos, resultou em pouca atividade. Lúcia Murat, segundo informações atribuídas a seu depoimento, "encontrou a organização em Salvador sem nenhuma ativi-

41 Depoimento *atribuído* a Lúcia Murat. *In:* BNM 112, p. 317.

dade, com todos, ou quase todos os membros 'entocados'".[42] Diante dessa situação, como nova dirigente regional do MR-8 em Salvador, iniciou um processo de reestruturação das atividades políticas, que seria aprofundado, principalmente, ao longo do ano seguinte. De forma inicial, realizou uma reunião com Carlos Villanueva, Sérgio Landulfo Furtado e Juca Ferreira, principais lideranças em Salvador, tendo em vista desenvolver a prática política na cidade. Com exceção da criação de uma Frente de Trabalho Armado – pois a proposta, naquele momento, era não realizar ações armadas na Bahia, tendo em vista não atrair a repressão –, a estrutura do trabalho em Salvador seguiu os moldes da atuação na Guanabara.

Ficou definida a criação de duas frentes de trabalho: Frente de Camadas Médias (FTCM) e Frente de Trabalho Operário. Com relação à FTCM, o principal objetivo era editar um jornal, de nome *Venceremos*, para impulsionar a conquista de novos simpatizantes, visando a melhoria da infraestrutura da organização.[43] Com relação ao movimento operário, seguiam a tática política proposta no início do ano, vinculando as problemáticas relacionadas ao trabalho com as relacionadas aos locais de moradia. No entanto, o foco maior de atuação foi em relação aos locais de moradia, principalmente, em bairros pobres. Dessa atuação derivou a exemplo da atuação nas camadas médias, a edição de outro jornal, chamado *Avante*. De acordo com a segunda edição, provavelmente de abril de 1970, a propaganda da luta armada é explícita, visto que consta como epígrafe: "Só a luta armada derruba a ditadura dos grandes patrões."[44] Além

42 *Ibidem*.

43 *Idem*, p. 320.

44 MOVIMENTO REVOLUCIONÁRIO 8 DE OUTUBRO. *Avante*, nº2, 1970b, mimeo, p. 1. *In:* BNM 076, p. 2982.

disso, ao analisarmos o jornal, percebemos a concretização da tática política, que tinha como um dos objetivos a negação do processo eleitoral que seria realizado ao final do ano:

> Enquanto ocorre tudo isso [condições miseráveis de vida em Salvador], vários políticos já começam a aparecer nos bairros, jogando papéis com a propaganda de candidatos às eleições. [...].
> Não importa que político for: tanto da ARENA ou do MDB todos são iguais. [...]
> Tanto uns como outros dizem defender o interesse do povo brasileiro, mas nós sabemos que o povo é dividido em vários setores, em várias classes. Existem os que trabalham e nada possuem: estes são os explorados; existem aqueles que nada fazem e tudo possuem: são os que vivem às custas do nosso suor, são os exploradores. Portanto, nossos interesses e os deles são totalmente diferentes. Enquanto queremos o fim da exploração, eles querem que continuem. Estes são os políticos que querem confundir nossas cabeças.

No entanto, a negação do processo eleitoral pressupunha a abertura de alternativas à população, e o editorial também aponta neste sentido, evidenciando, além disso, semelhança com a proposta do jornal *Força Operária*, editado na Guanabara, que, como vimos, tinha a perspectiva de ser um jornal de trabalhadores para trabalhadores:

> COMPANHEIROS: a exploração não vai terminar por boa vontade dos exploradores. A exploração somente poderá terminar com a nossa luta; quando estivermos bem fortes. Para isso é necessário se organizar, é preciso que em cada bairro criemos grupo de ação para lutar contra a exploração. É isso que devemos fazer e não ficar esperando por políticos.[45]

---

45 *Ibidem.*

Ainda com relação ao *Avante*, fica patente a predominância de atuação nos locais de moradia, em detrimento da atuação nas fábricas, pois a maioria das notícias, com exceção de uma sobre o sequestro do cônsul japonês e outra sobre a opressão de trabalhadores na Viação Tupy, aponta para problemáticas deste tipo, como: falta de pavimentação no bairro Massaranduba, expulsão de moradores do bairro Monte-Serrat e poluição de uma fábrica no bairro de San Martin.[46]

Percebemos, assim, que a edição de jornais, neste início de estruturação do trabalho em Salvador, foi um dos pontos principais da atuação política na região. Esse fato é ainda mais reforçado pois, além dos jornais referentes às camadas médias e aos operários e setores empobrecidos, havia também, segundo depoimento atribuído a Carlos Villanueva, um jornal destinado à educação política dos militantes, de circulação interna, denominado *Bandeira Vermelha*.[47] Ademais, o processo de estruturação do trabalho em Salvador também esteve ligado ao desenvolvimento de contatos com as demais organizações que atuavam na Bahia, em especial PCBR e VAR-Palmares, na tentativa de fortalecer a prática coordenada entre as diversas organizações revolucionárias.

Além do trabalho desenvolvido em São Paulo e, principalmente, em Salvador, o *Oito* também visava o fortalecimento da atuação na Guanabara, tentando reativar o trabalho de conquista de novos simpatizantes, por intermédio, principalmente, do jornal *Resistência*. O jornal, ao contrário da posição que mantinha em 1969, adota uma postura mais incisiva, buscando simpatizantes através da propaganda aberta da luta

46 *Idem*, p. 3. *In:* BNM 076, p. 2984.

47 Depoimento *atribuído* a Carlos Moreira Villanueva. *In:* BNM 192, p. 276.

armada e de seus progressos. Essa nova postura do jornal está relacionada à tentativa de trabalhar coordenadamente com as demais organizações, visando produzir notícias sobre a situação da luta armada, através da criação do "Centro Revolucionário de Informações", conforme indica texto de capa da edição de janeiro de 1970:

> A partir deste número, "R." [Resistência] publicará todas as notícias referendadas pelo "Centro Revolucionário de Informações", que recentemente se constituiu, sob a coordenação de organizações revolucionárias diversas. "R." saúda mais esta iniciativa para uma maior união de esforços pela Revolução.[48]

Todavia, apesar das tentativas de dinamizar o trabalho político não apenas na Guanabara, mas também em outros estados, as investidas da repressão dariam resultados rápidos em 1970. Praticamente um mês depois de sua ida a São Paulo, em decorrência da prisão de um dos operários com o qual mantinha contato, Gabeira foi preso pela Operação Bandeirantes (OBAN), no dia 30 de janeiro,[49] impedindo qualquer tipo de desenvolvimento do trabalho operário na capital paulista. Neste mesmo mês, na Guanabara, por pouco não foram presos os dirigentes da organização, que, após uma reunião, foram reconhecidos na rua. Após perseguição, acabaram em uma rua sem saída, onde deixaram o carro e, após um embate com um policial federal, conseguiram escapar.[50] O sentimento, naquele período, era de apreensão por parte dos militantes. Vera Silvia, por exemplo, relata as consequências de viver "entocada" e os prognósticos negativos que fazia junto com seu companheiro José Roberto,

48 MOVIMENTO REVOLUCIONÁRIO 8 DE OUTUBRO, *Resistência*, Ano II, janeiro, 1970, mimeo. *In:* BNM 076, p. 3435.

49 BNM 645, p. 1529.

50 Para maiores detalhes da fuga, cf. BENJAMIN, *Op. Cit.*, 2013, p. 30-31.

relatando também o imperativo moral da ofensiva, que impedia uma discussão aberta sobre a situação:

> A barra pesou geral. Os dias estavam contados, essa era a grande discussão entre nós. Individualmente, não coletivamente, sabíamos que estávamos para dançar. Na clandestinidade, tínhamos uma prática de vida completamente diferente. Eu ficava dentro de casa o dia inteiro, lendo, armada, e com muito medo. Achava que podia cair, ser presa, morrer a qualquer momento. Não discutia isso com qualquer quadro da organização, pois poderia ser muito malvisto, mas eu discutia com algumas pessoas mais abertas, um dos quais, José Roberto [Spiegner], o cara com quem eu vivia, que achava que estávamos sem saída completamente, e se não íamos morrer todos, íamos morrer grande parte.[51]

Infelizmente, o prognóstico negativo não demoraria para se confirmar. No dia dezessete de fevereiro ocorreu o primeiro assassinato de um membro do MR-8. No apartamento 202 da rua Montevideo, 391, na Penha, moravam Carlos Zílio, integrante da FTCM, Vera Sílvia Magalhães, integrante da FTA, e José Roberto Spiegner, dirigente da organização e responsável pela FTCM. O "aparelho", além de moradia, servia para realização de algumas reuniões entre José Roberto, Cid Benjamin e Daniel Aarão Reis, então dirigentes do MR-8. A última das reuniões realizada no apartamento estava acontecendo na noite do dia 16 de fevereiro. Neste dia, a vizinha denunciou a presença de subversivos ao Departamento de Ordem Política e Social (DOPS).[52] Contudo, contraditoriamente, a mesma vizinha, momentos antes dos

51 MAGALHÃES, Vera Silvia. Entrevista concedida a Marcelo Ridenti. *In:* Arquivo Edgar Leuenroth (AEL/Unicamp), Fundo *Militância Política e luta armada no Brasil,* Fita 1, lado b (arquivo digital: 139 lado b).

52 Depoimento de Mirian Chaves de Albuquerque. *In:* BNM 076, p. 161.

carros policiais chegarem, alertou Vera que, naquela tarde, carros de polícia passaram em frente ao prédio, observando o apartamento deles, em específico.[53] Essa informação fez com que os militantes, cientes dos riscos, suspendessem a reunião. Cid e Daniel saíram antes e avistaram os carros da polícia chegando. Vera e José Roberto também estavam saindo, quando resolveram voltar para ajudar Carlos Zílio, que havia ficado responsável pela metralhadora. Zílio conseguiu escapar, mas no momento da saída de Vera e José Roberto, o cerco começou a se formar e, após troca de tiros, que atingiu um dos policiais, ambos conseguiram fugir, mas por caminhos diferentes. Vera escapou rendendo um táxi, fazendo-o rodar pela cidade, afastando qualquer possibilidade de descoberta pela polícia.[54] José Roberto, segundo depoimento dos policiais que o perseguiram, fugiu a pé até a Avenida Brasil, onde pegou outro táxi, sem render o motorista.[55] Dali, José Roberto foi ao aparelho de outro militante, José Ruivo, localizado na rua Taylor, na Lapa. Como resultado da perseguição até a Avenida Brasil, os policiais conseguiram anotar a placa do táxi, e o encontraram, horas depois, quando transportava um novo passageiro, descobrindo, assim, o paradeiro de José Roberto.[56] Dando continuidade à perseguição, horas depois, na Rua Taylor, prenderam José Ruivo. José Roberto conseguiu escapar ao pular pela janela do prédio e correr em direção à rua Joaquim Silva. Nesse trajeto, trocou tiros com um policial,

53 BENJAMIN, *Op. Cit.*, 2013, p. 32.

54 MAGALHÃES, Vera Silvia. Entrevista concedida a Marcelo Ridenti. *In:* Arquivo Edgar Leuenroth (AEL/Unicamp), Fundo *Militância Política e luta armada no Brasil,* Fita 1, lado b. (arquivo digital: 139 lado b).

55 Depoimento do taxista Paulo Felipe dos Santos. *In:* BNM 076, p. 71.

56 Depoimento Jorge Tavares. *In:* BNM 076, p. 172-173.

morador do prédio, enquanto gritava "abaixo a ditadura".[57] Ao chegar à rua Joaquim Silva, se refugiou embaixo da cama de um dos quartos do casarão, onde foi encontrado pelos agentes do DOPS. O resultado dessa perseguição foi a morte de José Roberto.

Contudo, as informações que a ditadura divulgou sobre sua morte, à época, são falsas. Segundo registro do DOPS, em um relato fantasioso, José Roberto foi localizado embaixo da cama e em sua "sanha assassina" iniciou disparos contra os policiais que ali estavam para efetuar sua prisão. Na troca de tiros, foi atingido e faleceu.[58] Todavia, no laudo do Instituto Médico Legal consta uma distância temporal significativa entre a sua suposta morte, às cinco e meia do dia 17, e a entrada do corpo no Instituto, às doze e trinta do mesmo dia.[59] Essa distância temporal chamou a atenção dos envolvidos na Comissão Especial sobre Mortos e Desaparecidos Políticos que, em 2007, analisava o caso da morte de José Roberto Spiegner e, ao analisar detalhadamente o laudo do IML e relacioná-lo com as demais evidências do processo, constatou que

> a verdade dos fatos foi obtida do próprio laudo do IML, que detalha os ferimentos no corpo. José Roberto recebeu vários tiros, sendo que dois deles contestam a versão oficial. Examinando as fotos de perícia de local, verifica-se que o corpo fora encontrado em uma sala com o piso acarpetado, onde não havia espaço para que pudesse ter sido atingido, de longe, na coxa. O outro ferimento é sintomático de execução. [...] [Além disso] escoriações se localizam em

57 Depoimento de Guaracy, morador do prédio da Rua Taylor. *In:* BNM 076, p. 55.

58 DOPS, *Registro* nº 123, 17/02/1970. *In:* BNM 076, p. 26-33.

59 INSTITUTO MÉDICO LEGAL, *Auto de exame cadavérico de José Roberto Spiegner*, 17/02/1970. *In:* BNM 076, p. 667.

> regiões do corpo humano que configuram tortura em pau-de-arara. Há ainda escoriações na região do punho, denotando que José Roberto foi algemado.[60]

José Roberto Spiegner, vinte e um anos de idade, ao contrário do relato produzido pelos agentes do DOPS, foi, portanto, preso, torturado e assassinado pelos órgãos de repressão. Foi o primeiro militante do MR-8 assassinado.

Detivemo-nos com maior profundidade neste caso por uma razão. Gostaríamos de evidenciar, por um lado, a prática que foi frequentemente utilizada pelos órgãos de repressão – e ainda atualmente o é pela polícia – para justificar, legalmente, mortes e desaparecimentos.[61] São os chamados "autos de resistência". Para justificar a morte do oponente, forjam-se provas e evidências de que teria havido resistência à prisão. No caso de José Roberto Spiegner, ele não só teria atirado para resistir, mas também para satisfazer sua "sanha assassina". Deste modo, os assassinatos estão sempre justificados.

No entanto, também utilizamos o contexto do assassinato de José Roberto para evidenciarmos as relações entre os militantes, na clandestinidade, e os moradores das regiões periféricas e suburbanas do Estado da Guanabara, onde os militantes passavam a viver, desejando maior proximidade da classe que

---

60 BRASIL. SECRETARIA ESPECIAL DOS DIREITOS HUMANOS. *Direito à verdade e à memória: Comissão Especial sobre Mortos e Desaparecidos Políticos.* Brasília: Secretaria Especial dos Direitos Humanos, 2007, p. 117.

61 O relatório da Comissão Nacional da Verdade, entregue à Presidência da República no fim de 2014, aponta no sentido da continuidade dessas práticas, pelo aparato repressivo do Estado, mesmo após a redemocratização. Tanto é que recomenda a eliminação dos termos "auto de resistência" e "resistência seguida de morte" da legislação processual penal. Para maiores detalhes, Cf. BRASIL. COMISSÃO NACIONAL DA VERDADE. *Relatório Comissão Nacional da Verdade.* Brasília: CNV, 2014.

procuravam mobilizar, como também dificultar as investidas da repressão. Henri Acselrad, ao analisar o deslocamento urbano dos militantes na clandestinidade, aponta que é possível notar um significativo "encontro da militância clandestina com o cotidiano da população destas áreas da cidade, seja em relações de vizinhança, de coabitação ou através da simples circulação por suas ruas."[62] A partir desta constatação, problematiza dois argumentos correntes sobre essa relação. Por um lado, a complacência da população com a ditadura e, por outro, a referência ao total isolamento social, que seria inerente à condição de clandestinidade, impedindo, portanto, o desenvolvimento, mesmo que fugaz, de relações com os moradores.[63] A esses argumentos, Acselrad mobiliza o conceito de "zona cinzenta"[64] para propor uma nova problemática:

> será que na chamada "zona cinzenta" situada entre o combate à ditadura e o apoio explícito a ela, não teria se configurado uma "zona urbana cinzenta"? Ou seja, que ainda sob a operação dos dispositivos repressivos destinados a imobilizar pelo medo "a sociedade governada", ter-se-ia verificado, em certas circunstâncias, em relação aos militantes, fora dos circuitos de resistência, manifestações de complacência, empatia ou cumplicidade?[65]

62 ACSELRAD, Henri. *Sinais de fumaça na cidade: uma sociologia da clandestinidade na luta contra a ditadura no Brasil.* Rio de Janeiro: Lamparina, FAPERJ, 2015, p. 40.

63 *Idem*, p. 43.

64 *Zona cinzenta* é um conceito do historiador Pierre Laborie que, segundo Denise Rollemberg, refere-se: "ao enorme espaço entre os dois polos – *resistência* e *colaboração/apoio* – e, mais, o lugar da *ambivalência* no qual os dois extremos se diluem na possibilidade de ser um *e* outro ao mesmo tempo." ROLLEMBERG, Denise. "As trincheiras da memória. A Associação Brasileira de Imprensa e a ditadura." *In:* ROLLEMBERG, Denise; QUADRAT, Samantha Viz. *Op. Cit.*, 2010, p. 102.

65 ACSELRAD, *Op. Cit.*, 2015, p. 42.

Problemática que o próprio Acselrad responde: "em uma observação mais aguda, podemos admitir que, apesar do enorme retraimento da esfera pública, os clandestinos, de posse de suas novas identidades, teciam alguns laços com moradores das cidades".[66] Neste sentido, a descoberta do aparelho da rua Montevideo, e suas consequências, é emblemática.

Vera Silvia, de codinome Ângela, por exemplo, tornou-se amiga e cuidava dos filhos da vizinha Mirian, que viria a delatar a presença deles no apartamento. Contudo, como já citamos, apesar da delação, Mirian avisou-os da presença dos policiais, à tarde, averiguando as redondezas, fato que possibilitou a suspensão da reunião e a fuga de parte dos militantes. Não é consenso sobre em que momento descobriram que Mirian havia delatado a presença deles no prédio. Contudo, é certo que, pouco tempo depois, Vera já havia descoberto. Apesar disso, escreveu-lhe uma carta.[67] A carta é rica em significados. Aponta os laços, mesmo que fugazes, tecidos entre os militantes e os moradores. Além disso, aponta aspectos importantes da tentativa de vinculação com o povo, conceito muito presente no imaginário das organizações de esquerda armada,[68] evidenciando que os revolucionários estavam dando suas vidas por eles e, por fim, a dor da morte do compa-

66 *Idem*, p. 44.

67 Não sabemos se a carta foi entregue, pois foi encontrada com Vera no momento de sua prisão, no dia seis de março. Contudo, no depoimento de Mirian à polícia consta que ela recebeu duas cartas em sua casa.

68 Marcelo Ridenti propõe um bom caminho interpretativo para a visão construída, ao longo dos anos 1960, a respeito dos conceitos de povo e nação, relacionando-os ao projeto de transformação da sociedade brasileira pelos diversos grupos e organizações de esquerda. Para maiores detalhes, cf. RIDENTI, Marcelo. *Em busca do povo brasileiro: artistas da revolução, do CPC à era da TV. 2ª Ed* São Paulo: Editora Unesp, 2014.

nheiro José Roberto, que seria superada na luta, evidenciando o imperativo ofensivo que já citamos. Todos esses fatores justificam a longa citação:

> Mirian, um dia você me disse que se eu precisasse você me faria qualquer favor. Quero que você leia esta carta para nossos amigos e vizinhos e a esconda da repressão. *Não quero que a repressão convença nossos amigos de que somos "terroristas" e cínicos. Que a nossa amizade era falsa. Isto não é verdade. Todo revolucionário é amigo do povo.* É este o grande medo da ditadura dos patrões: que a gente tenha apoio do povo na guerra revolucionária. Pois aí está o segredo de nossa vitória. Somos a maioria do povo oprimido contra a minoria opressora. Lutamos por um mundo melhor onde não exista fome e miséria. Mas antes de conseguirmos isto, precisamos derrubar a ditadura dos patrões. [...]. É isto tudo que quero que você explique ao pessoal do edifício, do bar, da padaria.
>
> *Outro favor: explique à Dita [filha de Mirian]. Me apeguei muito a ela. Gostaria que ela continuasse a me ver como sua amiga. Via os dois como os filhos que não pude ter em virtude da vida que escolhi.*
>
> Mirian, espero nesta longa guerra encontrar vocês do nosso lado. Hoje já peço o mínimo de ajuda: não deem informações à repressão. Não nos identifiquem, caso mostrem os retratos. Deem informações erradas. Se pedirem nossa descrição não deem. *Vocês não podem ficar contra nós. Pois a nossa luta é a de vocês. Nossas vidas são dedicadas à causa do povo.*
>
> *Quanto a mim, estou procurando reagir ao choque que levei. Na luta junto com meus companheiros encontrarei novas forças. Guerra é guerra.* É sempre muito doloroso perder uma pessoa querida que, além disso, era um combatente valioso. É, acho que nossa rua está com urucubaca. Meu pesar se junta ao da Maria, D. Dulce e D. Filhinha.
>
> Dê lembranças a todos, às crianças: um beijo grande. Ângela.[69]

---

69 BNM 076, p. 267-268. *Grifos nossos.*

Ademais, o próprio José Roberto, no momento da fuga, buscou refúgio no quarto de Maria Teles Miranda, onde foi posteriormente encontrado e preso. Contudo, segundo depoimento da moradora ao DOPS, José Roberto a avisou "que vinha de longe perseguido pela polícia". Mesmo assim, Maria Teles deu-lhe um copo d'água e uma xícara de café, e o avisou que os policiais estavam perto, fato que o fez se esconder debaixo da cama.[70] Apesar de não ter impedido a prisão e o assassinato subsequente, também aponta na perspectiva proposta por Acselrad.

Voltando ao MR-8, houve ainda maiores consequências no dia 17. Em decorrência da prisão de José Ruivo, foram presos também José Saboya e sua mulher, Maria Alice Saboya, que, apesar de não ser militante, era simpatizante.[71] As investidas da repressão não davam tempo à organização. Ainda sem conseguir recompor a trinca de militantes responsáveis pela Direção Geral, no dia seis de março, novas prisões, ainda mais desastrosas, afetaram o *Oito*. Em panfletagem na favela do Jacarezinho, concretização da tática política de realização de ações de propaganda armada em locais de moradia, resultou na prisão de Daniel Aarão Reis, integrante da DG, Vera Sílvia Magalhães, Carlos Zílio, Pedro Alves, Jorge Alves, Paulo Farah e Regina Farah. Daniel, Jorge e Regina faziam a panfletagem e os demais realizavam a segurança da ação. Terminada a panfletagem, perceberam a montagem do cerco.

---

70 Depoimento de Maria Teles Miranda. *In:* BNM 076, p. 59.

71 Simpatizantes eram as pessoas que não integravam, organicamente, a organização, mas, devido a sua posição de não estar na clandestinidade, auxiliavam a organização com a guarda de material, divulgação dos jornais e locais para moradia. As funções que poderiam desempenhar estão sintetizadas no capítulo anterior, no "Documento das 100 tarefas".

Daniel, Regina e Jorge tentaram fugir, sendo encurralados em uma pedreira próxima, onde foram presos.[72] O grupo de segurança realizou troca de tiros com a polícia, que teve como resultado Vera Silvia e Carlos Zílio feridos, a primeira com uma bala de raspão na cabeça e o segundo com balas no rosto e no pulmão. Sobre essa ação, é interessante demonstrar o depoimento de Daniel Aarão Reis, a respeito da desconfiança, por parte dos interrogadores, em acreditar que aquela ação dizia respeito, apenas, a uma ação de panfletagem, evidenciando a necessidade de, no imaginário da luta armada, o dirigente ser o exemplo para os demais:

> Um dos interrogatórios brutais que eu fui submetido foi em decorrência dessa ação. Os interrogadores diziam:
>
> —Você vai ter que explicar para nós o que você estava fazendo na favela do Jacarezinho, porque nós não acreditamos que você estava apenas distribuindo panfleto na favela. Você é a direção máxima do MR-8, tem todas as informações da organização, um dos caras mais queimados, e estava fazendo somente uma panfletagem na favela do Jacarezinho?
>
> [...]
>
> Contudo, Che Guevara e Marighella diziam: o dirigente tem que dar o exemplo. E isso nós tínhamos assumido muito.[73]

Em curtíssimo período de tempo, o *Oito* perdia uma parcela significativa de seus mais importantes quadros: dois dirigentes da organização e Vera Silvia, que também já havia

72 Depoimento *atribuído* a Regina Farah. *In:* BNM 076, p. 295.

73 AARÃO REIS FILHO, Daniel. Entrevista concedida a Marcelo Ridenti. *In:* Arquivo Edgar Leuenroth (AEL/Unicamp), Fundo *Militância Política e luta armada no Brasil,* fita 2 lado b (arquivo digital: 111 ladob)

sido dirigente, além de diversos militantes, em menos de vinte dias. No entanto, após as prisões, o MR-8 tenta se reorganizar. A Direção Geral é recomposta por Samuel Aarão Reis, comandando a FTO, e Carlos Vainer, comandando a FTCM, que se juntaram a Cid Benjamin, comandante da FTA desde 1969. Apesar da debilidade, o MR-8 precisava seguir com as ações de expropriação, para manutenção de seus militantes, principalmente neste momento em que, além de todos os militantes estarem na clandestinidade, a organização iniciava o trabalho em Salvador.

No mesmo mês de março, retomaram as ações de expropriação. No dia 24 realizaram a expropriação de um carro pagador do banco Irmãos Guimarães,[74] que parece não ter dado resultado, pois havia apenas cheques nos malotes que foram expropriados,[75] e, praticamente vinte dias depois, no dia 15 de abril, realizaram nova ação de expropriação, agora na União dos Bancos Brasileiros, agência localizada em Ramos, onde foram bem-sucedidos.[76] Apesar da retomada das ações, todos sabiam que o período de calmaria não duraria muito tempo. Segundo Cid Benjamin, ao relatar uma das primeiras reuniões da nova direção, no início de abril, quando tentavam equacionar as perdas e reorganizar os trabalhos, Samuel Aarão Reis fez um prognóstico: "Do jeito que vão as coisas, em mais um mês um de nós não deverá estar aqui."[77]

Previsão que se confirmaria de forma ampliada, pois, nos dias 21 e 22 de abril, não apenas um, mas os três membros

74 Há um processo específico sobre essa ação, cf. BNM 342.

75 Depoimento de José Pereira Mendes, motorista do carro pagador. *In:* BNM 342, p. 15.

76 BNM 342, p. 135.

77 BENJAMIN, *Op. Cit.*, 2013, p. 38.

da direção seriam presos, como também os militantes Lúcio Flávio, Sônia Ramos, João Urbano e Paulo Teixeira. Por fim, Henri Acselrad também seria preso, na virada de abril para maio, finalizando o ciclo de prisões.[78]

As sucessivas prisões no início de 1970 provocaram sérias consequências para a atuação da organização na Guanabara. No período imediatamente posterior, o *Oito* ficou significativamente desarticulado. Sem os membros de direção, e seguindo as regras de compartimentação de informações entre os diferentes setores da organização, consequência das medidas de segurança impostas para atuação na clandestinidade, houve dificuldade no reestabelecimento de contatos entre os militantes para recomposição da DG e posterior retomada da prática política. Ademais, o significativo número de militantes presos iria aprofundar um processo que aumentaria gradativamente ao longo dos anos seguintes: o acúmulo de tarefas. Apesar do recrutamento de novos quadros, conforme veremos adiante, o MR-8 não conseguia recompor-se na mesma medida em que os perdia, o que gerava, consequentemente, sobrecarga aos militantes. Contudo, parte dos militantes presos não ficaria por muito tempo na prisão, e iria engrossar as fileiras dos banidos do território nacional, ao serem libertados em troca da vida do embaixador alemão, em nova ação de sequestro.

"Iríamos voltar, rapidamente, à luta revolucionária": Argélia e Cuba. Os quatro banidos e o treinamento guerrilheiro

Em junho, VPR e ALN realizaram, em conjunto, o sequestro do embaixador da Alemanha Ocidental, Ehrenfried

78 BNM 076, p. 14-15 e p. 649.

Von Holeben,[79] que culminou na libertação de quarenta presos políticos, entre eles, quatro militantes do MR-8: Cid Benjamin, Daniel Aarão Reis Filho, Fernando Gabeira e Vera Silvia Magalhães. Vale ressaltar que, em março, a VPR já havia realizado o sequestro do cônsul japonês, com objetivo de libertar cinco presos políticos, entre eles, um dos dirigentes da organização que havia sido preso, Mário Japa, codinome de Chizuo Osawa.

À exceção do sequestro do embaixador norte-americano, que, em uma conjuntura distinta, tinha como principal objetivo a divulgação da luta armada como possibilidade de embate contra a ditadura, as demais ações de sequestro de personalidades estavam essencialmente ligadas ao momento delicado pelo qual passavam as organizações de esquerda armada. Os sequestros foram, gradativamente, relegando sua potencialidade enquanto propaganda armada para segundo plano, tendo em vista a necessidade de libertação dos militantes que, cada vez em maior número, eram presos pelos órgãos de repressão. Demonstrando o esgotamento da possibilidade dessa forma de ação, em dezembro de 1970, com o sequestro do embaixador suíço realizado pela VPR, a ditadura enfrentou as exigências dos revolucionários e impediu a libertação de certos militantes, solicitando novos nomes.[80]

Contudo, na ação de sequestro do embaixador alemão, a ditadura cedeu às exigências e libertou os quarenta presos políticos requisitados pelos realizadores da ação. A lista dos presos a serem libertados congregava, a exemplo da lista do embaixador norte-americano, diversas organizações desta vez, apenas daquelas que propunham a luta armada:

79 GORENDER, *Op. Cit.*, 2014, p. 219.

80 *Idem*, p. 222.

ALN, MR-8, MRT (Movimento Revolucionário Tiradentes)[81] e VPR. Com relação à escolha dos nomes relativos ao MR-8, Cid Benjamin, ainda preso, recebeu um bilhete cifrado com a recomendação de que fizesse uma lista com os militantes que deveriam ser libertados em troca do embaixador. Em seu livro de memórias, Cid relata o caso, e evidencia que o primeiro nome que constava na lista que havia feito era o de Cláudio Torres,[82] que, como vimos, realizou a ação do sequestro do embaixador norte-americano e era dirigente da organização, sendo preso nos dias imediatamente posteriores. As informações divulgadas nos jornais, como os nomes verdadeiros dos militantes que realizaram o sequestro, logo após a prisão de Cláudio, fizeram com que se criasse a imagem de que Cláudio havia se submetido às torturas e tivesse "aberto" informações para a repressão. Em especial, teria concedido a localização de um aparelho que funcionava como centro de operações da FTA, localizado na rua Santo Amaro, no bairro da Glória, onde a repressão conseguiu descobrir as identidades da grande maioria dos realizadores do sequestro.[83] Tendo isso em vista, a lista que Cid Benjamin havia feito chegou às mãos dos dirigentes das organizações que realizariam o sequestro do embaixador alemão, e o nome de Cláudio Torres foi retirado, por ordem

81 Devemos indicar que há uma diferença entre as duas organizações homônimas citadas neste trabalho. O primeiro MRT, criado no pré-1964, surgiu a partir das Ligas Camponesas. O que citamos agora criou-se como uma dissidência da Ala Vermelha, organização que derivou do PCdoB no período pós-golpe.

82 BENJAMIN, *Op. Cit.*, 2013, p. 95.

83 SALGADO, João Lopes. Entrevista concedida a Daniel Aarão Reis e Vera Sílvia Magalhães, 17 de julho de 1988. *In:* Arquivo Público do Estado do Rio de Janeiro, Fundo *Vera Sílvia Magalhães*, caixa 02, doc. 28, p. 45.

de Joaquim Câmara Ferreira, líder máximo da ALN após a morte de Marighella.[84]

A exclusão do nome de Cláudio Torres fez parte do imaginário que, se não foi construído, foi ampliado dentre as organizações de esquerda armada, com relação ao "comportamento" dos militantes na prisão. Ao militante que não "abria" informações para os órgãos de repressão, em meio às mais bárbaras e desumanas torturas, físicas e/ou psicológicas, era-lhe conferido a chancela de bom comportamento, sendo, portanto, valorizado. O contrário ocorria ao militante que cedia aos suplícios e acabava disponibilizando informações relativas a outros militantes e/ou à organização.[85] No MR-8, por exemplo, encontramos um documento que aponta neste sentido, reforçando a necessidade de não "abrir" informações em caso de prisão, mesmo diante da possibilidade da morte:

> Aos descuidados, uma lembrança: estamos em plena guerra revolucionária. Na guerra se mata, se morre, se prende, e quando o preso somos nós [sic], seremos certamente torturados e mortos às vezes. Portanto, cuidar para não cair, e se formos um dia prisioneiros, não esqueçamos nosso ódio

---

84 *Idem*, p. 95-97.

85 Cid Benjamin, em seu livro de memórias, descreve a lógica dos interrogatórios: "Os primeiros interrogatórios, logo em seguida à prisão, eram sempre sobre pontos [encontro entre os militantes] e 'aparelhos'. Isso tinha sua lógica: essas informações caducariam. Pontos não cobertos se perderiam e, como regra de segurança, os 'aparelhos' que o militante conhecia eram abandonados tão logo se sabia que ele tinha sido preso." *In:* BENJAMIN, *Op. Cit.*, 2013, p. 48. A fugacidade da informação fazia com que os primeiros interrogatórios fossem realizados, sempre, com muita tortura para que o militante disponibilizasse informações que se relacionariam à prisão de novos militantes. O estigma de mau comportamento era utilizado, inclusive, pelos próprios interrogadores, como modo de ridicularizar, ainda mais, os militantes que haviam cedido.

> à burguesia, não busquemos sua recompensa com aberturas, não traíamos a causa do proletariado. Lembremos das palavras de Marighella, um dos mais torturados desse país, num poema seu à revolução e à liberdade:
> "Que eu por ti se preso e torturado for,
> Possa indiferente a dor
> Morrer sorrindo a murmurar teu nome."[86]

Apesar de não conseguirmos precisar, poderíamos supor as condições de tortura a que Cláudio Torres foi submetido. Primeiro, pela envergadura política da ação que executou. O sequestro do embaixador norte-americano desmoralizou a ditadura, fazendo-a romper a censura e libertar presos políticos. Contudo, além disso, os órgãos de repressão precisavam saber qual era a organização desconhecida, que reivindicava a autoria da ação e o nome Movimento Revolucionário 8 de Outubro. Ademais, sabemos que não faz sentido julgarmos o comportamento do militante preso quando está diante de uma situação extrema de violência.

Todavia, mesmo que levássemos isso em consideração, conforme entrevista de João Lopes Salgado, a principal informação obtida pela repressão com a prisão de Cláudio, o aparelho da Rua Santo Amaro, foi obtida por uma conta de luz que estava em sua pasta no momento da prisão, não por informações dadas por ele. Isso se confirma, pois, dispondo apenas do endereço que constava na conta, os órgãos de repressão fizeram um levantamento prévio no apartamento, para verificar a pista, por intermédio de um suposto encanador que estaria ali para verificar um vazamento. Isso alertou os militantes do MR-8 e da ALN que estavam no local nos dias posteriores ao sequestro, o que já foi fundamental para que todos escapas-

86 BNM 076, p. 3529.

sem.[87] Sendo assim, em fins de 1970, à época do sequestro do embaixador suíço, o MR-8 já havia estabelecido a verdade sobre o comportamento de Cláudio na prisão, e seu nome, ainda a contragosto da ALN, constou na lista dos que seriam trocados pelo embaixador. No entanto, seu nome foi um dos recusados pela ditadura, o que impediu seu voo de liberdade.[88]

Apesar da exclusão de Cláudio, os quatro militantes do MR-8 embarcaram, com destino à Argélia, no dia 15 de junho. A chegada à Argel foi acompanhada de grande empolgação diante das circunstâncias em que saíram do Brasil. A libertação por uma imposição dos revolucionários funcionava, aos olhares dos libertos, como demonstração de força da esquerda revolucionária brasileira, apesar de todas as evidências apontarem o contrário, inclusive enquanto esses militantes não estavam presos. No entanto, conforme já dissemos, os valores da ofensiva da esquerda armada e, também, o compromisso ético com os militantes que estavam no Brasil, presos, mortos ou ainda atuantes, exercia forte influência nas análises conjunturais realizadas. Com isso, a chegada à Argel, início do exílio que se tornaria longo para a maioria dos militantes, era visto sob um caráter de provisoriedade, conforme relata Daniel Aarão Reis: "tínhamos convicção de que iríamos voltar, rapidamente, à luta revolucionária."[89]

A concepção de voltar, inclusive, superava as ameaças feitas pelos militares durante o voo até Argel. Segundo Cid

87 SALGADO, João Lopes. Entrevista concedida a Daniel Aarão Reis e Vera Sílvia Magalhães, 17 de julho de 1988. *In:* Arquivo Público do Estado do Rio de Janeiro, Fundo *Vera Sílvia Magalhães*, caixa 02, doc. 28, p. 51-52.

88 *Idem*, p. 70.

89 AARÃO REIS FILHO, Daniel. Entrevista concedida a Denise Rollemberg. *In:* Arquivo Edgar Leuenroth (AEL/Unicamp), Fundo *Militância Política e luta armada no Brasil*, Fita 1, transcrição p. 41.

Benjamin, os militares diziam que os militantes banidos, que voltassem clandestinamente ao Brasil, seriam mortos ao invés de serem presos.[90]

Já estabelecidos em Argel, os quatro banidos receberam alguns simpatizantes da organização que estavam em Paris e traziam informes da nova Direção Geral, reconstituída por João Lopes Salgado, Stuart Angel e Carlos Alberto Muniz, incluindo a recomendação de que realizassem treinamento guerrilheiro em Cuba, para onde partiram no mês seguinte à chegada à Argélia. A primeira estada na capital argelina ficou marcada pela realização de um balanço entre os militantes das quatro organizações que haviam sido libertados. Esses balanços foram fundamentados, segundo Daniel Aarão Reis, na análise da situação das organizações a partir da constatação de um aumento no número de militantes presos. Neste sentido, a interpretação corrente dos militantes, sobre a crescente onda de prisões, baseava-se na análise de sua própria prisão, que era descrita "dentro de um contexto muito técnico. Ou seja, interpretavam a sua prisão como um erro individual, cometido no momento precedente à prisão".[91] Nessas reuniões, segundo depoimento de Maria do Carmo Brito, ex-dirigente da VPR e também libertada pelo sequestro do embaixador alemão, os militantes do MR-8 se destacavam pelo caráter intelectualizado com que falavam, fato que fazia com que parte dos militantes da VPR, sem instrução teórica, acabasse por não entender o que os militantes do *Oito* diziam:

90 BENJAMIN, *Op. Cit.*, 2013, p. 144.

91 AARÃO REIS FILHO, Daniel. Entrevista concedida a Denise Rollemberg. *In:* Arquivo Edgar Leuenroth (AEL/Unicamp), Fundo *Militância Política e luta armada no Brasil*, Fita 2, transcrição, p. 5.

> Em termos de quadros, a VPR tinha gente do povão mesmo. Por exemplo, quando fomos exilados os 40 para a Argélia, em troca do embaixador alemão, o Pedro, o Portuga e os demais (de origem humilde) não conseguiam entender nada do que o pessoal intelectualizado do MR-8 dizia – vinham pedir tradução depois.[92]

No entanto, para além dos balanços realizados de forma conjunta, os militantes do MR-8 realizaram seu próprio balanço, como organização particular. De modo muito semelhante ao processo de discussão em fins de 1969, tentaram, ao contrário dos exilados que analisavam as prisões a partir da perspectiva dos erros individuais, "levantar, para além da experiência individual, aspectos mais gerais que geravam aqueles impasses."[93] Desta reflexão específica resultou um texto que, conforme veremos adiante, foi retomado em Cuba e publicado no Brasil pelo *Oito*, de nome *O problema vanguarda/massa no atual momento histórico.* Segundo Daniel Aarão Reis, o ato de escrever um texto no exílio foi muito menosprezado pelos militantes das demais organizações, fato que atribuiu ao bloqueio e desvalorização da atividade reflexiva, teórica, própria do imaginário *anti-teoricista* da luta armada:

> A esquerda brasileira, a esquerda que fazia luta armada naquela época, era uma esquerda muito prática. Até em reação à esquerda pré-64, que era uma esquerda muito palavrosa, que falava muito e fazia pouco. A esquerda armada, portanto, tinha um certo culto da ação, vamos à prática, nada de teoria, estamos cansados disso.[94]

---

92 BRITO, Maria do Carmo *apud* RIDENTI, *Op. Cit.*, 2010, p. 195.

93 AARÃO REIS FILHO, Daniel. Entrevista concedida a Denise Rollemberg. *In:* Arquivo Edgar Leuenroth (AEL/Unicamp), Fundo *Militância Política e luta armada no Brasil,*), fita 2, lado a. Transcrição p. 5.

94 *Idem,* p. 13.

Cid Benjamin, em entrevista que nos concedeu, aponta em um sentido distinto, mas evidencia, também, que os valores de ofensiva da luta armada impediam qualquer produção teórica que, mesmo de forma tímida, como era o caso do texto, questionasse sua possibilidade estratégica:

> Eu não senti menosprezo por esse tipo de reflexão. O que havia era que, em uma dinâmica de guerrilha, alguma coisa que coloque em xeque, ou procure refletir, tende a enfrentar uma certa resistência. E, de fato, fomos nós [no exílio] os primeiros a questionar essa estratégia.[95]

Contudo, esse processo de discussão não gerou alternativas concretas à luta armada, tanto que os militantes, em julho, desembarcaram em Havana para realizar o famoso treinamento guerrilheiro e conhecer o "primeiro território livre da América Latina", como se dizia na época. Cuba, como vimos, era a principal referência revolucionária dos guerrilheiros brasileiros e, portanto, havia muita empolgação, por parte dos militantes, em conhecê-la. Além disso, deve-se considerar a mística que envolvia o treinamento guerrilheiro em Cuba. A expectativa dos militantes era que o treinamento pudesse capacitar os revolucionários brasileiros para retornar ao Brasil e engrossar as fileiras revolucionárias. Para Daniel Aarão Reis, que se considerava um quadro político e percebia a desvalorização das funções políticas em detrimento das funções militares no imaginário da luta armada, o treinamento aparecia como uma possibilidade de suprir as deficiências e se tornar, ao que chamavam na época, "quadros de novo tipo. Quadros que seriam políticos e militares. Pois quem não

95 BENJAMIN, Cid. Entrevista concedida a Higor Codarin. Rio de Janeiro, 14 de julho de 2016.

tivesse capacidade militar, na nova fase em que a revolução estava acontecendo, seria uma pessoa dispensável."[96]

Os quatro militantes que vieram da Argélia se juntaram a Vladimir Palmeira e Maria Augusta, libertos na ação de sequestro do embaixador norte-americano, que já estavam na ilha caribenha. Assim, os seis integraram o IV Exército da ALN para treinamento guerrilheiro. Segundo Denise Rollemberg, apesar dos diversos grupos que realizaram o treinamento, sua estrutura era padronizada. Num primeiro momento:

> os militantes ficavam por um período de cerca de cinco meses, no Ponto Zero, um quartel do exército, próximo a Havana, onde passavam toda a semana. Aí, tinham instruções de prática de tiro, aprendiam fórmulas de explosivo e a montar e desmontar armas. Nos finais de semana iam para a capital. O segundo momento do treinamento era na serra, em Pinar del Rio, no ocidente, para onde os militantes eram deslocados e alojados em acampamentos preparados para este fim. Faziam exercícios militares e de sobrevivência, marchas, tiro, tática, manobras, recebiam noções de topografia. O treinamento culminava em uma simulação, onde os guerrilheiros enfrentavam militares do exército cubano.[97]

Além da descrição do treinamento, Rollemberg, com base nas entrevistas que realizou, aventa que houve críticas em relação a sua eficácia, contudo, indica que essas críticas se limitaram, justamente, ao IV Exército.[98] Neste sentido, os militantes do MR-8 tiveram papel significativo.

---

96 AARÃO REIS FILHO, Daniel. Entrevista concedida a Denise Rollemberg. *In:* Arquivo Edgar Leuenroth (AEL/Unicamp), Fundo *Militância Política e luta armada no Brasil,* fita 3, transcrição p. 7.

97 ROLLEMBERG, *Op. Cit.*, 2001, p. 41.

98 *Idem*, p. 45.

Com exceção dos exercícios de manuseio de armas e fórmulas de explosivos, que, segundo os militantes, poderiam ser de grande valia para o desenvolvimento da revolução brasileira, o restante das atividades resultou em desapontamento. Aponta para isso, por exemplo, o depoimento de Daniel Aarão Reis, ao descrever a decepção ao verificar as condições de realização do treinamento na serra, em Pinar Del Rio, evidenciando as críticas que fizeram aos cubanos:

> Nós fomos para lá acreditando que íamos encontrar um treinamento que nos desse as condições próximas às que teríamos na guerrilha rural no Brasil. Mas nada disso ocorreu. Nós ficamos num barracão de madeira, onde havia uma cama para cada um, era uma coisa rudimentar, mas havia. As refeições eram todas servidas por caminhões do exército. Até para tomar banho, tinha um cano... era um acampamento! Nós protestamos contra isso. Tentamos ganhar os cubanos para o fato de que nós queríamos dormir no mato todos os dias, por mais que isso fosse terrível... Porque aquilo ali era uma brincadeira.[99]

As críticas não se restringiam ao treinamento unicamente, mas também e, sobretudo, ao nível teórico dos instrutores. Domingos Fernandes, militante da ALN que realizou o treinamento em conjunto com os militantes do *Oito*, relembra uma história contata por Vladimir Palmeira sobre sua relação com um instrutor que, no meio de uma explanação, iniciou uma fala sobre o marxismo e indicou sua falta de domínio teórico: "Então o Vladimir perguntou: 'mas, companheiro, o que é o marxismo?'[...] Então, o instrutor falou: 'marxismo... bueno,

99 AARÃO REIS FILHO, Daniel. Entrevista concedida a Denise Rollemberg. *In:* Arquivo Edgar Leuenroth (AEL/Unicamp), Fundo *Militância Política e luta armada no Brasil*, Fita 3. Transcrição, p. 18.

marxismo, bueno, ... marxismo é del caralho!"[100] Além do depoimento de Domingos Fernandes, Mário Japa, que havia realizado treinamento junto ao III Exército, também aponta no mesmo sentido, evidenciando as críticas dos militantes do *Oito* ao treinamento e, de modo geral, à teoria do foco guerrilheiro, que acarretaram, inclusive, uma reclamação, por parte dos cubanos, em relação à postura dos militantes do *Oito*: "Treinamento era obedecer, treinar para obedecer. O MR-8 questionava mais. Os cubanos se queixavam deles. [...]. Não se discutia a teoria do foco. Para quem estava lá, isto já estava resolvido. Esta discussão continuava no MR-8, talvez entre alguns da ALN. Mas não na VPR."[101]

Por fim, como síntese da visão crítica em relação ao treinamento, convenceram a direção da organização no Brasil, em janeiro de 1971, a não enviar os militantes libertos em troca do embaixador suíço a Cuba. Daniel Aarão Reis explica a decisão: "A gente achava que não valia a pena, que era perda de tempo [...]. Aquele treinamento, na melhor das hipóteses, dava uma visão crítica do foquismo cubano, na pior, dava a ilusão que você sabia fazer a guerrilha rural."[102]

Objetivávamos, com a análise do treinamento guerrilheiro em Cuba, apontar alguns fatores. Por um lado, enfatizarmos o poder de atração que Cuba e o foquismo exerciam, inclusive, em militantes de uma organização que, como vimos, sempre manteve uma postura crítica com relação ao militarismo debrayista. Além disso, objetivamos reforçar,

---

100 FERNANDES, Domingos *apud* ROLLEMBERG, *Op. Cit.*, 2001, p. 44.

101 OSAWA, Shizuo *apud* ROLLEMBERG, *Op. Cit.*, 2001, p. 45.

102 AARÃO REIS FILHO, Daniel. Entrevista concedida a Denise Rollemberg. *In:* Arquivo Edgar Leuenroth (AEL/Unicamp), Fundo *Militância Política e luta armada no Brasil*, Fita 3, transcrição p. 27.

também, a importância que os militantes da organização creditavam ao trabalho teórico, seja realizando o balanço em Argel ou demonstrando o espírito crítico com relação ao treinamento guerrilheiro.

Reestruturação do trabalho na Guanabara: ações de expropriação e o debate teórico acerca da relação vanguarda/massas

Contudo, para manter o processo de reestruturação da organização, apesar da posição de recuo, era constante a necessidade de realização de ações de expropriação, e o MR-8, para essa função, necessitava rearticular a FTA. Nesta perspectiva, além da alocação de militantes de outras frentes de trabalho para a Frente de Trabalho Armado, é que se insere o intercâmbio de militantes de Salvador para a Guanabara, sendo o primeiro deles Sérgio Landulfo, que se mudou para a Guanabara, a fim de integrar o grupo responsável pelas ações armadas.[103] Em junho, realizaram duas tentativas frustradas de expropriação: a uma Kombi pagadora do supermercado Mar e Terra, que transportava apenas notas fiscais, e à casa do industrial José Leal, frustrada pela reação do proprietário. Apesar dos reveses, foram bem-sucedidos em ações realizadas nos meses seguintes: expropriação de um depósito da Kibon, em julho,[104] e expropriação realizada na casa de Adam Voloch, proprietário de uma casa de câmbio.[105]

Neste período, apesar da forte debilidade, a reestruturação da organização foi beneficiada pelo recrutamento de militantes egressos de outras organizações, em especial, VPR e

---

103 Depoimento *atribuído* a Solange Lourenço Gomes. *In:* BNM 192, p. 47.

104 Depoimento *atribuído* a César Benjamin. *In:* BNM 567, p. 193-194.

105 Depoimento *atribuído* a Solange Lourenço Gomes. *In:* BNM 192, p. 47.

ALN. Na VPR, grande parte da Unidade de Combate – semelhante à FTA – na Guanabara passou a advogar um recuo da organização após o sequestro do embaixador alemão, fato que os colocou em rota de colisão com os dirigentes, que visavam a manutenção de ações de grande vulto. Neste processo, quase a totalidade da unidade de combate na Guanabara, em agosto, transferiu-se para o MR-8, entre os quais: Sônia Lafoz, Manoel Henrique Ferreira, Caio Salomé, José Maurício Gradel, Roberto Chagas, Roberto Menks, Carmen Jacomini e Jesus Paredes Souto.[106] Com relação à ALN, transferiram-se para o MR-8: o casal Marilena Villas Boas e Mario Souza Prata, como também José Carlos Avelino e Dirceu Grecco Monteiro.

É importante ressaltar a transferência de militantes egressos de outras organizações para evidenciar que, apesar das dificuldades pelas quais passava, o MR-8 era uma das organizações que mantinha uma curva ascendente de prestígio, no contexto da esquerda armada, desde o sequestro do embaixador norte-americano. Esse prestígio foi alcançado não apenas pelas ações armadas que havia realizado – apesar de este ser um fator importante –, mas também pelas posições políticas da organização, que, como vimos, tentava equacionar os objetivos políticos com as possibilidades reais na nova conjuntura repressiva. Ademais, outro fator de grande influência era a estrutura na Bahia, onde começou a se delinear, a partir de agosto, a perspectiva de desenvolvimento de um trabalho no campo,[107] visando o desenvolvimento da guerrilha rural.

106 Depoimento *atribuído* a Manoel Henrique Ferreira. *In:* BNM 036, p. 356.

107 A primeira referência ao início de desenvolvimento de trabalho no campo pelo MR-8 remonta a julho ou agosto de 1970, como pudemos perceber por intermédio do depoimento *atribuído* a José Carlos Souza. No entanto, segundo o mesmo depoimento, as atividades só tomaram corpo com a ida de

No entanto, seja o recrutamento de quadros egressos de outras organizações, ou a abertura de parcos contatos operários nas cidades da baixada fluminense, nenhum desses avanços resolvia o problema fundamental que afetava o MR-8 e as demais organizações de esquerda armada: o isolamento das massas revolucionárias. Portanto, diante desta problemática e com a nova perspectiva de trabalho de campo, a Direção Geral inaugura um processo de discussão na organização, visando construir, de forma conjunta, novas definições sobre o plano tático para atuação na cidade e no campo.

A análise do documento da DG, divulgado por intermédio de uma *Tribuna de Debates* de setembro, é de suma importância para compreendermos alguns processos simultâneos que perpassavam o *Oito* naquele momento. Por um lado, e talvez o ponto mais importante, este documento aparece como ponto nevrálgico da consolidação do militarismo na organização. A leitura conjuntural parcialmente desfavorável e constatação de inexistência de um movimento de massas consistente fazem com que grande parte dos demais setores da organização passe a ser visto como auxiliares ao trabalho armado e, principalmente, que a atuação no movimento operário se resumisse à realização de ações armadas. Poderíamos diminuir a importância deste documento se supuséssemos que ele apenas inaugurou o debate sobre os novos caminhos a seguir. Contudo, como veremos, este documento está referendado, praticamente na íntegra, na conclusão deste debate, com a divulgação do documento *Orientação para a prática,* de janeiro de 1971, que analisaremos no capítulo seguinte.

João Lopes Salgado para a Bahia, em dezembro de 1970 ou janeiro de 1971, quando passou a dirigir o setor responsável pelo campo. *In:* Depoimento *atribuído* a José Carlos Souza. *In:* BNM 052, p. 64.

Por outro lado, este documento expõe, pela primeira vez, um esforço teórico da organização para propor os caminhos de desenvolvimento do trabalho no campo, possibilitado pela abertura da perspectiva na Bahia, ultrapassando as previsões genéricas da linha de abril de 1969. Por fim, e não menos importante, diluído nos dois pontos anteriores, o documento evidencia a significativa influência das chamadas "Teses de Jamil"[108], divulgadas pela VPR em 1970, sob o nome *O caminho da vanguarda*, que, como veremos, teve como consequência não apenas a influência nas posições políticas da organização, como também a expansão do debate teórico acerca da relação vanguarda/massas entre os quadros do MR-8.

De início, como vimos com relação à estrutura dos demais documentos analisados anteriormente, esse texto propõe uma análise da conjuntura, tendo em vista analisar a situação da burguesia, das massas e da esquerda revolucionária. Todavia, ao contrário das análises anteriores, esta interpretação conjuntural aponta, pela primeira vez, um questionamento, mesmo que superficial, da tese de estagnação do capitalismo no Brasil. Ao constatar que a tática contrarrevolucionária da ditadura se baseou, durante certo tempo, em repressão e propaganda, apontando seu caráter provisório, percebe que o governo iniciou uma busca de saídas alternativas, "a médio e a longo prazo."[109] Saídas que deveriam ser encontradas,

---

108 Conjunto de textos escritos em 1969 por Jamil Rodrigues, codinome de Ladislau Dowbor, dirigente da VPR. Apesar de escritos em meados de 1969, foram divulgados apenas no ano seguinte. Para maiores detalhes, cf. RIDENTI, Marcelo. "A Vanguarda Armada e as Massas na Revolução que não ocorreu." *In: Ciências Sociais Hoje*. São Paulo: Vértice, Editora dos Tribunais, ANPOCS, 1987.

109 MOVIMENTO REVOLUCIONÁRIO 8 DE OUTUBRO, *Tribuna de Debates: Setembro 1970*, 1970c, mimeo. *In:* Centro de Documentação e Memória da

fundamentalmente, no desenvolvimento econômico. E nesta perspectiva, iniciam a análise sobre a situação econômica

> Seria uma satisfação bem imatura e ilusória ver em 'maus lençóis' a atual situação econômica. Do ponto de vista dos interesses da burguesia, ela está razoavelmente bem: boa taxa de crescimento, aumento do produto interno bruto (PIB), aumento dos depósitos externos, bolsa de valores em alta (sinal de melhoria do capital financeiro) etc.[110]

Fica evidente que notaram o crescimento econômico derivado das diversas políticas econômicas autoritárias dos governos militares que, a partir de 1967, deram início a um período de crescimento econômico significativo, que ficaria conhecido como Milagre Econômico.[111] No entanto, a leitura sobre o período de bonança econômica é extremamente seletiva, pois, ao

Unesp (CEDEM/Unesp), coleção Archivio Storico Del Movimento Operaio Brasiliano. Localização: Caixa 10. 03.31,3

110 *Ibidem.*

111 De forma sintética, vale a pena ressaltar os principais pontos da reforma econômica promovida nos governos militares, em especial, durante o período do Milagre Econômico. Cabe destacar os dois aspectos fundamentais dessa reforma. Por um lado, seu caráter excludente e autoritário, por outro, a postura agressiva de subsídios, incentivos e investimentos, conforme sintetizam Vidal e Klein: "O 'milagre econômico' ocorreu na fase mais reacionária do regime militar. Não se admitiam críticas, nem as imparciais, que apontassem erros na política econômica. O autoritarismo permeava todos os níveis do governo, num momento em que ele promovia ampla gama de investimentos no setor produtivo (com incentivos e subsídios para o setor privado), manipulava as principais fontes de crédito de curto e longo prazo, controlava preços e salários e administrava a taxa de câmbio. Aumentavam as distorções na econômica, e a sociedade ficava mais injusta, em virtude de uma política econômica que fazia aumentar a concentração da riqueza". *In:* LUNA, Francisco Vidal; KLEIN, Herbert S. "Transformações econômicas no período militar (1964-1985). *In:* AARÃO REIS FILHO, Daniel; PATTO SÁ MOTTA, Rodrigo; RIDENTI, Marcelo (orgs.). *Op. Cit.*, 2014, p. 99.

contrário da "importância e a verdade da afirmação" de dados semelhantes sobre o desenvolvimento econômico em países avançados, que teria como consequência uma melhora no poder aquisitivo das massas, no Brasil, país subdesenvolvido, "sem nenhuma autonomia", submetido à lógica de exploração do capitalismo monopolista, a constatação é diversa. Como é previsível no esquema argumentativo do MR-8, a inserção do Brasil, na lógica de exploração do imperialismo, gerava sérios impasses. O primeiro deles seria o conflito entre burguesia nacional e burguesia internacional. Caso houvesse conflito de interesses: "as necessidades internas serão sacrificadas sem vacilação."[112] Ademais, como grande parte do parque industrial brasileiro é dominado pelo capital internacional, a maior parte do acúmulo de capital no Brasil não é reinvestido no mercado interno, mas é tirado do país, "sob a forma de remessa de lucros, [e vai] ser aplicado na Europa, ou parte na busca de outros mercados." Como conclusão desta leitura, se o desenvolvimento econômico atende, exclusivamente, às demandas externas, e o lucro da produção industrial não é reinvestido no mercado interno, "as saídas que a ditadura precisa ter ficam castradas, e não adianta tanto o desenvolvimento que não traz uma melhoria para a situação da massa, ao contrário: tem trazido uma maior concentração do poder econômico."[113] Neste sentido, concluem que "os problemas básicos num governo de sistema integrado com o imperialismo permanecem inalterados, e o grande conflito gerado pelo fato de a burguesia não poder elevar, significativamente, o padrão das massas, tende a aprofundar-se."[114]

---

112 MOVIMENTO REVOLUCIONÁRIO 8 DE OUTUBRO, *Op. Cit.*, 1970c, p. 2

113 *Ibidem.*

114 *Ibidem.*

É notório que parte da argumentação a respeito da análise conjuntural faz sentido, principalmente com relação ao caráter excludente e concentrador de renda que esse processo acarretou. Mas, apesar de perceber o significativo crescimento econômico brasileiro, a análise não estende o argumento para questionar a visão sobre a submissão completa da burguesia e do Estado brasileiro ao capital internacional, conferindo-lhes maior autonomia e importância nas decisões nacionais. Na esteira, por não creditar nenhuma autonomia ao Estado e à burguesia nacional, conclui sobre a impossibilidade de o desenvolvimento acarretar um aumento do poder aquisitivo das massas, fator que as manteria em situação de miséria e, consequentemente, mais receptíveis às ações da vanguarda armada. Não obstante, não enxergava que, através da política de concessão de crédito, que inseriu, significativamente, diversas parcelas da sociedade na esfera de consumo, o poder aquisitivo das massas aumentou. Ao contrário da linha política de 1969, onde constatava-se equivocadamente estagnação econômica, a percepção de desenvolvimento econômico neste documento deveria impulsionar uma revisão na análise sobre a autonomia do governo brasileiro, da burguesia e da situação das massas. Contudo, permaneceu inalterada. A explicação mais plausível para essa leitura conjuntural é a necessidade, a despeito das evidências, de manter a perspectiva de possibilidade revolucionária, num misto que envolvia o imperativo ofensivo, característico da luta armada e ampliado pela nova possibilidade de atuação no campo, e o compromisso ético para com os companheiros já presos ou mortos.

Além da conjuntura macroeconômica, a novidade do documento é trazer uma análise conjuntural sobre a situação do campo brasileiro, porém sem grande sofisticação, trazendo para o contexto do campo brasileiro a visão conjuntural macroeconômica. A Direção Geral compreende que, a exemplo da conjuntura geral, "os impasses vão se agravando", devido à aliança das classes dominantes não tocar nos problemas fundamentais do meio rural. Para justificar essa afirmativa, apontam os principais problemas através do argumento da submissão diante do imperialismo. Como principal agravante da situação do campo, aparece "o grande incentivo à pecuária, fomentado pelos grupos americanos do ramo de conservas e de exportação de carnes". Segundo o documento, a pecuária, não apenas em termos de "expansão de área", mas também em "valor de produção", caminhava para a dominação da produção agrícola brasileira. Esse fator de dominação, agravado pelo predomínio estrangeiro nesse ramo da produção agrícola, acarreta consequências semelhantes ao domínio estrangeiro na produção industrial. "Como os lucros não são reinvestidos, o problema maior é o da mão-de-obra excedente".[115] Em síntese, a expansão da pecuária no Brasil, impulsionada pelo capital estrangeiro, reforça um processo, já em curso, de êxodo rural. Assim, como conclusão da análise sobre o campo brasileiro:

> Hoje em dia, é ilusão pensar que a única área de tensão social no campo é o Nordeste. Ali, a seca agravou o problema, mais uma vez – o mesmo problema de todas as terras ocupadas do Brasil. O gado e a deflação da agricultura têm realizado uma expulsão maciça do homem da terra.[116]

Com isso, de acordo com a leitura seletiva que fizeram sobre a conjuntura nacional, fortemente dependente e sub-

115 MOVIMENTO REVOLUCIONÁRIO 8 DE OUTUBRO, *Op. Cit.*, 1970c, p. 3.

116 *Ibidem*.

missa ao capital estrangeiro, concluem a análise sobre a ditadura e a burguesia:

> Pensando não estarmos sendo eufóricos e nem pessimistas na avaliação que fizemos da situação geral do inimigo, podemos afirmar que na repressão (eliminação física da esquerda revolucionária e [ilegível] massa), e na propaganda estão as possibilidades da ditadura.[117]

Se na eliminação de seus inimigos e na propaganda estavam as possibilidades da ditadura, a situação aparecia como extremamente favorável, pois, ao avançar para a análise da esquerda revolucionária, o MR-8 traça um panorama no mínimo otimista sobre a situação da esquerda armada. Em um momento onde a grande maioria das organizações armadas se encontrava extremamente debilitada, algumas já em processo de desmantelamento, que as organizações estavam aprendendo com as lições tiradas dos erros espontaneístas, constatando que, neste período, havia diminuído "consideravelmente as perdas humanas e materiais", o que tornava difícil, "para a repressão, a eliminação das organizações."[118] Em decorrência dessa avaliação, o documento postula que o MR-8 deveria deixar a postura de recuo que caracterizou a organização após as diversas prisões do início do ano. Contudo, aponta de que maneira deveriam fazê-lo: "sair do recuo é dar consequências ao trabalho no campo, [...], mas é também levar a frente a luta urbana, dentre todas as extensões que se estabelecem por nossas possibilidades e pelas exigências

117 *Ibidem.*

118 *Idem*, p. 5.

do momento político."[119] Como principal exigência desse momento, além do trabalho no campo, aparecia o processo eleitoral que se aproximava, mantendo a leitura política do início do ano de que sua realização tinha por objetivo aumentar a base social de apoio da ditadura, que estaria fragilizada com o aumento da repressão, conforme vimos. Portanto, caberia à vanguarda:

> Reaparecer no cenário de luta, enquanto força revolucionária, e agir na farsa eleitoral montada pela burguesia, complicando seu auge demagógico. [Isso] significa responder à expectativa da massa, que, como podemos verificar, está longe de ser ganha pela ditadura.[120]

Por fim, finalizando a rápida análise conjuntural da esquerda armada, o texto faz um prognóstico otimista com relação ao trabalho ainda incipiente no campo: "Em 1972, se possível antes disso, colocaremos em ação o instrumento principal da guerra revolucionária: a luta armada no campo."[121]

Após a leitura conjuntural, o documento passa a dialogar, constantemente, com as "Teses de Jamil", explícita ou implicitamente. Ora criticando, ora se aproximando, o diálogo se inicia por intermédio da discussão teórica sobre quais seriam as "massas", conceito frequentemente utilizado nos textos políticos das organizações. Jamil Rodrigues, percebendo a generalidade com que o conceito era mobilizado, em um de seus textos, de nome *Quem são as massas?*, procurou delimitá-lo, de modo a guiar a ação política de sua organização. No entanto, com a divulgação dos textos pela VPR, suas teses

---

119 *Ibidem.*

120 *Ibidem.*

121 *Ibidem.*

ressonaram nos quadros do MR-8, e a DG decidiu se posicionar diante das novas questões propostas por Jamil.

Resumidamente, o texto *Quem são as massas?* propõe uma análise sobre as massas exploradas no Brasil. O esforço teórico de Jamil tinha por objetivo, segundo Marcelo Ridenti, privilegiar "a criatividade crítica dentro do marxismo, visando superar o dogmatismo fossilizante da esquerda tradicional, bem como a transposição mecânica de teorias e realidade de outras épocas, para explicar a realidade brasileira dos dias que corriam."[122] Neste sentido, promovendo uma reinterpretação da realidade brasileira, percebe que as classes sociais de seu tempo e do Brasil não eram as mesmas que Marx descreveu. A partir disso, desenvolveu a tese de que, nos países subdesenvolvidos, como o Brasil, as "massas economicamente marginalizadas", principalmente em desemprego ou subemprego, têm um peso maior no processo revolucionário em detrimento do proletariado, pois o capitalismo teria mudado sua composição orgânica, substituindo o homem pela máquina. Contudo, o proletariado, apesar do papel decrescente, mantinha sua importância revolucionária. Em menor número que as massas marginalizadas, não teria condições de realizar a revolução sozinho, logo, teria como missão estratégica "[...] fornecer o cimento ideológico em torno do qual o conjunto da população encontrará a sua unidade revolucionária, ao lutar por ideais socialistas".[123] Em síntese, ao proletariado, por seu lugar na produção, caberia um papel ideológico, que dependeria, para realizar a revolução, da força das massas economicamente marginalizadas.

---

122 RIDENTI, *Op. Cit.*, 1987, p. 181.

123 RODRIGUES, Jamil *apud. Idem*, p. 193.

Dialogando com essa nova proposta teórica, o MR-8 dispôs um tópico do documento para análise da "massa principal nos centros urbanos". Como prelúdio, indicava que os documentos de Jamil "por sua qualidade de aprofundamento de questões e excelente conteúdo tem exercido grande influência na organização."[124] No entanto, ao mesmo tempo, reforça a atitude que deveria ser tomada diante das propostas do texto: "o que não podemos é dogmatizar, também, os conceitos de Jamil, nossa obrigação é aprofundar seu conteúdo ou desenvolver discordâncias naquilo que, ao nosso ver, o companheiro erra ou deixa muito no geral."[125] Na esteira, aponta a principal contribuição do documento relacionado às massas:

> hoje em dia, não só a exploração pela mais-valia nos fornece o conceito de classe revolucionária; a esse se faz necessário acrescentar o de marginalização econômica levada a efeito pelo imperialismo nos países subdesenvolvidos, o que cria novos contingentes potencialmente revolucionário: é toda a população desempregada e subempregada. Esse é, ao nosso ver, o grande peso do documento, que elucida um problema até então abordado de maneira simplista.[126]

Conforme vimos, o MR-8, ainda no ano de 1969, tinha a percepção da importância das camadas marginalizadas, tanto que direcionava parte de seus esforços para o que entendiam como "setores empobrecidos", fato que justificava a atuação nas favelas. Contudo, segundo o documento, creditar a eles o papel principal no processo revolucionário seria um "revisionismo perigoso". Nesta perspectiva, o principal ponto de discordância

124 MOVIMENTO REVOLUCIONÁRIO 8 DE OUTUBRO, *Op. Cit.*, 1970c, p. 5.

125 *Ibidem.*

126 *Idem*, p. 6.

é o cerne da proposta de Jamil, ou seja, as camadas marginalizadas como massa principal do processo revolucionário. Segundo a direção do *Oito*, a missão do proletariado, ao contrário do que escreve Jamil, "[...] não é apenas a de dar o cimento ideológico à revolução, mas, estrategicamente, é que tem condições de balançar o concreto da burguesia."[127]

Objetivando combater a tese de Jamil sobre o papel decrescente do proletariado, o documento focalizava no processo de industrialização nacional e nas características gerais do capitalismo. Por um lado, no contexto geral, evidenciar a substituição de mão-de-obra por máquinas e, com isso, concluir acerca do "papel decrescente do proletariado seria diminuir o poder de elasticidade do capitalismo, no desenvolvimento da indústria. Sim, porque o capitalismo continuará levando em conta a disponibilidade de mão-de-obra barata. "[128] Além disso, sobre o contexto específico da industrialização no Brasil, percebiam a discrepância entre o avanço tecnológico e sua utilização nos países subdesenvolvidos:

> Qualquer que seja o avanço tecnológico do mundo, o nível deste que chega ao país subdesenvolvido é sempre muito relativo a esta situação. E não despreza o baixo custo de mão de obra. O que se segue a isso é que em termo das grandes industrias se agregam, necessariamente, indústrias pequenas e, assim, o crescimento industrial no país de tecnologia importada traz consigo um considerável aumento de mão de obra.[129]

127 *Ibidem.*

128 *Ibidem.*

129 *Ibidem.*

Portanto, seria incorreto, como propõe Jamil,

> [...] ver o proletariado se esvaindo, mesmo quantitativamente, enquanto classe. Ele é crescente numericamente, ainda que não seja principalmente nos números que resida a força revolucionária de uma classe, e apesar de, relativamente à população economicamente ativa, a classe operária permanecer minoritária.[130]

Reforçando o argumento contra Jamil, o documento relativizava a importância do papel quantitativo do proletariado no processo revolucionário, pois: "enquanto classe que ocupa determinada posição no processo de produção capitalista, o proletariado nunca foi e nem será majoritário; não é principalmente o valor quantitativo de uma classe que lhe dá ou tira a hegemonia no processo revolucionário."[131]

Por fim, extrapolando a discussão teórica, o documento propunha uma diferenciação entre as massas principais nos centros urbanos do Centro-Sul e as massas principais nos centros urbanos do Nordeste. Constatando uma discrepância no processo de industrialização nacional, a atuação no Centro Sul deveria ter como ponto principal o setor operário, em "zonas de concentração industrial". Apesar do papel importante dos setores marginalizados, nesses centros urbanos esses setores "não têm uma disposição definida no campo de luta, podendo ser enganados com possibilidades de saídas individuais, ao contrário do que acontece com os operários, já postados nas suas trincheiras, numa posição frente à qual a burguesia não tem saída."[132] No Nordeste, como vimos ao tratar da estrutu-

130 *Idem*, p. 7.

131 *Idem*, p. 8.

132 *Idem*, p. 10.

ração do trabalho em Salvador, é diferente. Com o processo de êxodo rural e pouca industrialização, com exceção de Salvador e Recife, esses trabalhadores recém-saídos do campo estariam em condições de marginalização. Neste sentido, a atuação nas cidades do Nordeste deveria se concentrar nesses setores, "procurando desenvolver sua consciência política para o desenvolvimento da luta na cidade, ou ganhando-os para que retornem a seus locais de origem, elevando assim as condições de trabalho revolucionário nos campos."[133]

Além do debate sobre quem são as massas revolucionárias, onde predominam as críticas às teses de Jamil, no desenvolvimento do documento, principalmente no que se refere à mudança tática e organizacional do MR-8, percebemos diversas aproximações com outro texto do dirigente da VPR, de nome *A vanguarda e as massas na primeira fase da revolução*. Neste texto, segundo Ridenti, Jamil tenta equacionar a atuação dos revolucionários para com as massas na primeira fase da revolução, denominada "defensiva estratégica", tendo como objetivo superar os impasses políticos da luta armada. Nesta fase, segundo Jamil, os principais objetivos seriam: "repercussão política nacional junto ao povo, projetando-se como poder alternativo; desafio direto ao poder constituído e repercussão local em áreas de possível desenvolvimento da luta armada."[134] Estes objetivos seriam alcançados através de elementos táticos desenvolvidos na cidade e no campo. Na cidade, seriam realizados através, unicamente, das ações de propaganda armada. Estas, segundo Jamil, poderiam ser de três tipos: ações com objetivo de criar tensão, expectativa ou

133 *Ibidem.*

134 RODRIGUES, Jamil. *apud.* RIDENTI, *Op. Cit.*, 1987, p. 201.

agitação; ações que identificavam os inimigos aos olhos da massa; ou ações que visassem obter a simpatia popular, como ações de sequestros de personalidades para libertação de presos, no âmbito geral, ou ações de ressonância local, como distribuição de víveres expropriados e/ou atos que obriguem o governo ou os patrões a pagarem salários atrasados e/ou concederem aumentos.[135]

Nesse sentido, ao contrário da proposta que vimos na linha política de abril de 1969 do MR-8, Jamil não concebe a possibilidade de realização de trabalho de massas. Pelo contrário. No período de "defensiva estratégica", "não há condição de transformar o apoio popular (no sentido passivo) em força permanente organizada",[136] ou seja, o objetivo da primeira fase da revolução seria buscar uma vinculação política com a massa e não uma vinculação orgânica.[137] Em síntese, segundo Ridenti:

> Na primeira fase da revolução, a relação entre vanguarda e massas urbanas deveria ser estabelecida através, em primeiro lugar, do 'contato' com as massas, e não do tradicional 'trabalho de massas', dado o escasso número de quadros e com o 'recrutamento limitado por razões de segurança ou orgânicas'.[138]

No campo, segundo Jamil, os objetivos seriam alcançados através da combinação entre as guerrilhas táticas, regular e irregular, e a coluna guerrilheira estratégica. Com relação às

---

135 *Idem*, p. 204.

136 *Idem*, p. 202.

137 Vinculação política remete ao apoio político da massa às ações armadas. Já vinculação orgânica refere-se à transformação desse apoio em força organizada, ou seja, integração aos grupos armados.

138 *Ibidem*.

guerrilhas táticas, nessa primeira fase só existiria a guerrilha regular, a qual caberia ações de sabotagem econômica e militar, tendo em vista repercussão nacional e, principalmente, dispersar o inimigo e desgastar o regime. Com relação à coluna guerrilheira estratégica, seria a única que conseguiria obter apoio popular e transformar esse apoio em força organizada, quando empreende derrotas ao governo e busca simpatia do camponês.[139] Partindo desta caracterização sintética do texto de Jamil, passemos à análise do documento do MR-8.

Tendo em vista o texto de Jamil, o documento da DG na Tribuna de Debates propõe uma revisão significativa da linha política de abril, especificamente nos pontos relacionados ao trabalho operário, que postulavam a necessidade de construção de uma "infraestrutura político-militar", através da atuação de "grupos político-militares" junto às massas. Como vimos no capítulo anterior, nas resoluções políticas de abril, a construção dessa "infraestrutura político-militar" dependia do trabalho de massas, catalisado pela atuação da organização. Deste trabalho inicial, derivariam as "parcelas avançadas da massa", potencialmente revolucionárias, formadas no bojo e organizadas para atuação no movimento de massas. Em síntese, nos próprios dizeres da linha política de abril: "as vanguardas só se formam em processo de massas" e deveriam ser organizadas "em cima de um trabalho de massas."[140]

139 RODRIGUES, Jamil. *A vanguarda e as massas na primeira fase da revolução. In:* MOVIMENTO REVOLUCIONÁRIO 8 DE OUTUBRO, *Arma da Crítica*, nº 1, Outubro, 1970d. Arquivo da Memória Operária do Rio de Janeiro(AMORJ), IFCS/UFRJ, fundo Organizações de Esquerda, Série-07. Documento nº 02.

140 DISSIDÊNCIA COMUNISTA DA GUANABARA, *Op. Cit.*, 1969, p. 11.

Contudo, segundo o documento de setembro de 1970, a atuação prática que se baseou nessas resoluções pouco avançou. Constatando a inexistência do movimento de massas, não conseguiam dinamizar os contatos abertos junto ao movimento operário, pois sua atuação estava condicionada à movimentação das massas. Portanto, certificado o impasse e objetivando manter a perspectiva de luta armada, o documento propunha uma redefinição dos conceitos "infraestrutura político-militar", "grupo político-militar" e "parcelas avançadas da massa", visando descaracterizá-los como dependentes do trabalho de massas. De início, redefinia-se a "infraestrutura político-militar". Ao contrário da perspectiva que propunha uma vinculação orgânica com as massas, o MR-8 seria, naquele momento, mais "modestos e consequentes", buscando apenas vinculação política com as "parcelas avançadas da massa". Esta vinculação se daria, exclusivamente, pelas ações de propaganda armada, "atacando os problemas da superestrutura e principalmente os [problemas] objetivos (desemprego, arrocho [salarial], habitação e aumento do custo de vida)".[141] Assim, no bojo deste novo conceito, redefinia-se, também, quem eram as "parcelas avançadas da massa". Estas, ao contrário da visão de outrora, "demonstram-se dispostas a participar da luta, não só influenciadas pelo movimento de massas mas também pela repercussão que as ações da vanguarda obtêm em seu meio."[142] Desvinculadas, portanto, do movimento de massas, deveriam ser identificadas de outro modo, sendo, assim, distinguíveis por: seguir com atenção a vida política do país, conversar com companheiros

141 MOVIMENTO REVOLUCIONÁRIO 8 DE OUTUBRO, *Op. Cit.*, 1970c, p. 10.

142 *Ibidem.*

apresentando posições e transmitindo informações, perceber a exploração a que estão submetidos e se revoltar com isso, tender a assumir a liderança em movimentos espontâneos, e, por fim, estarem dispostos a participar da luta.[143]

Assim, caracterizadas as parcelas avançadas e o papel que as ações armadas têm na atração desse segmento para as organizações de esquerda armada, percebiam que grande parte desse segmento das massas, nos campos e nas cidades, "apresentam-se dispostos a empunhar um fuzil". Contudo, à vanguarda caberia a decisão sobre de que maneira essas parcelas avançadas deveriam contribuir para o processo revolucionário, seja permanecendo na fábrica, área de moradia ou participando de um "grupo político-militar". Este, finalizando a revisão dos conceitos da linha de abril de 1969, perdia totalmente sua característica anterior, passando a ser, sob nova nomenclatura, a antiga Frente de Trabalho Armado, pois tinha como objetivo ser "o instrumento fundamental para a vinculação política, executando as ações de propaganda armada. [...]. Estarão adestrados para executar as ações meio, ações de PA [propaganda armada] e até ações de sequestro."[144] Em síntese, sintonizada com a proposta de vinculação política (contato com as massas) de Jamil: "Hoje criaremos uma estrutura em torno dos GPM [grupos político-militares] com as parcelas avançadas e futuramente iremos desenvolver outras formas de luta que irão permitir, aí sim, uma verdadeira vinculação com a massa."[145] Por fim, descrevem a programação dos GPMs para o fim do ano, que de-

143 *Ibidem.*

144 *Idem,* p. 12.

145 *Ibidem.*

veriam "desenvolver ações meio até o teto necessário [...] e voltar às ações de propaganda armada para vinculação política com a massa e aproximação com as parcelas mais avançadas."[146]

Nota-se, portanto, que há uma redefinição dos conceitos que estavam condicionados à existência do movimento das massas. Contraditoriamente, a partir daquele momento, o modo eleito para superar o isolamento diante das massas era canalizar todos – ou quase todos – os esforços materiais e humanos da organização para realização de ações armadas, que a impulsionavam, cada vez mais, ao isolamento. Pode-se dizer, inclusive, que a redefinição dos conceitos que vimos acima dissolveu, pelo menos na prática política na Guanabara, a atuação diferenciada que caracterizava as frentes de trabalho, delimitadas em abril de 1969, pois até as ações de agitação e propaganda, antes realizadas pela FTO, passaram a ser tarefas dos contatos, que seriam aglutinados em torno dos grupos político-militares. Neste sentido, a atuação do MR-8 nas cidades passou a orbitar em torno das ações armadas.

Deve-se ressaltar, contudo, que a redefinição tática e teórica do MR-8 não diz respeito apenas ao impacto dos textos de Jamil. Obviamente, os textos de Jamil encontraram abrigo dentre os quadros do *Oito* por se adequarem ao momento delicado pelo qual passava. Confirmavam, teoricamente, a possibilidade de romper o isolamento social mantendo a luta armada como estratégia revolucionária, prescindindo do apoio das massas. Assim, as propostas de Jamil se acoplavam ao momento da busca teórica que permitisse a manutenção da perspectiva armada da revolução, submetendo, cada vez mais,

---

146 *Idem*, p. 14.

a estratégia revolucionária ao compromisso ético com os companheiros, como atesta depoimento de César Benjamin:

> Houve uma dimensão ética muito relevante na militância, que foi tomando uma posição importante, em detrimento da posição política. Já em 1970, a dimensão política dessa ação se enevoa, torna-se obnubilada, como diria Fernando Pessoa, e aí cresce uma dimensão ética da ação, uma coisa de resistência.[147]

Por fim, o documento dispunha, teoricamente, de que maneira deveriam iniciar o trabalho no campo. Apesar da concepção de guerra combinada, construída na linha política de 1969, notavam que, na prática, a luta armada, não apenas do MR-8, mas no geral, concentrava sua atuação no meio urbano. Portanto, a ideia de iniciar um trabalho no campo atendia à compreensão do "desnível existente entre a GR na cidade e no campo", na "urgência de vencer essa diferença". Em síntese, desenvolver a luta armada no campo era "compreender que no Brasil a não combinação da luta urbano-rural levará a impasses decisivos; mais do que isso, é dar consequência no plano da tática a uma definição estratégica: a principalidade do campo no desenvolvimento da luta revolucionária."[148]

De forma semelhante às propostas de Jamil, desenvolvem dois setores diferentes de atuação no campo: a coluna guerrilha estratégica e guerrilha tática, que nomeiam como grupos táticos, regulares ou irregulares. À guerrilha estratégica, caberia o "efeito globalizador de todas as outras formas de luta em curso

147 BENJAMIN, Cesar. Entrevista concedida a Marcelo Ridenti. *In:* Arquivo Edgar Leuenroth (AEL/Unicamp), Fundo *Militância Política e luta armada no Brasil,* fita 1 lado b. arquivo digital: 89, lado b.

148 MOVIMENTO REVOLUCIONÁRIO 8 DE OUTUBRO, *Op. Cit.*, 1970c, p. 14.

no país todo."[149] Situada em uma área estratégica, "de grande importância econômica"[150] e com características militares favoráveis aos guerrilheiros, deveria ser realizada na segunda fase da guerra revolucionária no campo.

Para possibilitar sua construção, deveriam, antes, deflagrar a atuação das guerrilhas táticas, regulares e irregulares, em áreas diversas do meio rural, que teriam por objetivo "levar a guerra a todos os pontos que possam estrangular as saídas do governo."[151] Nesse sentido, aos grupos táticos caberia a realização de ações de propaganda armada, objetivando, a exemplo da atuação nas cidades, vinculação política com a massa do campo. Todavia, para as guerrilhas táticas atingirem totalmente seu potencial de mobilização, propunham uma prática combinada, com ações armadas na cidade e no campo, visando repercutir amplamente as ações da guerrilha e dividir as forças repressivas, dificultando, assim, as ações da repressão.[152] Portanto, neste início de trabalho, "toda a principalidade no trabalho rural tem de ser voltada para a preparação dos grupos táticos", pois estes, quando em conjunto com a coluna guerrilheira estratégica, dariam "efetividade completa à guerrilha".[153] Por fim, antecipando-se às críticas que caracterizariam como simplistas as definições táticas e estratégicas sobre o desenvolvimento da guerra revolucionária no meio agrário, postulam:

> a GUERRILHA é uma forma de luta primitiva e justamente na sua simplicidade está a pedra de to-

149 *Idem*, p. 16.

150 *Ibidem.*

151 *Idem*, p. 17.

152 *Ibidem.*

153 *Idem*, p. 18.

> que de sua força e eficiência. É por isso que a guerrilha é leve, surpreende, tem grande mobilidade e ataca com tanto poder.
>
> Não entendê-la assim é querer fazer da guerrilha uma forma de luta complexa que ela não pode ser, se quiser atingir seus objetivos políticos e militares enquanto a correlação de forças é desfavorável à GUERRA REVOLUCIONÁRIA.[154]

Findada a análise do documento que demonstra a abertura de um novo processo de discussão no MR-8, vimos que a proposta da Direção Geral apontava na revisão, significativa, de pontos centrais das propostas políticas do ano anterior, principalmente no que tange à atuação junto às massas revolucionárias, solidificando uma perspectiva militarista. Como já dissemos, os textos de Jamil, que objetivavam discutir a relação entre a vanguarda e as massas, acoplavam-se, perfeitamente, ao momento político de questionamento e debilidade da organização. Momento em que buscavam, teoricamente, alternativas para superar o isolamento, mas que não colocassem em xeque o alicerce fundamental da organização: a perspectiva de luta armada. Neste aspecto reside sua influência neste período. Contudo, o MR-8, conforme vimos no próprio documento, propunha não dogmatizar as propostas de Jamil, mas enaltecer o esforço teórico e, principalmente, "aprofundar seu conteúdo", aprofundando, por consequência, o debate teórico em geral. Nesta perspectiva, o *Oito*, demonstrando a importância com que viam o processo de discussão teórica, passou a editar uma revista, de nome *A arma da crítica*, visando aprofundar a discussão, não apenas na própria organização, mas na esquerda armada

154 *Idem*, p. 20.

em geral. Demonstração desse esforço é a própria edição de abertura da revista, publicada em outubro.

Reivindicando a tradição da revista que o *Oito*, ainda como fração clandestina ao PCB, editava como forma de impulsionar a luta interna ao PCB, contra a proposta reformista que dominava o partido, percebem que em 1970 a importância de recuperar a revista não se referia à necessidade de combater a prática reformista, pois contra ela

> já se coloca, concretamente, uma prática revolucionária de que resultou, apesar dos erros cometidos, a implantação da luta armada em nosso país, colocando-se, desta forma, as organizações revolucionárias como uma alternativa concreta no poder, em plano nacional.[155]

Seu ressurgimento respondia ao "momento em que a Esquerda Revolucionária se vê a braços com a necessidade de, no bojo da autocrítica dos erros que cometeu, construir todo um arcabouço político-ideológico capaz de responder aos desafios que a luta armada hoje nos coloca."[156] Nesta perspectiva, percebiam os erros da esquerda armada como consequências da "carência de recursos teóricos, somada aos efeitos de longo período de despreocupação com a formulação política."[157] Em síntese, reforçando a necessidade de, "através de seus textos, estimular a discussão política e a reflexão ideológica",[158] concluía o editorial da nova revista, reivindicando a passagem clássica de Marx em *A crítica da filosofia do direito de Hegel*:

---

155 MOVIMENTO REVOLUCIONÁRIO 8 DE OUTUBRO, *Op. Cit.*, 1970d, p. 2.

156 *Ibidem*.

157 *Ibidem*.

158 *Ibidem*.

> *Arma da Crítica*, assim, se define como um instrumento da discussão política e da luta ideológica, partindo da certeza de que a crítica das armas só garantirá a sua consequência histórica se incorporar entre os seus elementos a arma das críticas política e ideológica.[159]

Nesta primeira edição, visto o debate proposto pela DG, os textos teóricos traziam como ponto central a problemática da relação entre a vanguarda e as massas. Para isso, publicaram dois textos escritos pelos militantes do MR-8 que estavam em Cuba, realizando o treinamento guerrilheiro. O primeiro, já mencionado, de nome *O problema Vanguarda/Massa no atual momento histórico*, e o segundo, publicado na revista cubana *Pensamiento Critico*, de nome *A experiência da guerrilha urbana no Brasil*. Para além dos textos dos militantes do MR-8, publicaram também algumas das teses de Jamil, em específico as que citamos acima, *Quem são as Massas?* e *A vanguarda e as massas na primeira fase da Revolução*.

É importante descrevermos, principalmente, o primeiro texto dos militantes no exterior pois, ao que pudemos notar, parte da argumentação do documento da DG se refere aos conceitos presentes nesse texto, em especial no que se refere à alteração dos conceitos fundamentais da linha política de 1969. Como já indicamos, as discussões sobre o caráter da revolução e as formas de luta para tomar o poder já haviam sido superadas, e isso os próprios militantes no exterior também reconheciam, pois, segundo o texto: "Atualmente, surge como um dos problemas centrais da Revolução Brasileira apontar as formas concretas de relacionamento vanguarda/massa, em cada momento tático."[160]

---

159 *Ibidem*.

160 *Idem*, p. 4.

Como indicamos em momento anterior, a escrita desse texto estava relacionada ao balanço político realizado pelos quatro militantes libertados em troca do embaixador alemão, momento em que predominava a noção de que as prisões e mortes não eram consequência de erros individuais, mas, conforme o próprio texto, "são a expressão mais clara das dificuldades enfrentadas por nós, atualmente".[161] Contudo, como não poderia deixar de ser, a avaliação final pouco diferia das avaliações dos militantes no Brasil, pois, apesar das dificuldades, "por paradoxal que pareça, a esquerda conta com amplas condições favoráveis para avançar."[162] Todavia, para isso, seria necessário a compreensão dos erros e uma correta análise da relação vanguarda/massas no atual momento tático.

Nesta perspectiva, realizaram uma análise sobre os contatos abertos pela organização que resultaram do trabalho nas fábricas e locais de moradia. E é neste sentido que o documento influenciou, significativamente, as posições propostas pela DG, que descrevemos anteriormente. Esses contatos, consequência do trabalho no setor operário, seriam os "setores mais conscientes da massa" – nome distinto para "parcelas avançadas da massa". Aqui, de modo um pouco mais profundo que no documento da *Tribuna de Debates*, tentavam elencar a série de fatores que levou ao seu surgimento:

> (1) a falência dos métodos tradicionais de luta pacífica e reformista; (2) o efeito das ações armadas desencadeadas pela vanguarda; (3) o desemprego maciço que criou um clima de insegurança geral, causado pela racionalização da economia, política de favorecimentos dos monopólios (na cidade, vemos a falên-

161 *Idem*, p. 6.

162 *Idem*, p. 6-7.

> cia progressiva de médias e pequenas empresas; no campo, o mesmo ocorre com as empresas agrícolas atrasadas e, também, com a transformação de plantações em pastagens, muito mais rentáveis [...][163]

Neste sentido, de forma idêntica ao documento da DG, caracterizavam o modo como se distinguiam os "setores conscientes da massa", realçando que prescindem do movimento de massas. Logo, a conclusão não poderia ser diferente da apresentada pela DG: "não seria consequente, na fase inicial, tentar obter uma vinculação orgânica com o conjunto das classes exploradas. Esse é um objetivo a longo prazo. No momento atual basta-nos ter com o conjunto uma identificação política."[164]

Ressaltamos as posições políticas apresentadas nesse texto pois, ao que pudemos inferir, apesar de publicados posteriormente à *Tribuna de Debates* de setembro, as concepções propostas neste texto influenciaram a direção no sentido de divulgar suas novas posições políticas, atendendo, também, à influência das Teses de Jamil.[165] É importante demonstrar a sintonia entre as posições da DG no Brasil e os militantes no exterior para não incorrermos em uma relativa rivalidade, neste momento incorreta, entre as posições políticas dos militantes no Brasil e no Exterior, fato que mudaria nos anos seguintes.

O "ponto de não-retorno"

Ultrapassando o debate teórico que permeou o MR-8 na segunda metade de 1970, voltemos às atividades da or-

---

163 *Idem*, p. 6.

164 *Ibidem*.

165 A referência aos textos produzidos pelos militantes no exílio, no texto da Direção Geral, é que nos levou a perceber essa relação. Para verificar, cf. MOVIMENTO REVOLUCIONÁRIO 8 DE OUTUBRO, *Op. Cit.*, 1970c, p. 20.

ganização neste período. Como indicava o documento da DG, naquele momento era fundamental retomar as ações de expropriação para, posteriormente, retomar as ações de propaganda armada localizadas. Nesta perspectiva, a atuação na Guanabara, do então rebatizado Grupo Político-Militar, estava focada em realizar diversas ações meio. Ao longo do segundo semestre, para além das ações que já citamos, realizariam ainda seis ações armadas, todas com objetivo de obtenção de fundos para manutenção da organização, nos seguintes locais: churrascaria Rincão Gaúcho, no dia 13 de setembro,[166] Posto Shell, dia quatro de outubro,[167] Casa Lotérica, meados de novembro, Banco Nacional Minas Gerais, 20 de novembro, expropriação de roupas e armas de policiais-militares, no dia 29,[168] e, por fim, carro pagador da empresa Moinho Inglês, em meados de dezembro.

Ademais, conforme vimos, a principal referência para atuação política da organização no segundo semestre era realizar, coordenada com as demais organizações, uma campanha contra o processo eleitoral, e a melhor maneira de fazê-lo foi a partir da criação de uma campanha pelo voto nulo nas eleições que seriam realizadas em novembro. Nesta perspectiva de atuação coordenada, desde julho o MR-8 integrava o grupo denominado Frente Revolucionária, que tinha por objetivo a prática conjunta das organizações: ALN, VPR, PCBR,

166 Nesta ação, para além da expropriação de dinheiro, realizaram também uma panfletagem junto aos clientes da churrascaria e explodiram uma área da churrascaria que era destinada a ufanismo simpático ao regime ditatorial. Para maiores informações, cf. BNM 74.

167 Há processo específico sobre essa ação. Para maiores informações, cf. BNM 650.

168 Há processo específico sobre essa ação. Para maiores informações, cf. BNM 567.

MRT e MR-8.[169] Como Frente Revolucionária é que propunham a atuação no processo eleitoral.

Contudo, em outubro, a prisão seguida de morte da principal referência política da ALN, Joaquim Câmara Ferreira, possibilitou à repressão descobrir parte do planejamento tático da frente, o que, aliado à debilidade geral das organizações, arrefeceu as possibilidades de atuação conjunta. Segundo depoimento atribuído a Manoel Henrique Ferreira, o objetivo da atuação conjunta era a realização de panfletagens, ações de propaganda armada e sequestros, com objetivo de incentivar o voto nulo, diminuindo, assim, o apoio da população para com a ditadura. Contudo, somente foram realizadas panfletagens, e mesmo estas, em baixo número.[170] Além disso, segundo o mesmo depoimento, as relações da Frente ficaram seriamente abaladas em uma das reuniões entre as diversas organizações onde foi aventada a possibilidade de realização do sequestro do embaixador suíço. Segundo Manoel Henrique Ferreira, MR-8, MRT e ALN votaram contra a realização da ação, reforçando que as organizações não tinham condições para fazê-lo. Como já vimos, o MR-8 apontava, não apenas nessa situação, a necessidade de focalizar em ações armadas com caráter local e não mais em caráter geral, equacionando possibilidades e objetivos. O PCBR se absteve e a VPR votou a favor da realização. Sua realização pela VPR, à revelia da posição majoritária na frente, abriu um processo de ruptura entre VPR e MR-8, este tachado de "recuísta" pela primeira, fato que dissolveu as perspectivas da atuação conjunta.[171]

169 GORENDER, *Op. Cit.*, 2014, p. 217.

170 Depoimento *atribuído* a Manoel Henrique Ferreira. *In:* BNM 036, p. 340.

171 *Ibidem.* Outra perspectiva importante a ser citada sobre a constituição de

Corrobora com o depoimento atribuído a Manoel Henrique Ferreira a análise da DG, publicada em dezembro, sobre a atuação da frente. De forma sensata, o MR-8 notou que o "balanço que se pode realizar sobre a campanha do voto nulo é o próprio balanço da situação da esquerda revolucionária." Em primeiro lugar, apontavam o erro de superestimação das forças da esquerda armada, inclusive do próprio MR-8, ao evidenciar a dificuldade em realizar as ações meio, que antes eram realizadas com maior facilidade.[172] Além disso, e aqui fica evidente a crítica à VPR, houve o abandono das premissas que garantiriam a segurança das ações, para focar na execução de sequestros, "mais uma manifestação do imediatismo da prática". Nessa perspectiva, destacavam o fracasso da tentativa de atuação no processo eleitoral e a sua restrição às camadas médias: "o que seria a maior ofensiva das forças revolucionárias desde o início de 69 reduziu-se a

---

uma frente entre as organizações é que, em certo modo, seu desenvolvimento contribuiu, ao contrário do que se pretendia, na diminuição de militantes nas organizações. Segundo depoimento de Nelson Rodrigues Filho, grande parte das prisões, durante os anos de 1971 e 1972, ocorreram em encontros entre militantes da frente. Isso se devia ao fato de que, por participarem de organizações diferentes, era muito difícil precisar quais militantes de outras organizações haviam sido presos. Sendo assim, desconhecendo a prisão de um militante de outra organização, o encontro poderia resultar em nova prisão. *In:* RODRIGUES FILHO, Nelson. Entrevista concedida a Janaína Teles. *In:* Arquivo Edgar Leuenroth (AEL/Unicamp), Fundo *Intolerância e Resistência: Memória da repressão política no Brasil (1964-1985)*, fita 1.

172 MOVIMENTO REVOLUCIONÁRIO 8 DE OUTUBRO, *Balanço, Frente e Programação,* 1970e, mimeo, p. 1-2. *In:* Arquivo Público do Estado do Rio de Janeiro, Coleção Daniel Aarão Reis Filho. Série: Movimento Revolucionário 8 de Outubro. Documentos de Discussão Interna. Localização: Caixa 15, documento nº 10.

restritas atuações coordenadas nas camadas médias e a montagem de alguns comitês de denúncia."[173]

Apesar da constatação de fracasso, notam que "os resultados da campanha eleitoral mostraram que mesmo sem a nossa atuação de maneira determinada, o desgaste que a ditadura sofreu no processo eleitoral foi muito maior que nas eleições anteriores."[174] Contudo, percebem o isolamento da esquerda armada, pois o que foi uma derrota "para eles [ditadura] não foi, apesar disso, uma vitória para nós, na medida em que fato não se verificou uma identificação maciça com a perspectiva da E.R. nos votos nulos. Não passou ainda de um descontentamento e uma recusa não capitalizados."[175]

Devemos ressaltar também que a atuação na Bahia sofreu algumas alterações, no segundo semestre de 1970. Em julho, a militante Eliane Gomes de Oliveira foi para Salvador coordenar o trabalho junto às camadas médias, destacando o intercâmbio de militantes entre Guanabara e a Bahia, que se tornaria mais frequente no ano seguinte.[176] Além disso, em outubro, toda a organização em Salvador ficou em alerta após a queda de Marcos Dantas, que levou à prisão de Juca Ferreira, uma das principais lideranças em Salvador, e Paulo Roberto Alves. A partir dessas prisões, a organização diminuiu as atividades na capital da Bahia por medida de segurança, sendo, inclusive, solicitada pela própria Lucia Murat a troca da direção regional da organização, que passou a ser coordenada, a partir da segunda quinzena de dezembro, por Solange Lourenço Gomes,

173 *Idem*, p. 2.

174 *Ibidem*.

175 *Idem*, p. 2-3.

176 Depoimento *atribuído* a Lúcia Murat. *In:* BNM 112, p. 319.

com a volta de Lúcia Murat para a Guanabara.[177] Apesar da prisão, Juca Ferreira, por grande semelhança física com seu irmão, que havia feito parte da DI-BA mas estava no exílio, conseguiu, em contato com os militantes que denunciaram sua participação na organização, que mudassem seus respectivos depoimentos, e dissessem que o haviam confundido com o seu irmão.[178] Com isso, pouco depois, Juca Ferreira foi liberado e seria, no ano seguinte, mais um militante da Bahia a integrar os Grupos Político-Militares na Guanabara.

Em síntese, como conclusão desse capítulo, podemos citar algumas das principais consequências do ano de 1970 para o *Oito*. Por um lado, reforçou a opção feita, ainda em 1969, da perspectiva estratégica da luta armada, fato que impulsionou os militantes na direção de encontros, cada vez mais frequentes, com os órgãos de repressão, notadamente mais bem estruturados após o sequestro do embaixador americano. Desses encontros resultaram diversas prisões e uma morte, que escancararam a debilidade da organização e, principalmente, a marginalização social a que estavam submetidos e que se submetiam, cada vez mais, ao aprofundar a perspectiva de luta armada, que atingiria seu ápice a partir da consolidação das posições propostas pela direção no ano seguinte. Apesar das nítidas análises de desenvolvimento econômico – em decorrência das transformações que os governos militares impunham, autoritariamente, à sociedade brasileira – e de estar consciente da marginalização crescente e da desproporcional relação de forças entre o

---

177 *Idem*, p. 320.

178 FERREIRA, Juca. *Entrevista realizada por Sandra Regina Barbosa da Silva Souza e Muniz Ferreira*, p. 10-11.

aparato repressivo do Estado e os parcos militantes que se dispunham a manter a luta, o MR-8 se mantinha, firme, na perspectiva de seguir adiante com a luta armada, até mesmo ajustando sua perspectiva teórica para justificar a continuidade da luta em circunstâncias desfavoráveis para a mobilização das massas. Poderíamos concluir que o ano de 1970, para o MR-8, seja o que Ridenti, inspirado em Frantz Fanon, denomina como "ponto de não-retorno",[179] momento em que, apesar das evidências, os militantes da esquerda armada não poderiam recuar de suas escolhas, principalmente pelo imperativo moral da ofensiva e o compromisso ético com os companheiros e com o projeto revolucionário.

É notório que a perspectiva de atuação no campo exercia um poder muito grande de mobilização para manutenção da crença de que, a exemplo das revoluções vitoriosas na China, Vietnã e Cuba, o campo incendiaria o Brasil e possibilitaria o início da idealizada revolução brasileira. Contudo, a vinculação orgânica entre os projetos de vida, individuais dos militantes, e o projeto revolucionário tecia laços demasiadamente fortes entre os militantes, realçados pela lógica da clandestinidade, que adquiriam, assim, um papel fundamental – sem o qual se torna impossível a compreensão – para a manutenção da perspectiva de luta armada, apesar de todos os reveses. Aponta neste sentido o depoimento de Vera Silvia Magalhães, que pode ser apresentado como síntese do *Oito* nesse período:

> Eu não poderia sair do barco. Me sentia muito ligada a todos, inclusive, afetivamente. Eram meus amigos. A organização era a minha vida. Era a minha vida e a minha morte. Essa era a contradição com a qual eu tinha de viver. Fora dali o que eu

179 RIDENTI, *Op. Cit.*, 2010, p. 247.

era? Não tinha identidade. A minha identidade era aquela. Eu era uma guerrilheira, seja em declínio ou cercada. Com aqueles amigos, com aqueles guerrilheiros que tinham se proposto a transformar a sociedade.[180]

180 MAGALHÃES, Vera Silvia. Entrevista concedida a Marcelo Ridenti. *In:* Arquivo Edgar Leuenroth (AEL/Unicamp), Fundo *Militância Política e luta armada no Brasil*, fita 1 lado b (arquivo digital: 139 lado b).

"Ou ficar a pátria livre, ou morrer pelo Brasil": o crepúsculo do projeto revolucionário

Daí porque aprendi desde cedo
a não sofrer com partidas.
É que sou um combatente provisório
de uma causa quase eterna no homem
acredito ter como bandeira
senão o sonho perfeito,
a melhor utopia possível.

Alex Polari, *Sobre Partidas.*[1]

Orientação para a prática: a concretização da revisão na linha política de 1969

Apesar da manutenção da perspectiva ofensiva, conforme vimos no capítulo anterior, a virada do ano de 1970 para 1971 trouxe mais um agravante para a situação das organizações de esquerda armada. O sequestro do embaixador

---

1 POLARI DE ALVERGA, Alex. *Inventário de cicatrizes.* 2ªed. Rio de Janeiro: Comitê Brasileiro pela Anistia, 1978, p. 58.

suíço, Giovanni Enrico Bucher, realizado, exclusivamente, pela VPR, contrariando a posição da Frente Revolucionária, evidenciava o esgotamento dessa tática de luta e realçava o isolamento social da esquerda revolucionária. Nessa ação, os revolucionários aumentaram as exigências. Para além da leitura do manifesto, do congelamento de preços e da liberação de roletas das estações ferroviárias da Guanabara, exigiram a libertação de setenta presos políticos.[2] Contudo, conforme já indicamos, dessa vez a ditadura não cedeu às exigências dos comunistas. Ao contrário. Negou a libertação de treze presos políticos que estavam na lista, por terem realizado sequestros ou cometido "crimes de sangue", além de recusar as demais exigências, fato que colocou, na ordem do dia, a possibilidade de assassinato do embaixador.

Carlos Lamarca, militar que desertara para ingressar na luta armada, usou de sua condição de comandante da ação para impedir o assassinato do embaixador, aceitando as contrapartidas da ditadura.[3] Feitas as revisões necessárias na lista com os setenta presos políticos a serem libertados, a ditadura, no mesmo molde dos sequestros anteriores, providenciou o voo de liberdade. Este, ao contrário do México e Argélia, teve como destino o Chile de Salvador Allende, nova esperança dos revolucionários sul-americanos. Dentre os setenta, sete militantes do MR-8 foram libertados: Carlos Vainer, Samuel Aarão Reis, Regina Yessin Ramos, Lúcio Flávio Uchoa, Antônio Silveira, Paulo Alves e Pedro Alves. A perspectiva ainda era a de um exílio rápido, uma pausa, para retornar à *terra*, ao

2 GASPARI, Elio. *A ditadura escancarada.* São Paulo: Companhia das Letras, 2002, p. 339-340.

3 JOSÉ, Emiliano; MIRANDA; Oldack. *Lamarca, o capitão da guerrilha.* São Paulo: Global, 1980, p. 103-107.

projeto revolucionário.[4] Essa, inclusive, era a visão dos militantes no Brasil. César Benjamin, já integrante da expandida Direção Geral,[5] em fins de 1970, através dos contatos de Felix Escobar na Baixada Fluminense, providenciou a compra de uma fazenda na cidade de Cachoeiras de Macacu, que seria utilizada como esconderijo dos exilados, até sua reintegração às fileiras da organização.[6] Apesar dos reveses, a perspectiva ofensiva permanece, no Brasil e no exterior.

No Brasil, em janeiro de 1971, a direção divulga o documento *Orientação para a prática*. Ressaltando a dificuldade de realizar processos de discussão coletivos, para análise conjuntural e encaminhamento tático, consequência de "um período difícil para as OO [organizações], ditado por uma radicalização precoce da repressão",[7] o documento, em seu conjunto, sintetiza "as posições oficiais da O [organização] até que as condições de democracia interna estejam plenas,

4 Daniel Aarão Reis, sobre o período no exílio, em entrevista para Denise Rollemberg, evidencia a distinção entre os militantes que estavam na *terra*, ou seja, na prática revolucionária, e os militantes exilados. Para maiores detalhes, cf. ROLLEMBERG, *Op. Cit.*, 1999, p. 140-141.

5 Não é possível precisar o momento, mas na virada de 1970 para 1971 a Direção Geral da organização passou a ser composta por cinco membros, um deles responsável pelo setor da guerrilha rural.

6 Depoimento *atribuído* a César Benjamin. *In:* BNM 190, p. 230. Neste momento, apesar de pouca atividade, as áreas da Baixada Fluminense eram designadas por codinomes. "Acre" era a designação de Cachoeiras de Macacu e "Pará" designava a área de trabalhos em Xerém, ambas áreas rurais da Baixada Fluminense. *In:* Depoimento *atribuído* a César Benjamin. *In:* BNM 567, p. 204.

7 MOVIMENTO REVOLUCIONÁRIO 8 DE OUTUBRO, *Orientação para a prática*, 1971, mimeo, p. 2. *In:* Arquivo da Memória Operária do Rio de Janeiro, IFCS/UFRJ, fundo Organizações de Esquerda, Série-03, documento nº 01.

numa conferência ou num congresso."[8] Apesar de reforçar que o processo de discussão "não se interrompe neste documento" e evidenciar que se mantém "aberto o processo de publicação das tribunas de debates", como posição oficial da organização, o *Orientação para a prática* desponta como balanço das discussões realizadas a partir da abertura do debate proposto pela DG em setembro passado, conforme indicamos no capítulo anterior. Porém, ao que parece, não houve muitos debates sobre as questões propostas, talvez pelas dificuldades citadas no documento, pois as posições propostas na *Tribuna de Debates* de setembro de 1970 são referendadas, na íntegra, neste novo documento de janeiro, como posição oficial da organização. Em síntese, o *Orientação para a prática* é uma junção entre a *Tribuna de Debates* da DG de setembro e o balanço sobre a Frente Revolucionária realizado em dezembro, também analisado no capítulo anterior. Portanto, em linhas gerais, esse novo documento oficializa a revisão de alguns pontos fundamentais da linha política de abril de 1969, relacionados ao movimento de massas, concretizando, assim, a perspectiva militarista da organização.[9]

Vale ressaltar, apenas, o que o documento acrescenta aos anteriores. Em específico, dois pontos: uma visão nacional das tarefas e as justificativas criadas para legitimar as novas posições. Com relação à visão nacional das tarefas, de forma sucinta, o documento segue a perspectiva de criação de Grupos Político-Militares nas cidades, com objetivo de "deflagrar a guerrilha urbana nas cidades, social e economicamente mais importantes". Nessa perspectiva, altera-se a

---

8 *Ibidem.*

9 Para maiores detalhes das mudanças realizadas na linha política de 1969, cf. capítulo anterior.

tática de atuação em Salvador, que, conforme vimos, não tinha uma perspectiva de realização de ações armadas até este momento. No campo, principal objetivo a ser desenvolvido, mantinha-se a visão de montagem de guerrilhas táticas, regulares e irregulares, e a guerrilha estratégica, através de um "levantamento da área estratégica, [e] na medida do possível alocar já contatos de inteira confiança", preparando "uma área de treinamento guerrilheiro no país".[10] Com relação às justificativas, fazem um balanço das ações de agitação e propaganda anteriores, que não traziam nenhuma mudança concreta para as massas, realçando, assim, a perspectiva de que a prática armada deveria focar, para além de manifestos de divulgação, em expropriação e doação de víveres, doação de dinheiro para urbanização das favelas e resoluções de problemas de habitação popular. Neste sentido, romperiam o isolamento a que estavam submetidos.[11] Portanto, reavaliavam, completamente, a experiência de agitação e propaganda ao estilo leninista clássico, ao concluir:

> Às vezes nos sentíamos, devido a nossa origem pequeno burguesa, como intelectuais, falando de luta armada para gente preocupada com o seu feijão com arroz. Tínhamos certa razão.
>
> *Provavelmente devido à nossa formação política, de base intelectual, sempre demos, a meu ver, uma importância exagerada aos processos intelectuais da massa. Mesmo quando começamos a falar dos problemas mais concretos sentidos pela massa de cada local sentíamos, muitas vezes, que nossa propaganda ficava meio solta no ar. A massa gosta de ver pensamentos seguidos de prática, mais ainda, de sentir benefícios concretos nessa prática.*[12]

---

10 MOVIMENTO REVOLUCIONÁRIO 8 DE OUTUBRO, *Op. Cit.*, 1971, p. 12.

11 *Idem*, p. 25.

12 *Idem*, p. 24, *grifo nosso*.

Entre a Bahia e a Guanabara

Em 1971, a direção regional de Salvador já havia sido trocada, conforme indicamos no capítulo anterior. Lúcia Murat retornaria à Guanabara em fevereiro, e Solange Lourenço Gomes assumiu suas funções desde dezembro de 1970. De início, Solange buscou dinamizar a construção dos Grupos Político-Militares em Salvador, respondendo à nova tática política da organização, com objetivo de realizar ações de expropriação para melhorar as condições na capital baiana.[13] Além de Solange, João Lopes Salgado, dirigente geral da organização, também se deslocou para a Bahia, onde, por contato com Lúcia Murat, tomou conhecimento da área rural apresentada por José Campos Barreto, o Zequinha, em Brotas de Macaúbas, que ficou denominada pelo codinome "Roraima". Os contatos com Zequinha remontam a meados do ano anterior, quando Lúcia Murat realizou encontros com o então dirigente da VPR na região. A partir disso, novos encontros foram realizados entre Zequinha e José Carlos Rocha, sob orientação de Lúcia Murat, formalizando sua transferência para o MR-8. Contudo, a dinamização das atividades rurais só foi fortalecida a partir da chegada de João Lopes Salgado, de que trataremos adiante.[14]

Em fins de 1970, ainda sem um trabalho organizado na área proposta por Zequinha, o MR-8 já havia desenvolvido duas áreas de trabalho na Bahia, ambas sob o codinome "Ma-

13 Depoimento *atribuído* a Solange Lourenço Gomes. *In:* BNM 192, p. 51.

14 MURAT, Lúcia. Entrevista concedida a Janaína Teles. *In:* Arquivo Edgar Leuenroth (AEL/Unicamp), Fundo *Intolerância e Resistência: Memórias da repressão política no Brasil. (1964-1985)*, DVD 1 (fitas 1 e 2); Depoimento *atribuído* a José Carlos Rocha. *In:* BNM 052, p. 64.

rajó". A primeira, já citada, localizada em Salvador, e uma outra, na região do Recôncavo Baiano, compreendendo principalmente as cidades de Alagoinhas e Feira de Santana, para onde foi deslocado Felix Escobar e Nilson Venâncio, outro militante operário da base de Felix, tendo em vista realizar trabalho político na região.[15] Com a chegada de João Lopes Salgado, em janeiro, e César Benjamin, em 15 de fevereiro,[16] dividiram as atividades na Bahia em três regiões e sob três direções diferentes: Solange, dirigente em Salvador e responsável pelo trabalho político e desenvolvimento dos grupos armados urbanos, João Lopes Salgado, responsável pelo contato com Zequinha e desenvolvimento das perspectivas da organização no campo, tendo em vista a construção das guerrilhas, e César Benjamin, responsável pelo trabalho de levantamento político na região do Recôncavo, com futura perspectiva de desenvolvimento de uma guerrilha tática irregular, nos moldes do proposto na tática política da organização.[17]

Apesar do novo planejamento, pouco pôde ser colocado em prática. No mês seguinte à chegada de César Benjamin, em março, Solange Gomes, em uma crise psicológica, entregou-se espontaneamente em uma delegacia de Jogos e Costumes de Salvador, revelando parte significativa da estrutura da organização na capital baiana.[18] Uma semana depois, fo-

---

15 *Ibidem.*

16 Depoimento *atribuído* a César Benjamin. *In:* BNM 567, p. 200.

17 BENJAMIN, Cesar. Entrevista concedida a Marcelo Ridenti, *Militância Política e luta armada no Brasil,* Arquivo Edgar Leuenroth (AEL/Unicamp), fita 1, lado b (arquivo digital: 89 lado b).

18 BNM 192, p. 11. Para maiores detalhes sobre esse episódio e sobre o estado mental de Solange, cf. CARVALHO, Luiz Maklouf. *Mulheres que foram à luta armada.* São Paulo: Globo, 1998, p. 301-306.

ram presos seus contatos mais próximos: Denílson Vasconcelos e Eliana Gomes. A partir de então, ao longo de todo o mês de março, os órgãos de repressão, utilizando-se das técnicas usuais de torturas físicas e psicológicas, realizaram novas prisões de simpatizantes e militantes, entre eles: Renato Amorim Silveira, Carlos Villanueva, Pedro Juraci, Eládio Vieira, Delberto Raimundo, Miguel Arcanjo e Edmundo Ribeiro.[19]

Apesar das diversas prisões, as regras de compartimentação funcionaram. Nenhuma das duas outras estruturas da organização na Bahia foi atingida. Diante desse cenário, objetivando não ser preso, Juca Ferreira, que fazia parte da estrutura de Salvador, viajou para a Guanabara, onde começaria a atuar em um dos Grupos Político-Militares.[20] Juca Ferreira foi um dos primeiros a defender posições críticas à luta armada neste período, e seria o principal articulador político para o abandono dessa perspectiva no ano seguinte. Neste contexto, Juca relata o receio dos quadros de direção com relação a sua ida à Guanabara, justamente pela possibilidade de "espalhar" as posições que defendia, como também as alternativas que a direção do MR-8 disponibilizou para sua atuação política, evidenciando traços do militarismo exacerbado que permeava a organização neste período:

> O documento que eu escrevi era muito fraco, mas tinha esse posicionamento de crítica à luta armada, mostrar que não existiam as tais condições objetivas, que a ideia da ação de vanguarda como exemplo, mobilizador e indutor, também não funcionaria. [...] Mas a organização estava, ainda, predominantemente, na direção favorável à manutenção da luta armada. [...] teve até um gesto sim-

19 BNM 192, p. 66,67,71 e 74.

20 BNM 166, p. 124.

> bólico. [Quando cheguei] fomos para um aparelho, lá tivemos uma discussão política, e eles botaram na mesa, de um lado, um passaporte, de outro várias armas, e me disseram que eu tinha que escolher. [...] Isso fazia parte de uma mentalidade que existia, fortíssima, que era quem criticava a luta armada é quem estava com medo, chamavam de crise ideológica. [...] eu nunca tinha pensado em ir para o exterior, aí acabei optando pelo lado da mesa que não estava o passaporte.[21]

Na Guanabara, ao contrário de Salvador, foi fácil reorganizar os militantes em Grupos Político-Militares, conforme as novas posições políticas, visto que, ali, já estavam estruturados grupos da antiga Frente de Trabalho Armado. Em fins de dezembro de 1970, os militantes foram organizados em dois GPMs, um sob comando de Sérgio Landulfo Furtado, a esta altura uma das principais lideranças na Guanabara, e outro sob comando de Roberto das Chagas. Somavam, ao todo, vinte e sete militantes, o que evidenciava a quantidade reduzida de quadros da organização na Guanabara.[22] A partir do início de 1971 realizaram diversas ações armadas:

---

21 FERREIRA, Juca. Entrevista concedida a Sandra Souza e Muniz Ferreira, p. 16-17.

22 Depoimento atribuído a Manoel Henrique Ferreira descreve a estrutura dos GPMs. Cada um dos grupos tinha três unidades distintas. No GPM comandado por Sérgio Landulfo Furtado, faziam parte: Nelson Rodrigues Filho, Elizabete Correa Lima, Carmen Monteiro, Roberto Mensk, Sônia Lafoz, Manoel Henrique Ferreira, José Maurício Gradel, Zaqueu José Bento, Norma de Sá Perreira, Sérgio Rubens, Stuart Angel, e os contatos operários trazidos por Felix Escobar, de codinomes P1 (José Gomes Teixeira), P2 (Nilson Venâncio), P3 e P4. No segundo grupo estavam: Mario Souza Prata, Marillena Villas Boas, Caio Salomé, Alexandre Lyra, José Carlos Avelino, Etevaldo Hipólito de Jesus, Paulo Roberto Jabour e Maria Cristina de Oliveira. Aos GPMs, integraram-se, após a ida para a Guanabara, Lúcia Murat e Juca Ferreira. *In:* BNM 567, p. 332.

expropriação de metralhadora no décimo setor de trânsito,[23] em janeiro, expropriação do supermercado Ideal[24] e depósito da Kibon, em fevereiro, e supermercado Casa da Banha, em março.[25] Ao contrário das previsões feitas no *Orientação para a prática*, os GPMs não conseguiriam realizar ações que buscassem mudanças concretas para as massas revolucionárias, estando, cada vez mais, engendrados na lógica de sobrevivência física, afastando-se das bases sociais que buscavam mobilizar, apesar de algumas campanhas junto às camadas médias e o movimento estudantil, como foi o caso da parca campanha contra a pena de morte, realizada em conjunto com o Movimento Universitário Revolucionário Democrático (MURD).[26]

---

23 Existe um processo específico sobre essa ação. Para maiores detalhes, cf. BNM 432

24 A partir do início de 1971, a organização passou a privilegiar os supermercados e distribuidoras de alimento nas ações de expropriação, por serem menos visadas que as agências bancárias e/ou carros pagadores. Sobre isso, Juca Ferreira confirma: "O MR-8 descobriu que supermercado, às vezes, era mais fácil e tinha mais dinheiro do que banco... às vezes eles deixavam pra recolher uma vez por semana... porque nunca tinha sido tentado." *In:* FERREIRA, Juca. Entrevista concedida a Sandra Souza e Muniz Ferreira, p. 20. Além dos supermercados já citados, ao longo de 1971, expropriaram diversos outros, entre eles: Disco, Peg-Pag, Merci e Mar e Terra.

25 Depoimento *atribuído* a José Carlos Avelino. *In:* BNM 567, p. 350.

26 Pouco se sabe sobre a atuação do MURD nas universidades. O que pudemos inferir é que tinha ligações com o MR-8, facilitadas por contatos com a Igreja. A campanha contra a pena de morte correspondia à condenação, até então inédita, prevista na Lei de Segurança Nacional, de setembro de 1969, do militante baiano do PCBR Theodomiro Romeiro. Para maiores informações sobre o MURD, cf. BNM 438, para maiores informações sobre a campanha contra a pena de morte, cf. MOVIMENTO REVOLUCIONÁRIO 8 DE OUTUBRO, *Proposição contra a campanha de pena de morte da ditadura.* 1971, mimeo. *In:* Arquivo Edgar Leuenroth (AEL/Unicamp), Fundo Gilberto Mathias, série 01 (Organizações de Esquerda), sub-série 03 (Movimento Revolucionário 8 de Outubro).

Nesse entretempo, já sofrendo de falta de militantes, o MR-8 perderia outros quadros. Além das defecções de Sônia Lafoz, Roberto Chagas, Caio Salomé e José Gradel, novas prisões acometiam o *Oito*. Alexandre Lyra, em fevereiro, e Lúcia Murat, em fins de março, romperam o período mais longevo sem prisões na atual capital fluminense. Lúcia Murat, ao rememorar o momento de sua prisão em um apartamento na favela do Jacarezinho, relata a situação da organização neste período, inclusive coloca uma questão que se tornou importante nos momentos finais da esquerda armada brasileira, que eram os agentes repressivos infiltrados nas organizações e/ou os militantes que, depois de presos, passavam a colaborar com a repressão:[27]

> Não tive sequer chance de defesa [sobre o momento da prisão]. *Era uma época de isolamento total, em que já não tínhamos nem aparelho, nem simpatizantes, nem dinheiro.* Tenho a impressão de que caí porque a Organização tinha gente infiltrada. Fui seguida por dois órgãos diferentes, o Exército e a Aeronáutica.[28]

Contudo, ainda neste momento a busca por meios financeiros para a organização tinha um horizonte, para além da sobrevivência física: o desenvolvimento da guerrilha rural. Além deste, que exercia forte influência nos militantes para

---

27 No período final da luta armada, com as organizações diminuindo numericamente, houve grande intercâmbio de militantes entre as organizações. Isso aumentava a dificuldade em conseguir mapear quem poderia ser infiltrado e colaborava com a prisão de novos militantes. Caso emblemático neste sentido é o de Cabo Anselmo, militante da VPR, que passou a colaborar com a repressão e foi responsável pela captura e morte de militantes políticos em 1973.

28 MURAT, Lúcia *apud* CARVALHO, Luiz Maklouf. *Mulheres que foram à luta armada.* São Paulo: Globo, 1998, p. 196. Grifo nosso.

manterem a perspectiva de ações armadas, um fato realçou, ainda mais, o vislumbre de que o MR-8 estava no caminho certo: Carlos Lamarca decide se desligar da VPR e solicita ingresso no MR-8. Desde o sequestro do embaixador suíço, que trouxe consequências desastrosas para as organizações de esquerda armada e escancarou o processo de isolamento, Lamarca, segundo José e Miranda, "estimula a luta interna; acha importante mudar os métodos da VPR para escapar do círculo vicioso".[29] Segundo Fábio das Chagas, Lamarca, em sua carta de desligamento da VPR, critica os métodos da prática política da organização, como um dos motivos de seu desligamento.[30] Podemos inferir que sua decisão ligava-se à necessidade de repensar ações de grande vulto como possibilidade de encaminhar a revolução brasileira, e talvez este seja um dos aspectos que o aproximou do MR-8. A recusa do MR-8 em realizar ações de sequestro ficou evidente nas discussões da Frente Revolucionária, quando se contrapôs à proposta da VPR de realizar o sequestro do embaixador suíço. Talvez tenha sido a partir dessas reuniões, as quais contavam com a participação de Lamarca representando a VPR, que o *capitão da guerrilha* tenha tido contato com a tática do MR-8, de vincular as ações armadas às necessidades concretas das massas revolucionárias, relegando para segundo

29 JOSÉ; MIRANDA, *Op. Cit.*, 1980, p. 106.

30 GONÇALVES DAS CHAGAS, Fábio André. *A Vanguarda Popular Revolucionária: dilemas e perspectivas da luta armada no Brasil (1968-1971)*. 118f. Dissertação de Mestrado em História. Faculdade de História, Direito e Serviço Social, Universidade Estadual Paulista (UNESP), Franca/SP, p. 105-106. Disponível em: https://osirredentosblog.files.wordpress.com/2015/12/a-vanguarda-popular-revolucionc3a1ria.pdf. Acessado: 12/09/2017.

plano ações de grande impacto.[31] Além desse fator, é notório que exercia atração a possibilidade de desenvolvimento da guerrilha rural. Aos olhares externos, o MR-8, com o desenvolvimento de trabalho em Salvador, aparentava ser a organização com maior potencial de mobilização revolucionária. Por fim, Lamarca também não concordava com a perspectiva de ir para o exterior, logo, segundo João Lopes Salgado, o MR-8 aparecia como melhor perspectiva de mantê-lo no Brasil e na luta armada.[32]

Se, para Lamarca, o ingresso no MR-8 apontava uma perspectiva otimista, o mesmo acontecia para os quadros do *Oito* no exílio ao saberem de seu ingresso na organização. Daniel Aarão Reis, já à espera das instruções para retornar à luta revolucionária, descreve que receberam a notícia com "alto astral", sentindo que o MR-8 havia se transformado na maior organização da esquerda revolucionária.[33] Contudo, o peso representado pela figura de Lamarca atraía, ainda mais, os esforços da repressão na caçada aos militantes do MR-8. Desde a morte de Marighella, Lamarca havia se tornado o principal inimigo da ditadura. E sua fama não demorou a repercutir em prisões no *Oito*. Relacionadas ou não, em abril foi assassinado Mario de Souza Prata e capturada sua com-

31 As participações de Lamarca nas reuniões da Frente Revolucionária são referendadas por Carlos Alberto Muniz, representante do MR-8, em entrevista concedida a Virgílio Nery.

32 SALGADO, João Lopes. Entrevista concedida a Daniel Aarão Reis e Vera Sílvia Magalhães, 17 de julho de 1988. *In:* Arquivo Público do Estado do Rio de Janeiro, Fundo *Vera Sílvia Magalhães*, caixa 02, doc. 28, p. 73.

33 AARÃO REIS, Daniel. Entrevista concedida a Denise Rollemberg. *In:* Arquivo Edgar Leuenroth (AEL/Unicamp), Fundo *Militância Política e luta armada no Brasil*, Fita 4, lado b. Transcrição p. 18.

panheira, Marilena Villas Boas, também assassinada depois de torturada. Ambos integravam os GPMs da organização. Lamarca, muito procurado, era trocado constantemente de aparelho pelos dirigentes do *Oito* na Guanabara. Em maio, novas prisões. Zaqueu Bento e Manoel Henrique, no dia sete, e Stuart Angel, no dia 14. Stuart, um dos dirigentes na Guanabara, iria assumir a reorganização do trabalho em Salvador, desmobilizado após a prisão de Solange. Contudo, em um ponto com o militante Alex Polari, da VPR, foi preso em Vila Isabel. É quase certo que Stuart sabia a localização de Lamarca, e os torturadores sabiam disso. Diante de diversas sessões de tortura, relatadas por Alex Polari, não expôs as informações que tinha sobre Lamarca. Por isso, foi assassinado e seu corpo nunca foi encontrado.[34]

Enquanto mantinham Lamarca "entocado", os parcos militantes remanescentes realizavam ações de expropriação para manter a organização funcionando: Peg-Pag Botafogo, no dia 3 de abril, e Supermercado Merci Ipanema, no dia 18. Em junho, realizaram uma ação que é simbólica do isolamento social a que estavam submetidos. No dia 11, tentaram expropriar o carro pagador de salários dos operários de uma grande obra que estava sendo realizada na UFRJ, campus do Fundão. Juca Ferreira detalha esta ação:

> Eu me lembro que eram mais de cinco mil operários, [e a empresa estava levando] o pagamento deles. A gente considerava que estava roubando a empresa, evidente. [No entanto] um dos operários

34 Para maiores detalhes sobre o caso de Stuart Angel e a trajetória de sua mãe, Zuzu Angel, em busca da localização de seu corpo, cf. BRASIL. SECRETARIA ESPECIAL DOS DIREITOS HUMANOS. *Op. Cit.*, 2007, p. 160-162; VALLI, Virginia (org.) *Eu, Zuzu Angel, procuro meu filho.* 2ªed. Rio de Janeiro: Record, 1987.

> gritou: Não vai levar nosso dinheiro, não.
>
> Tentamos explicar que não era deles, que era da empresa, que eles iriam receber, mas não teve conversa, os operários tentaram reagir. Concordamos em suspender a ação.[35]

A situação de Lamarca ficava, a cada dia, mais insustentável na Guanabara. Todos os militantes que tinham contato com ele eram severamente torturados ou mortos, se presos. Foi o caso de José Gomes Teixeira, militante operário da base de Felix Escobar, que hospedou Lamarca em sua casa, dias antes do ex-capitão ser deslocado para a Bahia. Depois de preso, ao que tudo indica no dia 23 de junho, segundo os relatórios do DOPS, cometeu "suicídio".[36] Neste contexto de caçada, ficou definido que Lamarca e sua companheira, Iara Iavelberg, não poderiam mais ficar na Guanabara. Deveriam ser transferidos para a Bahia.

O *Oito* tinha um mecanismo montado para transportes entre a Guanabara e a Bahia, seja de militantes e/ou de armas e documentos: um caminhão com fachada legal, que realizava fretes entre os dois estados e, nessas viagens, transportava o que a organização precisava. Contudo, com o objetivo de manter a fachada legal, às vezes o caminhão realizava fretes sem nenhuma necessidade da organização, e numa dessas viagens sofreu um acidente, que impossibilitou sua utilização no transporte de Iara e Lamarca. Sendo assim, José Carlos Souza, sob ordens de Salgado, recebeu a incumbência de ir até a Guanabara para se encontrar com Carlos Muniz e verificar o que poderia ser feito para transportar os dois militantes. Muniz,

---

35 FERREIRA, Juca. Entrevista concedida a Sandra Souza e Muniz Ferreira, p. 20-21.

36 BNM 036, p. 135.

partidário do transporte de Lamarca a qualquer custo, antevendo a possibilidade de sua prisão, ofereceu a "Rocha", codinome de José Carlos, dois veículos para realizar a viagem, um para verificar as possíveis barreiras policiais e outro para efetivo transporte dos dois militantes. Sendo assim, Rocha, no dia 25 de junho, encontrou-se com Sérgio Landulfo, que trouxe consigo "Pagão" e "Clara", codinomes de Lamarca e Iara, para serem levados à Bahia. Durante o trajeto, tudo ocorreu dentro da normalidade. Em Jequié, Lamarca e Iara se separaram. Iara rumou a Feira de Santana, onde ficaria com Felix Escobar, local em que poderia transitar sem ser reconhecida e facilitaria um tratamento hormonal que precisava realizar. Lamarca e José Carlos rumaram a Paramirim, onde deveriam encontrar Zequinha, que os levaria para a área de Brotas de Macaúbas. Ao chegarem em Paramirim, Zequinha, por não saber dirigir, pediu que José Carlos os levasse até a área, fato que traria uma vulnerabilidade para a segurança de Lamarca e da própria estrutura da organização em Brotas de Macaúbas, visto que, naquele momento, dos militantes que transitavam pela Bahia, apenas Zequinha e João Lopes Salgado sabiam da localização exata da área. Rocha tinha tido contatos com Zequinha antes, em Feira de Santana e Seabra, mas nunca haviam se encontrado em Brotas. Mesmo assim, levou-os para a entrada da cidade. Após chegarem, Lamarca e Zequinha deslocaram-se para ao povoado de Buriti Cristalino, local onde a família de Zequinha tinha propriedade, e José Carlos retornou a Salvador.[37]

---

37 Depoimento *atribuído* a José Carlos Souza. *In:* BNM 052, p. 67 e SALGADO, João Lopes. Entrevista concedida a Daniel Aarão Reis e Vera Sílvia Magalhães, 17 de julho de 1988. *In:* Arquivo Público do Estado do Rio de Janeiro, Fundo *Vera Sílvia Magalhães*, caixa 02, doc. 28, p. 75-76.

"A briga de hoje deixou de ser pela revolução; é contra a repressão e pela sobrevivência." O desmantelamento da estrutura de Brotas de Macaúbas e Salvador

A escolha da região que compreendia a cidade de Brotas de Macaúbas, o oeste da Bahia, incluindo as regiões da Serra da Mangabeira e parte do vale do rio São Francisco, como local para iniciar o desenvolvimento da guerrilha rural não foi aleatório, mas atendeu a alguns critérios estabelecidos pela organização. Segundo edição do jornal *Resistência,* que se propõe a realizar uma análise crítica da experiência no campo, a escolha daquela área fazia referência a três critérios principais: situação objetiva da população; condições militares; e, por fim, a existência de uma liderança previamente estabelecida na região.

Em consonância com as leituras conjunturais realizadas anteriormente, o meio rural despontava como local onde as contradições promovidas pelo capitalismo estavam mais aguçadas. Contudo, aquela área, em específico, por não representar nenhum interesse imediato aos "grupos econômicos imperialistas", contribuía para a manutenção da população em condição de "miséria extrema", "fome crônica" e abandono. Apesar de ali se encontrar minérios valiosos, como manganês, chumbo, cromo e ferro, estes não estavam sendo explorados, mas "estão aguardando o esgotamento de outras fontes ou o pôquer do mercado internacional". Segundo a organização, este desinteresse por parte das forças imperialistas, mais do que a opressão e exploração que trariam consigo caso viessem, acarretavam o "abandono completo". Logo, nesta região, a "receptividade à alternativa revolucionária" seria maior. Além disso, as boas condições militares, topográficas e, principalmente, "a ausência de centros de concentração de tropas" militares foram fundamentais. Por fim, como não podiam deixar de notar, a existência de Zequinha, que nasceu na região, e já realizava um trabalho político prévio, também exercia significativa influência para a escolha da área.[38]

Nessa perspectiva, portanto, o trabalho em Brotas de Macaúbas não era exclusivo. Ali, como já havia um desenvolvimento político realizado por Zequinha, deveriam reforçar a perspectiva já em desenvolvimento com a população local, tendo em vista a criação de grupos guerrilheiros táticos regulares, que teriam a predominância de militantes legais. No entanto, além daquele local, João Lopes Salgado já havia deslocado alguns militantes para uma localidade rural no município de Barreiras, próximo da divisa da Bahia com Tocantins e Goiás, que deveria servir como área estratégica, marco zero do desenvolvimento da coluna guerrilheira estratégica, a longo prazo.[39] Assim, a partir do início de 1971, dinamizaram o trabalho político em Brotas, enviando o primeiro militante do *Oito* para a região, Luiz Antônio Santa Bárbara, para auxiliar Zequinha. Santa Bárbara, conhecido na região como "Professor", promoveu a construção de uma escola, onde, de início, desenvolvia projeto de alfabetização dos moradores.[40]

Lamarca, ao chegar, em junho, auxiliava a distância este trabalho, visto que continuava clandestino, morando em uma barraca próximo da casa do pai de Zequinha, José de Araújo Barreto, no povoado de Buriti Cristalino. Em conjunto com os

---

38 MOVIMENTO REVOLUCIONÁRIO 8 DE OUTUBRO, *Resistência*, ano 5, especial, janeiro de 1972a, p. 1-2. *In:* Centro de Documentação e Memória da Unesp (CEDEM/Unesp), coleção Archivio Storico Del Movimento Operaio Brasiliano. Localização: Ema05/63.

39 SALGADO, João Lopes. Entrevista concedida a Virgílio Nery, p. 21.

40 MOVIMENTO REVOLUCIONÁRIO 8 DE OUTUBRO, *Op. Cit.*, 1972a, p. 3

companheiros, deu início à preparação de um jornal de educação política, na linguagem dos camponeses, o *Luta camponesa*, e escreveu uma peça de teatro, encenada pelos próprios moradores e Santa Bárbara, também com objetivo de educar politicamente os camponeses para a perspectiva revolucionária.[41]

Contudo, o trabalho na região começaria a ser descoberto pela repressão com a prisão de José Carlos Souza, o "Rocha", em Salvador, no dia seis de agosto. Pouco antes de ser deslocado para a área de Lamarca foi reconhecido por Carlos Orleans, militante da organização que passou a colaborar com os órgãos repressivos, quando estava em um ponto com César Benjamin. Cesar, a esta altura comandante do trabalho em Salvador e no Recôncavo, escapou, mas José Carlos foi preso. Submetido a severas torturas, tentou ganhar tempo divulgando informações que não tinham relevância, como a mudança de móveis de seu "aparelho" para um outro "aparelho" da organização que, pelas informações que lhe tinham sido passadas, já estava desativado. Os órgãos repressivos, mobilizando uma grande estrutura, descobriram o transportador dos móveis e conseguiram a localização de um apartamento na rua Minas Gerais, número 201, no bairro da Pituba, em Salvador. Ali residiam Nilda Carvalho, Jaileno Sampaio e Iara Iavelberg. Segundo César Benjamin, Iara foi deslocada de Feira de Santana por José Carlos saber a localização da casa de Felix Escobar, com quem Iara estava vivendo, além de um suposto desentendimento com Felix.[42] Sua realocação no apa-

41 LAMARCA, Carlos. *Diário de Carlos Lamarca: 29 de junho-16 de agosto de 1971. Folhetim* nº 543, *Folha de S. Paulo*, São Paulo, 10 agosto de 1987, p. B3 e B8. Sobre encenação do teatro, BNM 052, p. 38.

42 PATARRA, Judith. *Iara. Reportagem biográfica. 2ªed.* Rio de Janeiro: Rosa dos Tempos, 1992, p. 481-483.

relho de Jaileno e Nilda seria perfeita, pois apenas Cesar sabia sua localização.[43] Segundo José Carlos, a informação de que o aparelho seria desativado logo depois fazia parte de uma tática de contrainformação, com objetivo de compartimentar informações.[44] Teve como consequência efeito contrário ao desejado. A repressão realizou a invasão do apartamento no dia 20 de agosto, resultando na prisão de Jaileno e Nilda. Esta, com apenas dezessete anos, sofreria diversas torturas e morreria em decorrência dos traumas em novembro.[45] Iara tentou fugir, escondendo-se no banheiro de um apartamento vizinho. No entanto, foi descoberta e assassinada, sendo sua morte falsamente declarada como suicídio.[46]

No dia seguinte, na Guanabara, em uma parada policial que resultou em mais uma fuga de César Benjamin, foram encontradas as cartas, em forma de diário, escritas por Lamarca para Iara sobre sua experiência na região do Buriti Cristalino.[47] Essas cartas nortearam os torturadores que buscavam informações junto a José Carlos Souza, que também utilizava o codinome "Kid". Nas cartas, além de Lamarca oferecer detalhes da região, relata apreensão com a prisão de José Carlos, afirmando a importância das informações de que ele dispunha: "queda do

---

43 BENJAMIN, Cesar. Entrevista concedida a Marcelo Ridenti. *Militância Política e luta armada no Brasil,* Arquivo Edgar Leuenroth (AEL/Unicamp), fita 1 lado b. arquivo digital: 89, lado b.

44 SOUZA, José Carlos. Entrevista concedida a Sandra Regina Barbosa da Silva Souza e Muniz Ferreira, p. 15.

45 Para maiores informações sobre a tragédia de Nilda Carvalho Cunha, cf. BRASIL. SECRETARIA ESPECIAL DOS DIREITOS HUMANOS. *Op. Cit.,* 2007, p. 190-191.

46 Sobre o caso de Iara Iavelberg, cf. BRASIL. SECRETARIA ESPECIAL DOS DIREITOS HUMANOS. *Op. Cit.,* 2007, p. 173-174.

47 Todas essas cartas estão disponíveis em: LAMARCA, *Op. Cit.,* 1987, p. B1-B12.

Kid pode alertar a rep [repressão] e se abrir o que sabe acaba o que existe no campo, achamos que não abre, mas passa a existir insegurança."[48] Como é possível notar, as cartas serviram para direcionar as sessões de interrogatório e tortura que realizaram com José Carlos, dificultando, sobremaneira, as possibilidades de resistência de "Rocha" em não abrir a localização do trabalho no campo. Além disso, mostra também que houve tempo e discussão sobre a prisão de José Carlos, realçando a vulnerabilidade da área. João Lopes Salgado foi o responsável por levar a notícia da prisão de José Carlos e realizar essa discussão com Lamarca e os demais militantes que estavam no local, e relatou essa reunião em depoimento, enfatizando o poder de argumentação de Lamarca para a permanência em Buriti:

> eu argumentei, expus que Zé Carlos tinha caído, representava um risco. Nós tínhamos montado o tempo todo, um sistema de recuo, dada a nossa importância na organização. [Defendi] que, pelo menos, ele [Lamarca], Zequinha e eu deveríamos ir para esse recuo. Ele ficou por último para falar. [...] Eu dei o informe [da prisão], mais ou menos direcionando a minha posição que era de recuar, mas de forma muito tímida. Mas Lamarca resiste, muito bem argumentado. Ele disse: "Qual é a moral que você vai chegar amanhã para ganhar um novo militante? Como um militante vai acreditar em você, companheiro, se você saiu daqui? [...] Vamos partir do princípio de que ele [José Carlos] não vai abrir. E se ele abrir, nós temos condição de fuga." Para esse argumento, Lamarca citava a fuga no Vale da Ribeira. Colocamos em votação. Todo mundo votou, inclusive eu, a favor de ficarmos.[49]

48 LAMARCA, *Op. Cit.*, 1987, p. B11.

49 SALGADO, João Lopes. Entrevista concedida a Daniel Aarão Reis e Vera Sílvia Magalhães, 17 de julho de 1988. *In:* Arquivo Público do Estado do Rio de Janeiro, Fundo Vera Sílvia Magalhães, caixa 02, doc. 28. p. 79-80.

Assim, João Lopes levou a decisão do grupo para uma reunião da direção, na Guanabara, neste momento composta por Sérgio Rubens, César Benjamin, João Lopes Salgado, Sérgio Landulfo e Carlos Alberto Muniz. Nesta reunião, a direção opta por acatar a decisão do grupo a respeito da permanência, realçando a autonomia do grupo que estava em Brotas.[50] Portanto, mesmo após a prisão de José Carlos, a decisão de permanência é mantida, capitaneada por Lamarca. A decisão do *capitão da guerrilha* é simbólica como demonstrativo do espírito dos militantes da organização naquele período. Desde o início de 1971 aumentou a recorrência nos documentos políticos da utilização da frase do hino da Independência Brasileira, "ou ficar a pátria livre ou morrer pelo Brasil", realçando a perspectiva de "não-retorno" que indicamos anteriormente. Se a liberdade da pátria, encarnada no processo revolucionário, ficava cada vez mais distante, a morte despontava como consequência mais que provável.

O início do fim da perspectiva de atuação no campo do MR-8 se deu no dia 28 de agosto, com a deflagração da Operação Pajussara, responsável pela captura de Lamarca e desestruturação do trabalho no oeste baiano. Por intermédio das informações de José Carlos, chegaram ao dono de uma pensão em que pernoitaram José Carlos, Lamarca e Zequinha, em virtude dos problemas do veículo que transportava Lamarca para Brotas. Este informou o nome verdadeiro de Zequinha, pois o conhecia. Com isso, conseguiram a localização da casa de seu pai. Ali assassinaram o irmão de Zequinha, Otoniel Campos Barreto, e Luiz Antônio Santa Bárbara, torturando diversos camponeses, incluindo o pai de Zequinha e seu outro irmão, Olderico. Em virtude do tiroteio, Lamarca,

50 *Idem*, p. 80.

que acampava em local próximo, conseguiu fugir, acompanhado de Zequinha.

Contudo, ao contrário do sucesso do rompimento ao cerco no Vale da Ribeira, Lamarca, muito debilitado, e Zequinha não conseguiriam escapar. Zequinha carregava Lamarca nas costas no crepúsculo da caçada. No dia 17 de setembro, enquanto descansavam sob uma árvore, no município de Pintada, foram encontrados pela repressão que, sem prendê-los, os assassinou. Era o fim da perspectiva do campo do MR-8 e o início do fim da luta armada. A partir dali se aprofundariam as críticas àquela estratégia revolucionária, que seriam consolidadas como posição da organização no final do ano seguinte.

Denise Rollemberg, em texto que promove uma reflexão sobre Carlos Lamarca, faz uma interessante ligação simbólica entre sua morte e a morte da luta armada enquanto projeto revolucionário, que, a exemplo do *capitão da guerrilha*, estava isolada e não conseguiria mobilizar as massas revolucionárias, podendo ser representativa do MR-8 neste momento:

> Lamarca no sertão, seco, magro, isolado, à espera de uma revolução que não vinha, que não viria. A chegada dos militares [...] a fuga desesperada de Lamarca e Zequinha, que carregava o capitão que se esvaía, que não sabia que Iara já havia morrido. [...] O isolamento, o cerco, a perseguição, com forças que de tão desproporcionais eram absurdas. O tiro de misericórdia em Lamarca, em Zequinha, na luta armada. Morreram ali, na aridez do sertão, tentando frutificar uma terra infértil. A vida e a morte de Lamarca, como a vida e a morte da luta armada.[51]

51 ROLLEMBERG, Denise. "Esquerdas revolucionárias e luta armada". *In:* FERREIRA, Jorge; NEVES, Lucília de Almeida (orgs.). *O tempo da ditadura. Regime militar e movimentos sociais em fins do século XX*. Vol. 4. 2ªed. Rio de Janeiro: Civilização Brasileira, 2007, p. 75.

A partir daquele 17 de setembro, acrescida da prisão de César Benjamin nesse entretempo, no dia 30 de agosto, a estrutura na Bahia foi totalmente desmantelada. Os parcos militantes que restaram, com exceção de Nilson Venâncio que perdeu as conexões com a organização, retornaram à Guanabara, como foi o caso de Felix Escobar. Com o fim da perspectiva de que o campo incendiaria o Brasil e daria início à revolução brasileira, o depoimento atribuído a Manoel Henrique Ferreira é a maior expressão ao que se resumiriam as atividades políticas dos militantes do *Oito* a partir da experiência frustrada na Bahia: "A briga de hoje deixou de ser pela revolução; é contra a repressão e pela sobrevivência."[52]

"A vida acabará por vencer": a autocrítica da luta armada e o novo referencial teórico

A destruição da perspectiva de desenvolvimento da guerrilha rural, consolidada com a morte de Lamarca e Zequinha, isolados no oeste baiano, acendeu um profundo debate no seio do MR-8. As posições de "Candeias", codinome utilizado por Juca Ferreira em seus documentos políticos, para uma autocrítica radical da luta armada, iniciam um processo crescente de atração nos militantes da *terra*, cristalizando-se como posição da Direção Geral a partir de janeiro de 1972. Contudo, houve resistência. Se em 1972 a resistência se concretizaria em cisão da organização no exílio, conforme veremos, ainda em 1971 as discordâncias apareciam nas discussões realizadas por intermédio das *Tribunas de Debates*. Dentre os documentos de militantes críticos ao abandono da luta armada, enfatizamos um, do militante de codinome Pe-

52 Depoimento *atribuído* a Manoel Henrique Ferreira. *In:* BNM 036, p. 349.

dro Calango,[53] onde consta a frase simbólica dessa vertente do debate teórico: "Por uma autocrítica do militarismo dentro dos marcos da luta armada."

Calango, em documento intitulado *Sobre a luta armada*, procura realizar uma análise da conjuntura para afastar dois desvios que, a seu ver, influíam na organização neste período: "O desvio dos que querem manter a prática das ações armadas, de um ponto de vista militarista. E o desvio dos que pretendem, na crítica da maneira como foram concebidas as ações, abandonar o caminho armado para a tomada do poder político."[54] Atacando, principalmente, a perspectiva teórica da esquerda revolucionária, que apresentou "um baixíssimo nível de domínio da realidade social, econômica e política do país, e um baixíssimo nível da teoria revolucionária",[55] apontava como consequência dessa fraqueza teórica a importação de modelos revolucionários, em especial o debrayismo, que eram pouco vinculados "a um estudo concreto da realidade brasileira."[56] Na esteira, promoveu uma distinção, frágil, entre ações armadas e luta armada, tentando reivindicar a manutenção da luta armada, amparado na perspectiva leninista de que a tomada do Estado é feita pela violência. Segundo Calango:

> luta armada é o caminho essencial para a tomada do poder. Não é uma forma de luta, como dizia o

---

53 Codinome de Daniel Aarão Reis.

54 CALANGO, Pedro. *Sobre a luta armada*. 1971, mimeo. *In:* Arquivo Público do Estado do Rio de Janeiro, *Coleção Daniel Aarão Reis Filho*, Série: Movimento Revolucionário 8 de Outubro, Documentos de Discussão Interna, documento 13, p. 1.

55 *Idem*, p. 3.

56 *Idem*, p. 7.

> reformismo de direita. Nem se resume a uma forma de luta específica, como queriam os foquistas mais deslumbrados. A luta armada é o caminho essencial no sentido de que sem trilhar este caminho não se destrói o poder burguês em nenhum momento. É um princípio adquirido do método materialista histórico. É universal em relação aos sistemas capitalistas na fase atual do desenvolvimento do capitalismo.[57]

Por fim, apontava que a saída, antes de tudo, estaria em um reforço do exercício teórico, simbolizado em "um estudo concreto do quadro da luta de classes no país, seu desenvolvimento e sua situação atual. [...] um domínio, cada vez maior, da teoria revolucionária e do método marxista de análise."[58] Apesar do esforço retórico em justificar sua posição de permanência da organização na luta armada, no trecho final do documento fica clara sua motivação principal, relacionada ao compromisso ético com os militantes mortos:

> Assim estaremos dando desdobramento à prática das ações armadas, superando as concepções que lhes deram origem sem abandonar o caminho em que elas procuraram se inserir. *Assim, estaremos procurando dar um sentido aos sacrifícios de tantos companheiros que morreram na luta.*[59]

Esse documento permite demonstrar de que modo foi pautada a resistência ao processo de autocrítica da luta armada, proposto por militantes no Brasil e aprofundado no exterior. Fortemente marcado por um compromisso ético, visto que as condições do MR-8 no Brasil estavam, a cada dia,

57 *Idem*, p. 11.

58 *Idem*, p. 22.

59 *Ibidem*, grifo nosso.

mais precárias e resumidas à lógica de sobrevivência física, o abandono da luta armada despontava como abandono dos companheiros que já haviam morrido e, no limite, como negação do próprio projeto revolucionário.

Contudo, apesar das resistências, o isolamento e as prisões encarregavam-se de contra-argumentar, na prática, as posições que insistiam na permanência. No início de outubro, no dia dois, a estrutura operária remanescente da Baixada Fluminense, ligada a Felix Escobar, foi descoberta, resultando em seu desaparecimento em Nova Iguaçu.[60] Apesar das prisões, com a necessidade de manter os militantes na clandestinidade, a organização continuava realizando ações armadas, naquele momento, exclusivamente, para sobrevivência, sem nenhuma perspectiva de desenvolvimento do projeto revolucionário. Ainda em setembro realizaram duas ações em supermercados, Mercy e Disco, em novembro expropriaram um Peg-Pag e, como última ação armada da organização, em 22 do mesmo mês, expropriaram um carro forte, em conjunto com a VAR e o PCBR.[61]

Em 1972, no início do ano, a Direção Geral, composta por Sérgio Landulfo, Juca Ferreira, João Lopes Salgado, Sergio Rubens e Carlos Muniz, este último já no exterior, iniciou o que caracterizavam como "fase de transição", objetivando

---

60 Não há concordância sobre data e local do desaparecimento de Felix Escobar, mas inferimos essa data a partir de depoimento *atribuído* a Joaquim Santana, companheiro de militância de Felix, que aponta que foi preso em sua companhia. Para maiores detalhes, cf. depoimento *atribuído* a Joaquim Santana. *In:* BNM 190, p. 509.

61 Depoimento *atribuído* a Nelson Rodrigues Filho. *In:* BNM 036, p. 396-397. Sobre a última ação há um processo específico. Para maiores detalhes, cf. BNM 80.

uma nova "unidade político-ideológica" da organização, confirmando o início do processo de autocrítica. Para conduzi-lo, criaram um instrumento teórico: o *Boletim Central.* Os vários reveses impostos ao *Oito*, segundo o documento, romperam a unidade político-ideológica proposta no *Orientação para a prática.* Com isso, seria necessária uma "análise concreta de nossa situação", para "elaborar um plano rigoroso e harmonioso" com foco "na luta contra a ideologia pequeno-burguesa e o espontaneísmo".[62] A exemplo das leituras anteriores, a fragilidade teórica foi posta como principal indutor dos erros da organização. Recorrendo ao texto clássico de Lênin, *Que fazer?*, sobre a importância do exercício teórico, apontavam:

> Apesar destas concepções [de Lênin] não serem 'novas' no movimento proletário internacional, para nós têm a força (ou devem ter) de uma profunda transformação. No desprezo dos postulados científicos do socialismo e da enorme experiência acumulada pelo proletariado mundial na sua luta encarniçada contra a Burguesia, no baixo nível teórico de nossos dirigentes e quadros, no descomprometimento político-ideológico com os pressupostos do marxismo-leninismo, de sua concepção de Revolução, quando a grande fragilidade de nossa O. e da esquerda militarista, *sem um mínimo instrumental científico de análise, com 'míseros artesãos', arregaçamos as mangas e nos pusemos a 'influenciar' a realidade.*[63]

62 MOVIMENTO REVOLUCIONÁRIO 8 DE OUTUBRO, *Boletim Central, nº1,* 1972b, mimeo, p. 1. *In:* Arquivo Edgar Leuenroth (AEL/Unicamp), Fundo *Gilberto Mathias*, série 01 (Organizações de Esquerda), sub-série 03 (Movimento Revolucionário 8 de Outubro).

63 *Idem*, p. 2. *Grifo nosso.*

Concluindo o argumento: "*foi preciso que a realidade destruísse as ilusões vanguardistas, para que iniciássemos um movimento de autocrítica.*"[64]

Sendo assim, postulavam a necessidade de realizar um novo congresso para autocrítica da linha política de 1969. No entanto, ao apontarem a necessidade do congresso, já direcionavam o caminho necessário para a mudança. Como forma de superar o isolamento social, reivindicavam o abandono da luta armada, substituindo-a pela perspectiva clássica de construção do Partido, através da

> penetração na classe operária, formando e assimilando as lideranças de classe e fazendo com que estas, através de nossa agitação e propaganda, assimilem a perspectiva socialista. Para tanto, utilizaremos a imprensa através de nosso jornal o *Movimento Operário Independente* e da agitação-propaganda clandestina e do trabalho de formação de Bases nas empresas.[65]

Nota-se, portanto, que a Direção Geral direcionou a mudança em uma perspectiva clássica leninista de trabalho político, desvinculando as ações de agitação e propaganda dos meios armados, como eram realizadas anteriormente. Além disso, indicavam uma revisão da atuação junto aos sindicatos, visto que apontam a necessidade de trabalhar com as lideranças de classe.

Assim, pavimentavam o caminho para o abandono da perspectiva armada. Contudo, se apontavam a fragilidade teórica como principal responsável pelo erro de encaminhamento da luta armada, deveriam deter outros referenciais te-

---

64 *Idem*, p. 3. *Grifo nosso.*

65 *Idem*, p. 6.

óricos marxistas para se apoiarem. Ao contrário das leituras que influenciaram na adesão à luta armada, indicativas de conjunturas favoráveis e modelos revolucionários bem-sucedidos, naquele momento, em consonância com o contexto de derrota e destruição iminente das organizações de esquerda armada, notabilizam-se leituras diversas. Essas, de modo geral, estabeleciam novos referenciais analíticos para uma análise conjuntural e, sobretudo, indicavam posturas táticas necessárias em conjunturas contrarrevolucionárias.[66]

Como vimos anteriormente, o referencial teórico que impulsionou a adesão à luta armada partia de uma perspectiva favorável da relação de forças entre os revolucionários e a classe dominante. Seja o impasse do capitalismo no Brasil, o protagonismo dos países periféricos como vanguarda na internacionalização do socialismo ou os modelos revolucionários – em especial o cubano –, todos os referenciais teóricos indicavam que a revolução estava ao alcance das mãos dos revolucionários. Neste sentido, a relação de forças era favorável a uma definição estratégica que, em seu cerne, apontasse para uma ofensiva militar contra o Estado em poder da burguesia. Contudo, as ações armadas não ressoaram na

66 Para as leituras que descreveremos abaixo, baseamo-nos em um informe da Direção Geral que indicou a realização de um "Seminário da Sobrevivência", somente entre os membros da DG no Brasil, que buscava, justamente, novos referenciais analíticos para a conjuntura brasileira. Neste informe, constam as leituras realizadas que nos dão um panorama do universo teórico que se baseavam e que influenciaram, significativamente, a realização do Pleno de Resoluções no exílio, em dezembro de 1972. Para maiores detalhes, cf. MOVIMENTO REVOLUCIONÁRIO 8 DE OUTUBRO, *Introdução*, 1972c, mimeo, p. 4. *In:* Arquivo Edgar Leuenroth (AEL/Unicamp), Fundo Gilberto Mathias, série 01 (Organizações de Esquerda), sub-série 03 (Movimento Revolucionário 8 de Outubro).

sociedade como era esperado. O isolamento social era claro. Notava-se desenvolvimento econômico ao invés de estagnação. Logo, era necessário refazer a análise da conjuntura e, com isso, estabelecer uma nova atuação tático-estratégica. Sob essa perspectiva, notabilizam-se, principalmente, a obra do marxista italiano Antônio Gramsci, *Cadernos do Cárcere*, em específico, suas anotações sobre Maquiavel, o Estado e a Política,[67] e a obra de Lênin *A doença infantil do "esquerdismo" no comunismo.*[68]

A sistematização da influência dessas obras, no contexto de autocrítica iniciado pela direção remanescente no Brasil, ficará mais clara na análise que faremos adiante a respeito das "Resoluções do Pleno", realizado em dezembro, já no exílio. Para agora, em caráter geral, vale ressaltar apenas quais referências encontraram nesses textos. De Gramsci, em específico, iriam apropriar sua metodologia analítica sobre a relação de forças em uma determinada conjuntura, que integra uma análise sobre a estrutura objetiva da sociedade, o grau de homogeneidade e auto-organização das classes sociais e as forças militares em disputa.[69] Sua utilização tinha em vis-

---

67 Em 1972, no Brasil, ainda não havia uma publicação integral dos cadernos gramscianos em português. Os militantes do *Oito* utilizavam o livro denominado *Maquiavel, a política e o estado moderno*, que trazia partes selecionadas dos cadernos sobre esses temas. Faremos referência, neste trabalho, ao terceiro volume da edição completa, que traz, entre outras coisas, as notas de Gramsci sobre esse tema. Para maiores detalhes, Cf. GRAMSCI, Antônio. *Cadernos do cárcere. Vol. 3: Maquiavel. Notas sobre o Estado e a Política.* 6ª ed. Rio de Janeiro: Civilização Brasileira, 2014.

68 A exemplo do ocorrido com a obra de Gramsci, segundo o próprio documento do *Oito*, os militantes liam trechos selecionados desta obra, organizados sob o título *Anos de Contrarrevolução.*

69 GRAMSCI, *Op. Cit.*, 2014, p. 41-43.

ta confrontar as análises conjunturais anteriores, que haviam impulsionado a organização para a luta armada. Podemos inferir que a retórica de Gramsci sobre uma análise correta da relação de forças, no contexto de derrota do projeto da luta armada, ressoava com potência entre os dirigentes remanescentes do *Oito*, principalmente por apontar as consequências de um erro na leitura conjuntural e, especialmente, a íntima conexão entre o erro e os desejos subjetivos de transformação social, conforme notamos neste trecho do comunista sardo:

> e, se o erro é grave na historiografia, mais grave ainda se torna na arte da política, quando se trata não de reconstruir a história passada, mas de construir a história presente e futura: *os próprios desejos e as próprias paixões baixas e imediatas constituem a causa do erro, na medida em que substituem a análise objetiva e imparcial e que isto se verifica não como 'meio' consciente para estimular à ação, mas como autoengano.*[70]

Com relação ao texto de Lênin, as referências não eram metodológicas, mas tático-estratégicas e, principalmente, indicativas dos erros que cometeram na adesão às armas. De início, devemos citar que as críticas tecidas por Lênin às organizações que ele considerava "esquerdistas", como a Liga Espartaquista de Rosa Luxemburgo, funcionavam como uma espécie de espelho aos militantes do *Oito*. Assim, ao que podemos inferir, analisando as críticas de Lênin sobre o "revolucionarismo pequeno-burguês" da esquerda alemã, e que se negava atuar junto aos sindicatos e no parlamento, os militantes remanescentes do *Oito* enxergavam, naquelas páginas, sua própria atu-

70 *Idem*, p. 38. *Grifo nosso*. Além da referência na edição mais recente, cotejamos a citação com a compilação lida pelos militantes do *Oito*. Nesta, a referência é: GRAMSCI, Antônio. *Maquiavel, a Política e o Estado Moderno. 2ª ed.* Rio de Janeiro: Civilização Brasileira, 1976, p. 47.

ação política equivocada, "esquerdista". A derrota, fruto dos erros, reverberava através das palavras de Lênin:

> Só com a vanguarda é impossível vencer. Lançar apenas a vanguarda para a batalha decisiva, quando toda a classe, quando as amplas massas não adotaram ainda uma posição de apoio direto à vanguarda ou, pelo menos, de neutralidade benevolente relativamente a ela e de incapacidade completa de apoiar o adversário, seria não só uma estupidez, mas também um crime.[71]

Contudo, retiravam forças, no próprio Lênin, para levar a cabo o processo de autocrítica, pois, como apontava o revolucionário russo:

> A atitude de um partido perante os seus erros é um dos critérios mais importantes e mais seguros da seriedade do partido e do cumprimento *de fato* por ele das suas obrigações para com a sua *classe* e para com as *massas* trabalhadoras. Reconhecer abertamente o erro, pôr a descoberto as suas causas, analisar a situação que o engendrou e discutir atentamente os meios de corrigir o erro – isto é indício de um partido sério, isto é o cumprimento por ele das suas obrigações, isto é educar e instruir a *classe*, e depois também as *massas*.[72]

Portanto, munidos dos novos referenciais teóricos, os militantes da direção remanescentes, em meio às constantes investidas da repressão, que resultavam em novas prisões, as mais recentes de Paulo Jabour e Nelson Rodrigues Filho, perceberam que a preservação física da organização era imprescindível para dar seguimento ao processo de autocrítica. Assim, dando

---

71 LÊNIN, V. I "A doença infantil do 'esquerdismo' no comunismo" *In:* LÊNIN, V. I *Obras escolhidas, tomo 1II. 2ª Ed.* São Paulo: Alfa-Ômega, 2004, p. 330.

72 LÊNIN, *Op. Cit.*, 2004, p. 305.

consequência ao processo de autocrítica iniciado em janeiro de 1972, consolidaram a perspectiva de recuo ao postularem o abandono da *terra* em direção ao exterior. Reduzidos a seis militantes, foi delineada uma rota de saída por intermédio de uma militante da POLOP, que tinha agência de viagens e contatos nos órgãos de fiscalização da fronteira que autorizariam as saídas.[73] No entanto, pouco antes da viagem, no dia 11 de julho, Paulo Ribeiro da Costa Bastos e Sérgio Landulfo Furtado foram capturados em um ônibus na Urca. Figuram, até os dias atuais, como desaparecidos políticos.[74] Reduzidos a quatro militantes, entre os meses de julho e agosto, todos utilizaram a rota de saída pré-concebida rumo a Santiago, onde encontrariam os militantes do *Oito* já exilados. Assim, o MR-8 deixava a *terra*, tendo em vista recuperar forças. Entre militantes presos, mortos e exilados, o saldo constatado era uma distância maior da revolução. Distante das mãos como outrora esteve. Nesse contexto, o trecho de Lênin servia como estímulo:

> O comunismo "surge" literalmente em toda a parte, o "contágio" (para utilizar a comparação da polícia burguesa e a mais "agradável" para ela) penetrou muito firmemente no organismo e impregnou completamente o organismo. Se se "fecha" com particular cuidado uma das saídas, o "contágio" encontrará outra saída, por vezes a mais inesperada. *A vida acabará por vencer.*[75]

---

73 SALGADO, João Lopes. Entrevista concedida a Virgílio Nery, p. 26.

74 Para maiores detalhes, cf. BRASIL. SECRETARIA ESPECIAL DOS DIREITOS HUMANOS, *Op. Cit.*, 2007, p. 305-306.

75 LÊNIN, *Op. Cit.*, 2004, p. 336.

O "inventário de cicatrizes": a cisão no Chile e as resoluções do Pleno

A chegada dos quatro remanescentes da *terra* a Santiago foi recebida com muita perplexidade por parte da militância que já estava na capital chilena. Isso se devia, principalmente, ao fato de que os exilados não conseguiam obter informações precisas sobre a situação no Brasil. Exemplo disso são os militantes que realizaram treinamento guerrilheiro em Cuba. Com o término do treinamento, ainda no início de 1971, os militantes retornaram à Argélia, onde, conforme já indicamos, esperavam as recomendações para iniciar o processo de retorno ao Brasil. A demora para as informações sobre o retorno e a notícia sobre a morte de Lamarca deixavam os exilados inseguros a respeito do estado da organização. Em Argel, no início de 1972, receberam a visita de Carlos Muniz, e dele receberam informações sobre a situação no Brasil. Apesar das prisões do ano anterior, Muniz, segundo Daniel Aarão Reis, manipulava as informações sobre as perspectivas do MR-8: "Muniz nunca nos dava um quadro preciso do que estava se passando no Brasil. Ele não chegava a dizer, propriamente, mas dava a entender que a organização estava indo muito bem e que entraríamos, em pouco tempo, no Brasil."[76] Apesar disso, os exilados em Argel conseguiram acesso às *Tribunas de Debates* que Muniz carregava consigo. Nelas, ao contrário das boas perspectivas, notava-se a fragilidade da organização e o início do processo de autocrítica radical da perspectiva armada, conforme indicamos. Portanto, imersos em um desconhecimento da

---

76 AARÃO REIS FILHO, Daniel. Entrevista concedida a Denise Rollemberg. *Militância Política e luta armada no Brasil*, Arquivo Edgar Leuenroth (AEL/Unicamp). Fita 4, lado b. Transcrição, p. 18.

situação do MR-8 e partidários da manutenção da perspectiva da luta armada, os militantes exilados que saem da Argélia para o Chile, chegam na capital chilena munidos de acusações contra uma proposta obreirista que, segundo eles, crescia na organização e deveria ser combatida.

O depoimento de Daniel Aarão Reis é sintomático desse conflito que começa a se formar entre os militantes que já estavam no exílio, em sua maioria partidários da manutenção da luta armada, e os militantes que vinham do Brasil com uma perspectiva crítica radical a essa concepção: "Quando vimos os textos, aquilo foi um choque. Eram textos primariamente obreiristas, lembravam a velha POLOP. Descobriam a classe operária e o partido, que eram coisas que nós já tínhamos descoberto e ultrapassado."[77]

Assim, o encontro em Santiago foi permeado por hostilidades de ambas as partes. De um lado, os militantes exilados há mais tempo, desconectados da realidade no Brasil e, principalmente, das condições precárias da organização, que mantinha parcos militantes totalmente cercados. Não conseguiam perceber, com clareza, a derrota do projeto revolucionário que, no limite, impelia visualizar, também, sua própria derrota pessoal. Reverberando um compromisso ético, visavam manter, a todo custo, a perspectiva da luta armada, considerando-a nos termos do documento político de Pedro Calango: "para uma autocrítica do militarismo nos marcos da luta armada". Objetivavam reativar o projeto de trabalho político no campo brasileiro, aos moldes do trabalho que era desenvolvido por Lamarca, e, com isso, não aceitavam a perspectiva proposta pelos militantes que vinham do Brasil.

77 *Idem*.

Foram taxados de "voltistas" pelo grupo opositor. Por outro lado, estes, com maior conhecimento da realidade da organização, insistiam na perspectiva de abandonar a luta armada, com objetivo de dar início a um trabalho político lento junto à classe operária, visando aumentar a inserção nas massas revolucionárias, apoiado, principalmente, nas teses supracitadas de Lênin. Eram os "recuístas", no prisma dos partidários da manutenção da luta armada.

Essas divergências, somadas ao contexto de derrota do projeto revolucionário que estava tão intrinsecamente ligado à existência individual dos militantes, atingiram o ápice em novembro. Parte dos "voltistas" acusava os "recuístas" de objetivarem se manter como direção durante o processo do pleno e, mais importante, de realizarem discussões prévias com outros militantes para direcionar a mudança política. De forma mais clara, acusavam os "recuístas" de construírem uma fração.

Nessa perspectiva, realizou-se uma Assembleia Geral para discutir as acusações de um lado a outro. O resultado da assembleia, dominada pelos "recuístas", foi a expulsão dos militantes que mantinham a perspectiva de luta armada.[78] Assim, o MR-8 cindiu em duas organizações distintas: MR-8 Direção Geral (MR-8 DG), dominado pelos então dirigentes da organização, "recuístas", e o MR-8 Construção Partidária (MR-8 CP), capitaneado por Daniel Aarão Reis e Vladimir Palmeira. O primeiro manteve-se com a nomenclatura original e realizou o Pleno em dezembro, do qual derivaram as resoluções que abandonavam, oficialmente, a luta armada do

78 MOVIMENTO REVOLUCIONÁRIO 8 DE OUTUBRO. *Contra o golpismo, prosseguir na luta pela proletarização da O.* 1972d, mimeo. *In:* Arquivo Edgar Leuenroth (AEL/Unicamp), Fundo Gilberto Mathias, série 01 (Organizações de Esquerda), sub-série 03 (Movimento Revolucionário 8 de Outubro).

horizonte. O MR-8 CP se dissolveria tempos depois, principalmente em decorrência da dispersão dos militantes com o golpe no Chile, em setembro de 1973.

A análise das posições políticas do MR-8 DG, que ainda é o MR-8 dos dias atuais, tiradas no Pleno são importantes para demonstrarmos de que modo foi construído o processo de abandono da perspectiva de luta armada na organização, através dos novos referenciais teóricos que permearam essa mudança. De início, como de praxe, realizavam uma análise sobre a conjuntura brasileira, relacionada ao desenvolvimento do capitalismo no Brasil. O desenvolvimento do capitalismo monopolista no Brasil, no início da década de sessenta, ao contrário de sua fase predecessora que possibilitava uma colaboração de classes através da "capacidade do sistema de absorver e empregar grandes contingentes nos centros urbanos e melhorar, relativamente, seu nível de vida",[79] baseava-se na "agudização da exploração da força de trabalho e na não manutenção de absorção e emprego das massas". Assim, rompia "com a base objetiva que facilitava a penetração da perspectiva colaboracionista no seio do proletariado."[80] Esse rompimento engendrou, segundo o documento, uma "crise política e social", abrindo perspectivas para as classes sociais buscarem defender seus interesses e oferecerem "respostas globais". Em síntese, de modo muito semelhante às leituras anteriores, percebiam uma possibilidade revolucionária durante o governo João Goulart. Da mesma maneira, respon-

79 MOVIMENTO REVOLUCIONÁRIO 8 DE OUTUBRO. *Resoluções políticas do Pleno. Dezembro de 1972.* 1972e. Mimeo, p. 5. *In:* Arquivo Público do Estado do Rio de Janeiro, Coleção Daniel Aarão Reis Filho, Série Movimento Revolucionário 8 de Outubro, Documentos de Discussão Interna, documento 19.

80 *Idem*, p. 6.

sabilizavam as organizações comunistas, em especial o PCB, pela não capacidade de o proletariado abrir uma perspectiva revolucionária diante do cenário de crise, como é possível notar neste trecho:

> O proletariado, pouco consciente de seus interesses estratégicos, guiado por uma vanguarda que não entende cientificamente a essência do processo de desenvolvimento da sociedade e da luta de classes, e que ideologicamente está dominada pela perspectiva pequeno-burguesa, não abre qualquer alternativa. O desenvolvimento da sociedade dava condições históricas a apenas duas classes de apresentarem alternativas à crise. [...] No entanto, o proletariado não abriu sua alternativa, devido ao baixo grau de consciência política de seus próprios interesses e permaneceu submetido ao projeto anti-histórico reformista dos setores não monopólicos da burguesia.[81]

Nesta perspectiva, ao mesmo tempo que o golpe de 1964 representava "o fortalecimento do grande capital dentro do bloco dominante e a decisão desse bloco de substituir o populismo pela repressão em suas relações com as massas assalariadas", era resultado de uma confusão provocada pela política reformista do PCB, que despreparava o proletariado para "fazer frente a ofensiva da reação".[82] Se a leitura conjuntural, em especial sobre o golpe de 1964, se assemelhava, em linhas gerais, às leituras realizadas anteriormente, a partir daqui se iniciam as divergências. Segundo as resoluções do Pleno, a partir do golpe de 1964, as tarefas a serem realizadas pela esquerda brasileira incorporavam a "superação do reformismo, a formulação do programa do proletariado, sua estratégia e sua tática, e a construção do partido da classe". Contudo, a esquerda re-

---

81 *Idem*, p. 7.

82 *Idem*, p. 8.

volucionária, que aderiu às armas, não cumpriu essas tarefas, nem no plano prático, tampouco no plano teórico. No plano prático, ao contrário de "organizar a resistência dos trabalhadores", optou pela "solução mais cômoda": a "resistência dos militantes revolucionários".[83] No plano teórico, indicavam que a esquerda revolucionária, devido sua fragilidade teórica, importou modelos revolucionários, em especial, "a sistematização incorreta da revolução cubana realizada por Debray".[84] Assim, a esquerda revolucionária, militarista, que, através das ações armadas, buscava romper com reformismo, não o fez, mas se tornou espontaneísta. Nas próprias palavras do documento:

> O militarismo, buscando romper com o reformismo e superá-lo, não o faz, na medida em que não o nega a partir do marxismo e de um ponto de vista do proletariado. A tendência militarista, ao jogar para a ação e para o movimento todo o ensinamento, abandona a teoria marxista e revela seu espontaneísmo no plano da concepção da revolução. Não percebe a correta relação entre as condições objetivas e subjetivas para as transformações revolucionárias, o papel das massas e do proletariado na atual etapa histórica, o processo de formação da consciência de classe e a necessidade do partido de vanguarda do proletariado.[85]

Nesta perspectiva, amplamente apoiados na leitura de Lênin sobre o "revolucionarismo pequeno-burguês", que "se afasta em tudo quanto é essencial das condições e exigências de uma luta de classe consequente do proletariado",[86] realizam uma análise sobre a composição social das organizações

83 *Idem*, p. 9.

84 *Idem*, p. 10.

85 *Idem*, p. 19.

86 LÊNIN, *Op. Cit.*, 2004, p. 286.

de esquerda armada, ressaltando sua composição pequeno-burguesa como fator primordial de sua tática política incorreta, que não soube agregar a experiência política do PCB:

> As organizações da esquerda revolucionária vão crescer e recrutar seus quadros basicamente dos companheiros mais combativos surgidos na movimentação de massas de 68, de um modo geral, são quadros jovens, inexperientes, com um baixo nível teórico e político, dotados de grande vontade de luta e de origem pequeno-burguesas. O fato da imensa maioria dos militantes da esquerda revolucionária ter-se formado politicamente num movimento social hegemonizado pela dinâmica pequeno burguesa e bastante isolados das lutas do proletariado é um fator que não deve ser esquecido. Toda uma geração de militantes se inicia na vida política em um movimento pequeno burguês, distante do proletariado ainda em refluxo, e num momento de ruptura com o passado, que não resgatou o que esse passado tinha de experiência, de riqueza, de instinto e de combatividade proletárias. O universo político dessa geração permanece, portanto, reduzido ao universo político de sua classe de origem.[87]

Sendo assim, como

> não percebia os problemas de fundo que existiam por detrás da aparência dos fatos e não via que a sua ofensiva, na medida em que não expressava um acúmulo de forças real por parte das classes revolucionárias ao nível da consciência e organização, era ilusória. E, como ilusão, mais cedo ou mais tarde seria corrigida pela realidade.[88]

Constatando que a experiência da luta armada não conseguiu angariar apoio das massas revolucionárias, o docu-

---

87 MR-8, *Op. Cit.*, 1972e, p. 14.

88 *Idem*, p. 15.

mento parte para a tática política necessária para dar início a um processo de penetração, efetiva, na classe operária. Para isso, apoiados nas recomendações de Lênin sobre "saber recuar, aprender obrigatoriamente a trabalhar legalmente nos parlamentos mais reacionários, nas mais reacionárias organizações sindicais e cooperativas",[89] a palavra-chave, ao contrário da "guerra revolucionária" de outrora, é resistência. O objetivo principal seria reconstruir o partido através da negação do reformismo e da organização da resistência dos trabalhadores à ofensiva da contrarrevolução.[90] Para isso, a tática do MR-8 deveria objetivar o isolamento da "ditadura e suas principais bases de sustentação", através, principalmente, das "lutas democráticas, antiditadura e anti-imperialistas".[91] Pela primeira vez, desde sua constituição enquanto organização autônoma, o MR-8 colocava no centro de sua atuação tática a possibilidade de reivindicar uma abertura democrática. Esse objetivo tático era resultado da compreensão de que, naquele momento:

> [...] o proletariado não tem forças para abrir uma luta direta pelo poder e que nenhuma vanguarda pequeno-burguesa é capaz de substituí-lo nessa tarefa: que se trata de um momento em que a contrarrevolução avança e as classes revolucionárias embora não estejam esmagadas, se encontram desarticuladas e com baixo nível de mobilização. Em virtude disto, esse centro tático é expressão de um momento de defensiva, e se coloca como ponto de partida para iniciar um processo de inversão da atual correlação de forças.[92]

---

89 LÊNIN, *Op. Cit.*, 2004, p. 284.

90 MR-8, *Op. Cit.*, 1972e, p. 41.

91 *Idem*, p. 51.

92 *Ibidem*.

Nessa perspectiva, buscavam atuar nas mais diversas esferas, inclusive, nos sindicatos. Sobre a atuação nos sindicatos, são incisivos em postular:

> Embora estes, no Brasil, estejam atrelados ao estado burguês e desenvolvam fundamentalmente um trabalho distanciado das massas, negar sua importância relativa e nossa atuação dentro dele, quando a classe operária não possui consciência e força suficiente para sustentar uma alternativa, seria uma atitude esquerdista.[93]

Por fim, sepultando a possibilidade de constatação de uma guerra revolucionária em curso no Brasil, conforme indicava a linha política de 1969, apoiados no referencial analítico gramsciano sobre a relação de forças, que indicava a necessidade imperativa de uma análise conjuntural correta, tendo em vista "justificar uma atividade prática, uma iniciativa de vontade",[94] apontam:

> A atual conjuntura não se caracteriza pela existência de uma situação de guerra revolucionária. Ao contrário, o que qualquer análise mediamente objetiva pode perceber é que as classes revolucionárias encontram-se desorganizadas e desorientadas, isoladas em suas lutas parciais, localizadas e principalmente reivindicatórias. Em termos táticos, não se coloca como objetivo revolucionário o aniquilamento da capacidade militar do inimigo, mas a detenção no plano político, do avanço da contrarrevolução como base para inversão da atual correlação de forças.[95]

93 *Idem*, p. 53.

94 GRAMSCI, *Op. Cit.*, 2014, p. 46.

95 MR-8, *Op. Cit.*, 1972e, p. 62.

Portanto, reconfigurado, o *Oito* distanciava-se das premissas políticas que o caracterizavam desde sua ruptura com o PCB. Ao contrário da perspectiva revolucionária, constatava-se uma conjuntura contrarrevolucionária. Ao contrário do referencial teórico que apontava para a proximidade da revolução, adotavam novos referenciais que descreviam a dificuldade e necessidade de um trabalho árduo e paulatino para sua realização.

***

Apesar das divergências políticas que caracterizaram o encontro dos militantes no exílio chileno, propulsoras da cisão na organização, algo em comum era partilhado, seja pelos militantes no exílio ou nas prisões brasileiras: o sentimento de derrota. Como já dissemos algumas vezes ao longo deste trabalho, a ligação construída entre os militantes, por intermédio de um projeto transformador da sociedade, era demasiadamente forte. O MR-8, antiga DI-GB, era a materialização deste projeto. Grande parte dos militantes que se encontraram em Santiago eram mais que companheiros de militância, tornaram-se amigos. Haviam iniciado, juntos, sua trajetória de militância política que, em sua ampla maioria, remetia ao movimento estudantil e aos embates no interior do Partidão. Essa trajetória conferia um caráter quase "familiar" à organização. "Em termos antropológicos, a gente substituiu uma família por outra. Até hoje a gente é uma família",[96] diz Vera Sílvia Magalhães, participante desse processo, em depoimento. Portanto, ao mesmo tempo em que buscavam recuperar o

96 MAGALHÃES, Vera Silvia. Entrevista concedida a Marcelo Ridenti. *In:* Arquivo Edgar Leuenroth (AEL/Unicamp), Fundo *Militância Política e luta armada no Brasil,* fita 1 lado a (Arquivo Digital: 139 lado a).

fôlego revolucionário, teorizando e rivalizando novas possibilidades tático-estratégicas, a capital chilena foi o local onde realizavam, cada um à sua maneira, seu próprio inventário de cicatrizes. Em poesia homônima de Alex Polari – que, conforme vimos, foi militante da VPR – é possível retratar a atmosfera emocional que permeava os militantes do *Oito* e de outros grupos nesse período, na constatação de derrota do processo revolucionário e dissolução das organizações, fator que justifica a longa citação:

> Estamos todos perplexos
> à espera de um congresso
> dos mutilados de corpo e alma.
> Existe espalhado por aí
> de Bonsucesso a Amsterdam
> do Jardim Botânico a Paris
> de Estocolmo à Frei Caneca
> uma multidão de seres
> que portam pálidas cicatrizes
> esmaecidas pelo tempo
> bem vivas na memória envoltas
> em cinzas, fios cruzes
> oratórios,
> elas compõem uma catedral
> de vítimas e vitrais
> uma Internacional de Feridas.
> Quem passou por esse país subterrâneo e não oficial
> sabe a amperagem em que operam seus carrascos
> as estações que tocam em seus rádios
> para encobrir os gritos de suas vítimas
> o destino das milhares de viagens sem volta.
> Cidadãos do mundo
> habitantes da dor
> em escala planetária
> todos que dormiram no assoalho frio
> das câmaras de tortura
> todos os que assoaram
> os orvalhos de sangue de uma nova era
> todos os que ouviram os gritos, vestiram o capuz
> todos os que gozaram coitos interrompidos pela morte

todos os que tiveram os testículos triturados
todas as que engravidaram dos próprios algozes
estão marcados,
se demitiram do direito da própria felicidade futura.[97]

97 POLARI DE ALVERGA, *Op. Cit.*, 1978, p. 51.

À GUISA DE CONCLUSÃO

Gramsci, em sua produção teórica a respeito de *O príncipe*, de Maquiavel, anteriormente citada, promove, também, uma reflexão a respeito de como deveria ser a escrita da história de um partido ou agrupamento político. Apesar de longa, vale a citação integral do comunista sardo:

> O que é a história de um partido? Será a mera narração da vida interna de uma organização política, de como ela nasce, dos primeiros grupos que a constituem, das polêmicas ideológicas através das quais se forma seu programa e sua concepção do mundo e da vida? Tratar-se-ia, neste caso, da história de grupos intelectuais restritos e, em alguns casos, da biografia política de uma individualidade singular. Portanto, a moldura do quadro deverá ser mais ampla e abrangente. Será preciso escrever a história de uma determinada massa de homens [e mulheres] que seguiu os iniciadores, sustentou-os com sua confiança, com sua lealdade, com sua disciplina, ou que os criticou "realisticamente",

> dispersando-se ou permanecendo passiva diante de algumas iniciativas. Mas será que esta massa é constituída apenas pelos adeptos do partido? Será suficiente acompanhar os congressos, as votações, etc., isto é, todo o conjunto de atividades e de modos de existência através dos quais uma massa de partido manifesta sua vontade? Evidentemente, será necessário levar em conta o grupo social do qual o partido é expressão e a parte mais avançada: ou seja, *a história de um partido não poderá deixar de ser a história de um determinado grupo social.* Mas este grupo não é isolado; tem amigos, afins, adversários, inimigos. Somente do quadro global de todo conjunto social e estatal (e, frequentemente, também com interferências internacionais) é que resultará a história de um determinado partido; *por isso, pode-se dizer que escrever a história de um partido significa nada mais do que escrever a história geral de um país a partir de um ponto de vista monográfico, pondo em destaque um seu aspecto característico.*[1]

No momento em que chegamos ao final deste livro, esperamos ter atingido essas duas dimensões analíticas, propostas por Gramsci, ao construirmos a trajetória histórica do Movimento Revolucionário 8 de Outubro. Por um lado, procurando contribuir para uma *moldura mais abrangente do quadro,* analisamos o contexto de formação da organização, enquanto ainda se denominava Dissidência Universitária da Guanabara. Neste sentido, objetivávamos congregar os aspectos gerais que permearam o surgimento das diversas organizações que aderiram às armas para realizar a *revolução brasileira.* Ao construirmos a narrativa a partir do Partido Comunista Brasileiro, principal referência de esquerda no período pré-golpe de 64, atendíamos ao objetivo de edificar o contexto de críticas à experiência fracassada do PCB, que

1 GRAMSCI, *Op. Cit.*, 2014, p. 88. *Grifos nossos.*

apontavam na direção de sua negação, com objetivo de refundar a esquerda brasileira, tornando-a, efetivamente, revolucionária. Além disso, ao descrevermos o principal segmento social que corporificou a DI-GB, os estudantes, visávamos realçar a proximidade entre o movimento estudantil e o projeto revolucionário de esquerda naquele contexto, com o propósito de mostrar que o radicalismo da vanguarda do movimento estudantil apresentava-se como uma opção posta naquele contexto histórico, algo difícil de conceber em um contexto tão distinto como o atual.

A definição pela adesão do grupo às armas, ao se transformar em Dissidência Comunista da Guanabara, também aponta neste mesmo sentido. De início, descrevemos o contexto conjuntural, seja nacional ou internacional. Se a primeira trazia, no seu âmago, a perspectiva do impasse no capitalismo brasileiro, a segunda demonstrava, de forma concreta, a viabilidade dos países periféricos, antes relegados a uma posição inferior, em tornarem-se protagonistas e vanguarda do movimento internacional em direção ao socialismo. Além da conjuntura, a análise menos profunda, mas não menos importante, a respeito do caráter individual da opção pela luta armada também contribui para uma perspectiva mais abrangente, demonstrando, assim, que à perspectiva de revolução social se integrava – mesmo que de forma nuançada e contraditória – uma perspectiva de revolução individual, existencial, que compreendia, como necessidade, o rompimento com os padrões normativos da sociedade burguesa.

A partir daí os choques com a repressão, a cada momento mais estruturada, e a consolidação do milagre econômico, por uma perspectiva de modernização conservadora, davam o tom da conjuntura contrarrevolucionária a que estavam envolvidos, impulsionando as diversas organizações em direção ao isolamento social e posterior abandono da luta armada e/ou destruição física. O processo de isolamento social que demonstramos a respeito do MR-8 não foi exclusividade da organização, mas atingiu todas as organizações da autointitulada esquerda revolucionária brasileira.

Contudo, além de aspectos gerais, que realçam esta dissertação como *monografia da história geral*, também objetivávamos dar sentido à escolha, em particular, do MR-8 como objeto de pesquisa, demonstrando sua *concepção de vida e do mundo*. De início, demonstramos os choques e aproximações entre a teoria leninista e o foquismo cubano, através da linha política da DI-GB que, por sua vez, incidiu diretamente na tática com relação ao trabalho junto às massas. Matizavam a centralidade das ações armadas com ações de agitação e propaganda junto ao movimento operário. O parco avanço que esse trabalho obteve, vinculado ao aumento do cerco da repressão, foi empurrando a organização para concepções políticas cada vez mais militaristas, ao contrário das perspectivas iniciais. Em suma, quanto mais isolados socialmente ficavam os militantes do *Oito*, mais desenvolviam táticas políticas e leituras conjunturais que impulsionavam a centralidade tática apenas para a prática armada da vanguarda.

Além disso, através da análise sobre a trajetória da organização, constatamos que o MR-8 partia de uma concepção singular a respeito da necessidade do esforço teórico, reflexivo, ao propor a construção de uma alternativa revolucionária para a sociedade brasileira. Analisando em pormenores os referenciais teóricos do *Oito*, a partir das leituras que realizavam, procuramos evidenciar que o MR-8, se não totalmente, em parte, passou distante do imperativo *anti teoricista* construído a partir da sistematização das experiências da revolução cubana, proposta por Regis Debray. Além dos referenciais teóricos, também apontam neste sentido as discussões e debates entre os militantes, que apresentamos ao descrever os documentos políticos da organização e os impressos pelas *Tribunas de Debates*, como também através da análise da publicação dos diversos jornais e da revista teórica *Arma da crítica*. Apesar das leituras conjunturais sempre ressaltarem perspectivas favoráveis, demonstramos a recorrência, retórica e prática, dos militantes em refletir sobre a prática, como forma de superar os problemas que apareciam no decorrer do caminho. Conforme indicava a revista *Arma da crítica*:

> *Arma da Crítica*, assim, se define como um instrumento da discussão política e da luta ideológica, *partindo da certeza de que a crítica das armas só garantirá a sua consequência histórica se incorporar entre os seus elementos a arma das críticas política e ideológica.*[2]

Em uma mistura que envolvia a origem predominante de seus quadros e a concepção de partido de vanguarda leninista que realçava a necessidade do trabalho teórico – "a análise concreta da situação concreta" – objetivávamos demonstrar que o *Oito* realçava a importância da teoria, sem deixar de lado o imperativo da ofensiva militar que caracterizou a esquerda revolucionária.

Em síntese, através das *armas da crítica* e, principalmente, da *crítica das armas*, o *Oito* tentou tomar o céu de assalto e realizar a idealizada revolução brasileira. Junto a outras organizações, tomava para si o papel de vanguarda representativa dos interesses das massas revolucionárias, que iriam

2 *Grifo nosso.*

transformar o Brasil em um país autônomo e, principalmente, livre da *exploração do homem pelo homem*. Foram derrotados. Foram sendo isolados e se isolando, gradativamente, a partir do final do ano de 1969. Marcados, fortemente, por um compromisso ético, com o projeto revolucionário e com os companheiros, mantiveram até o limite da destruição física a perspectiva de ofensiva contra a ditadura.

Às vezes, por intermédio da ficção, conseguimos materializar, com clareza, alguns processos e situações históricas. O compromisso ético da luta armada, levado a cabo pelos militantes do MR-8, quando a derrota política se mostrava com nitidez, fez-me lembrar do personagem Tito, um anarquista de *Allosanfàn*, filme dos irmãos Taviani. Como dirigente de uma organização conspiratória que buscava libertar os camponeses do sul da Itália – que nem sabiam de sua existência e, ao final das contas, iriam massacrá-los –, decidiu manter uma expedição, a despeito da falta de armas e da certeza do revés que os levaria a morte, sem discutir com os companheiros. Quando descoberto e confrontado por um dos seus, já com a expedição em curso, responde:

> Sempre digo a mim mesmo que ajo por puro orgulho, recusando admitir que nesses dias é preciso paciência, ao invés de agir com tanta pressa. *Essa é a única maneira de eu viver nesse mundo, em que parece que todos estão dormindo e somos os únicos acordados.*

Considerando-se acordados e, por isso, responsáveis por tomar a história em suas próprias mãos para despertar o povo brasileiro, os militantes do MR-8 foram ao limite. Para alguns, o limite, como no filme italiano, foi a morte. Para outros, o cárcere e o exílio.

Apesar de, atualmente, com o benefício do distanciamento histórico, visualizarmos as leituras conjunturais, táticas e estratégicas equivocadas que fizeram, espero que este livro ajude a compreender que a derrota não estava dada previamente e, principalmente, que a opção pelas armas era uma opção posta por aquela sociedade, naquele contexto, e não fruto de ingenuidade juvenil, aventureirismo ou heroísmo descabido, como são frequentes as adjetivações do senso-comum a estes militantes.

REFERÊNCIAS BIBLIOGRÁFICAS

AARÃO REIS FILHO, Daniel. *As organizações comunistas e a 'luta de classes 1961/1968*. 1987. 1235f. Tese (Doutorado em História). Faculdade de Filosofia e Ciências Humanas (FFLCH), Universidade de São Paulo (USP). São Paulo/SP.

______. *A revolução faltou ao encontro. Os comunistas no Brasil.* São Paulo: Brasiliense, 1990.

______. *Versões e Ficções: o sequestro da história,* São Paulo: Perseu Abramo, 1997.

______; RIDENTI, Marcelo (Orgs.) *História do Marxismo no Brasil, vol. 5: Partidos e organizações dos anos 1920 aos 1960* Campinas: Editora da Unicamp, 2002.

______; MORAES, João Quartim (Orgs.) *História do marxismo no Brasil, vol. 1, 2.ed.* Campinas, SP: Editora da Unicamp, 2003.

______; RIDENTI, Marcelo. *História do Marxismo no Brasil, vol. 6: Partidos e movimentos após os anos 1960.* Campinas: Editora da Unicamp, 2007.

______; MORAES, Pedro de *1968: A paixão de uma utopia*. Rio de Janeiro: Editora FGV, 2008.

______; FERREIRA, Jorge (Orgs.) *Revolução e democracia (1964 - ...)* Coleção *As esquerdas no Brasil: vol. 3* Rio de Janeiro: Civilização Brasileira, 2007.

______; PATTO SÁ MOTTA, Rodrigo; RIDENTI, Marcelo (orgs.) *A ditadura que mudou o Brasil: 50 anos do golpe de 1964*, Rio de Janeiro: Zahar, 2014.

ABREU, Alzira Alves de. *Intelectuais e guerreiros: o Colégio de Aplicação da UFRJ de 1948 a 1968*. Rio de Janeiro: Editora da UFRJ, 1992.

ACSELRAD, Henri. *Sinais de fumaça na cidade: uma sociologia da clandestinidade na luta contra a ditadura no Brasil*. Rio de Janeiro: Lamparina, FAPERJ, 2015.

ALMEIDA, Valesca Souza. *O "Bom Burguês"* A trajetória de Jorge Medeiros Valle sob a ditadura brasileira. 2015. 141f. Dissertação (Mestrado em História). Instituto de Ciências Humanas e Sociais, Universidade Federal Fluminense, Niterói/RJ.

AMADO, Janaína; FERREIRA, Marieta de Moraes. *Usos & Abusos da História Oral. 8ª ed.* Rio de Janeiro: Editora FGV, 2006.

ANDERSON, Jon Lee *Che, uma biografia* Rio de Janeiro: Editora Objetiva, 2005.

ANDERSON, Perry. *Considerações sobre o marxismo ocidental.* Porto: Afrontamento, 1976.

ANTUNES, Ricardo; FERRANTE, Vera B.; MORAES, Reginaldo *Inteligência Brasileira*, São Paulo: Brasiliense, 1986.

ARAÚJO, Maria Paula. "Por uma história da esquerda brasileira", *Topoi*, Rio de Janeiro, PPGHIS/UFRJ, vol. 5, 2002.

BARAN, Paul; SWEEZY, Paul. *Capitalismo monopolista: ensaio sobre a ordem econômica e social americana*. Rio de Janeiro: Zahar, 1966.

BENJAMIN, Cid *Gracias a la vida:* Memórias de um militante. Rio de Janeiro: José Olympio, 2013.

BERQUÓ, Alberto. *O Sequestro dia a dia*. Rio de Janeiro: Nova Fronteira, 1997.

BRASIL. COMISSÃO NACIONAL DA VERDADE. *Relatório Comissão Nacional da Verdade*. Brasília: CNV, 2014.

BRASIL. SECRETARIA ESPECIAL DOS DIREITOS HUMANOS. *Direito à verdade e à memória: Comissão Especial sobre Mortos e Desaparecidos Políticos*. Brasília: Secretaria Especial dos Direitos Humanos, 2007.

CAMURÇA, Marcelo Ayres. *Os "melhores filhos do povo"*: Um estudo do ritual e do simbólico numa organização comunista: o caso do MR8. 1994. 339f. Tese (Doutorado em Antropologia Nacional). Museu Nacional, Universidade Federal do Rio de Janeiro, Rio de Janeiro/RJ.

CARR, Edward Hallet. *A revolução Bolchevique*. Vol. 1. Porto: Afrontamento, 1977.

CARVALHO, Luiz Maklouf. *Mulheres que foram à luta armada*. São Paulo: Globo, 1998.

CASSAL, Alex Barros. "Lamarca e Iara". *Cadernos AEL*, nº 14/15, 2001.

COMISSÃO DE FAMILIARES DE MORTOS E DESAPARECIDOS POLÍTICOS; INSTITUO DE ESTUDO DA VIOLÊNCIA DO ESTADO; GRUPO TORTURA NUNCA MAIS -RJ E PE, *Dossiê dos mortos e desaparecidos políticos a partir de 1964* Recife: Companhia Editora de Pernambuco, 1995.

COUTO, Ari Marcelo Macedo. *Greve na Cobrasma: uma História de luta e resistência*. São Paulo: Annablume, 2003.

DA-RIN, Silvio *Hércules 56:* o sequestro do embaixador norte-americano em 1969. Rio de Janeiro: Zahar, 2007.

DEBRAY, Regis. *Revolução na Revolução?*, São Paulo: Centro Ed. Latino Americano, s.d.

ESTADO DO RIO DE JANEIRO. COMISSÃO DA VERDADE DO RIO. *Relatório Comissão da Verdade do Rio*. Rio de Janeiro: CEV-Rio, 2014.

FANON, Frantz. *Os condenados da Terra*. Rio de Janeiro: Civilização Brasileira, 1968.

FERREIRA, Jorge; NEVES, Lucília de Almeida (orgs.). *O tempo da ditadura. Regime militar e movimentos sociais em fins do século XX*. Vol. 4. 2ªed. Rio de Janeiro: Civilização Brasileira, 2007.

FICO, Carlos. *Como eles agiam. Os subterrâneos da Ditadura Militar: espionagem e polícia política*. Rio de Janeiro: Editora Record, 2001.

FROMM, Erich. *Conceito marxista de homem. 2ªed*. Rio de Janeiro: Zahar, 1962.

______. *Guerra de Guerrilhas (1960)*, 10ª ed. São Paulo: Edições Populares, 1987.

GARCIA, Marco Aurélio; VIERA, Maria Alice (orgs.). *Rebeldes e Contestadores: 1968 – Brasil/ França/ Alemanha. 2 ed.* São Paulo: Fundação Perseu Abramo, 2008.

GASPARI, Elio. *A ditadura escancarada*. São Paulo: Companhia das Letras, 2002.

GONÇALVES DAS CHAGAS, Fábio André. *A Vanguarda Popular Revolucionária: dilemas e perspectivas da luta armada no*

Brasil (1968-1971). 2000. 118f. Dissertação de Mestrado em História. Faculdade de História, Direito e Serviço Social, Universidade Estadual Paulista (UNESP), Franca/SP.

GORENDER, Jacob. *Combate nas trevas. A esquerda brasileira: das ilusões perdidas à luta armada*. São Paulo: Expressão Popular/Perseu Ábramo, 2014.

GRAMSCI, Antônio. *Cadernos do cárcere. Vol. 3: Maquiavel. Notas sobre o Estado e a Política.* 6ª ed. Rio de Janeiro: Civilização Brasileira, 2014.

GUEVARA, Ernesto "Che" *Obra revolucionaria*. Organização Roberto Fernandez Retamar. 2. Ed. México, DF: Era, 1968.

HERLER, Thomaz Joezer. *Formação e trajetória do primeiro MR-8: Possibilidades e limites de construção de uma vanguarda revolucionária político-militar (1964-1969)*. 2015. 265f. Dissertação (Mestrado em História). Universidade do Oeste do Paraná. Marechal Rondon/PR.

HOBSBAWM, Eric J. (Org.), *História do Marxismo, vol. 1*. São Paulo: Paz e Terra, 1980.

______. *História do Marxismo, vol. 2*. São Paulo: Paz e Terra, 1982.

______. *História do Marxismo, vol. 6*. São Paulo: Paz e Terra, 1985.

______. *História do Marxismo, vol. 5. 2 ed.* São Paulo: Paz e Terra, 1986.

______. *História do Marxismo, vol. 8*. São Paulo: Paz e Terra, 1987

HUBERMAN, Leo; SWEEZY, Paul. *Cuba: anatomia de uma revolução.* 2ªed. Rio de Janeiro: Zahar, 1960.

IANNI, Octavio *Enigmas da Modernidade-Mundo,* 3 Ed., Rio de Janeiro: Civilização Brasileira, 2000.

JOSÉ, Emiliano; MIRANDA; Oldack. *Lamarca, o capitão da guerrilha.* São Paulo: Global, 1980.

LÊNIN, V. I *Obras Escogidas, tomo I (1894-1901).* Moscou: Ed. Progreso, 1973.

______. *Obras Escogidas, tomo VI (1916-1917)* Moscou: Ed. Progreso, 1973

______. *Obras escolhidas, tomo I. 3ª ed.* São Paulo: Alfa-Ômega, 1986

______. *Obras escolhidas, tomo II.* 2ªed. São Paulo: Alfa-Ômega, 1988.

______. *Obras escolhidas, tomo 1II. 2ª Ed.* São Paulo: Alfa-Ômega, 2004.

______. "Por onde começar?", *Iskra nº4, 1901.*

LÖWY, Michael. *O pensamento de Che Guevara.* 6ªed. São Paulo: Expressão Popular, 2005.

LUKÁCS, György. *Lenin: um estudo sobre a unidade de seu pensamento.* São Paulo: Boitempo, 2012.

MAFRA, Patrícia Henriques *Uma escola contra a ditadura:* a participação política do CAp-UFRJ durante o regime militar brasileiro (1964-1968). 2006. 146f. Dissertação (Mestrado em História). Instituto de História e Ciências Sociais (IFCS), Universidade Federal do Rio de Janeiro (UFRJ). Rio de Janeiro/RJ.

MAGALHÃES, Mario *Marighella: o guerrilheiro que incendiou o mundo.* São Paulo: Companhia das Letras, 2012.

MAIA, Aline B. "Conflitos e repressão no campo do Estado do Rio de Janeiro (1946-1988): Articulações ruro-fabris na

Baixada Fluminense." *Século XXI*, Revista de Ciências Sociais, vol. 7, nº1, p. 257-282.

MARTINS FILHO, João Martins. *Movimento estudantil e ditadura militar: 1964-1968* Campinas: Papirus, 1987.

MARX, Karl. *O 18 Brumário e Cartas a Kugelmann*. São Paulo: Paz e Terra, 1997.

______. *Manuscritos Econômico-filosóficos (1844)*. São Paulo: Boitempo, 2004

______; ENGELS, Friedrich. *A ideologia alemã (1845-1846)*. São Paulo: Boitempo, 2007.

MIRANDA, Orlando. *Obscuros Heróis de Capricórnio*. São Paulo: Global, 1987.

MUSSE, Ricardo "Kautsky e a Revolução de 1905". *Crítica Marxista, vol. 21*, Campinas: IFCH/Unicamp, 2005.

NERY, Virgílio Sena. *Entre lutas e despedidas: da Dissidência Comunista da Guanabara à autocrítica do Movimento Revolucionário 8 de outubro (1966-1976)*. 2016. 131f. Dissertação (Mestrado em História). Universidade Federal da Bahia, Salvador/BA.

PALMEIRA, Vladimir *O leninismo até 1917: Estratégia política e doutrina sobre o Estado* 2005. 1032f. Tese (Doutorado em História). Instituto de História. Universidade Federal Fluminense (UFF), Niterói/RJ.

PATARRA, Judith. *Iara. Reportagem biográfica. 2ªed.* Rio de Janeiro: Rosa dos Tempos, 1992.

PATTO SÁ MOTTA, Rodrigo *As universidades e o regime militar: cultura política brasileira e modernização autoritária.* Rio de Janeiro: Zahar, 2014.

POERNER, Arthur *O poder jovem:* história da participação política dos estudantes brasileiros. 5ªed. Rio de Janeiro: Booklink, 2004.

POLARI DE ALVERGA, Alex. *Inventário de cicatrizes. 2ªed.* Rio de Janeiro: Comitê Brasileiro pela Anistia, 1978.

POLLAK, Michael. "Memória, Esquecimento, Silêncio" *Revista Estudos Históricos,* Rio de Janeiro, vol. 2, nº3, 1989.

PRADO JÚNIOR, Caio *A revolução brasileira. (1966).* 7ªed. São Paulo: Brasiliense, 1987

QUARTIM DE MORAES, João (org.) *História do marxismo no Brasil, vol. 3. Teorias e interpretações. 2ªed.* Campinas: Editora da Unicamp, 2014.

______. "The marxism of Regis Debray." New Left Review, vol. 45, 1967.

______. "Che Guevara: o antiimperialismo em atos." *Crítica Marxista,* São Paulo, Xamã, vol. 1, nº 5, 1997.

______; DEL ROIO, Marcos (orgs.) *História do Marxismo no Brasil, vol. 4: visões do Brasil,* Campinas: Editora da Unicamp, 2000.

REICH, Wihelm. *A revolução sexual.* 8ªed. Rio de Janeiro: Zahar, 1981.

RIDENTI, Marcelo. "A Vanguarda Armada e as Massas na Revolução que não ocorreu." *Ciências Sociais Hoje.* São Paulo: Vértice, Editora dos Tribunais, ANPOCS, 1987.

______. "Ecos de Trotski Na Esquerda Armada Brasileira." *Estudos de Sociologia (São Paulo),* Araraquara, vol. 2, 1997.

______. *O fantasma da revolução brasileira, 2ªed.* São Paulo: Editora da UNESP, 2010.

______. *Em busca do povo brasileiro: artistas da revolução, do CPC à era da tv. 2. Ed* São Paulo: Editora Unesp, 2014.

______."The Debate over Military (or Civilian-Military?) Dictatorship in Brazil in Historiographical Context". *Bulletin of Lat-*

in American Research. Early View (Online Version of Record published before inclusion in an issue). Edited By: Jasmine Gideon, Geoffrey Kantaris, Patricia Oliart, Lucy Taylor, Ann Varley and Matthew Brown. Online ISSN: 1470-9856.

ROLLEMBERG, Denise. *Exílio: entre raízes e radares*. Rio de Janeiro: Editora Record, 1999.

______. "Carlos Marighella e Carlos Lamarca: Memória de dois revolucionários." *Acervo*, vol. 21, nº2, 2001.

______. *O apoio de Cuba à luta armada no Brasil: o treinamento guerrilheiro*. Rio de Janeiro: Mauad, 2001.

______; QUADRAT, Samantha Viz (org.). *A construção social dos regimes autoritários: legitimidade, consenso e consentimento no século XX, vol. 2 (Brasil e América Latina)*. Rio de Janeiro: Civilização Brasileira, 2010.

RIZEK, Cibele S. *Osasco 1968: a experiência de um movimento*. Dissertação de Mestrado, São Paulo: PUC, 1988.

SALES, Jean Rodrigues. *O impacto da revolução cubana sobre as organizações comunistas brasileiras (1959-1974)*. 2005. 262f. Tese (doutorado) – Universidade Estadual de Campinas, Instituto de Filosofia e Ciências Humanas, Campinas/SP.

SARLO, Beatriz. *Tempo Passado: Cultura da memória e guinada subjetiva* São Paulo: Companhia das Letras; Belo Horizonte: UFMG, 2007.

SILVA, Izabel Priscila Pimentel da. *Os filhos rebeldes de um velho camarada: A Dissidência Comunista da Guanabara (1964-1969)*. 2009. 337f. Dissertação (Mestrado em História). Instituto de História, Universidade Federal Fluminense, Niterói/RJ.

SOUZA, Sandra. *Ousar lutar, ousar vencer: História da luta armada em Salvador (1969-1971)*. Salvador: EDUFBA, 2013.

STEDILE, João Pedro (Org.) *A questão agrária no Brasil: o debate na esquerda (1960-1980)*. São Paulo: Expressão Popular, 2012.

TESSITORE, Viviane. "Projeto 'Brasil: Nunca Mais': Reconstrução histórica, recuperação e aplicação da metodologia", *Projeto História*, nº 50, São Paulo, agosto 2014.

WEFFORT, Francisco *Participação e conflito industrial: Contagem e Osasco, 1968*. Cadernos CEBRAP, nº5, São Paulo, 1972.

URBANO RODRIGUES, Miguel. *Opções da Revolução na América Latina*. Rio de Janeiro: Paz e Terra, 1968.

VALLE, Maria Ribeiro do Valle *1968: O diálogo é a violência. Movimento Estudantil e Ditadura Militar no* Brasil. 2. Ed. Campinas: Editora da Unicamp, 2008.

VALLI, Virginia (org.) *Eu, Zuzu Angel, procuro meu filho*. 2ªed. Rio de Janeiro: Record, 1987.

VENCESLAU, Jéssica Alessio. *Arte à mão armada: vanguarda e resistência em Carlos Zílio (1966-1970)*. 2016. 106f. Dissertação (Mestrado em História). Setor de Ciências Humanas, Universidade Federal do Paraná, Curitiba/PR.

FONTES

Arquivo da memória operária do Rio de Janeiro, Universidade Federal do Rio de Janeiro (AMORJ/UFRJ)

Fundo: Organizações de Esquerda (OE)

- Série 02 (Dissidência Comunista da Guanabara)
Documentos da série:
Situação Internacional, 1969.
- Série 03 (Movimento Revolucionário 8 de Outubro)
Documentos da série:
Orientação para a prática, 1971
- Série 07 (Periódicos)
Documentos da série:
Arma da crítica, nº1, 1970
Arma da crítica, especial, 1970

Arquivo Edgar Leuenroth, Universidade Estadual de Campinas (AEL/UNICAMP)

Fundo: Militância Política e Luta armada no Brasil

Entrevistas orais realizadas por Denise Rollemberg
Daniel Aarão Reis Filho
Manoel Henrique
Maria Augusta Carneiro
Ricardo Villas
Vera Sílvia Magalhães

Entrevistas orais realizadas por Marcelo Ridenti

Cid Benjamin
Daniel Aarão Reis Filho
Vera Sílvia Magalhães

Fundo: Intolerância e Resistência: Memória da repressão política no Brasil (1964-1985)

Entrevistas Orais:
Jesus Paredes Souto
Lúcia Murat
Maria Luiza Garcia Rosa
Nelson Rodrigues Filho

Fundo: Gilberto Mathias

Série 01: Organizações de Esquerda
Subsérie 03: Movimento Revolucionário 8 de Outubro (MR-8)
RICARDO. *Alguns pontos importantes*, 1971
SEM NOME. *Área estratégica – uma crítica à tribuna da DG*. 1971

MOVIMENTO REVOLUCIONÁRIO 8 DE OUTUBRO. *Contra o golpismo, prosseguir na luta pela proletarização da O.* 1972
CÍNTIA. *Balanço.* 1971
MOVIMENTO REVOLUCIONÁRIO 8 DE OUTUBRO. *Boletim Central*, nº1, 1972.
MOVIMENTO REVOLUCIONÁRIO 8 DE OUTUBRO. *Proposição para a campanha contra a pena de morte da ditadura.* 1971
CHICO. *Como Prosseguir.* 1971
MARIANO, PATRICIO, VALTER E SIGISMUNDO. *Contribuição à Orientação para a prática.* 1971.
OLGA. *Tribuna de Debates: Sobre critérios de militância.* 1971
MOVIMENTO REVOLUCIONÁRIO 8 DE OUTUBRO. *Comunicado.* 1971.
MOVIMENTO REVOLUCIONÁRIO 8 DE OUTUBRO. *Introdução.* 1972.

Arquivo público do Estado do Rio de Janeiro (APERJ)

Coleção: Daniel Aarão Reis Filho (DARF)

- Série: Movimento Revolucionário 8 de Outubro
Subsérie: Documentos de Circulação Interna
Documentos da subsérie:

SEM NOME, *Sobre a luta revolucionária no campo,* 1971.
CALANGO, Pedro. *Sobre a luta armada,* 1971.
MOVIMENTO REVOLUCIONÁRIO 8 DE OUTUBRO. *Balanço, frente e programação,* 1970.
MOVIMENTO REVOLUCIONÁRIO 8 DE OUTUBRO. *Resoluções políticas do Pleno de dezembro.* 1972.
RICARDO. *Algumas questões sobre o campo.* 1971.

Fundo: Vera Sílvia Araújo Magalhães (VSM)

Caixa 02: Entrevistas realizadas por Vera Sílvia Magalhães e Daniel Aarão Reis Filho
Entrevista Arnaldo Chain (Doc. 26)
Entrevista com João Lopes Salgado (Doc. 28)

Brasil Nunca Mais (BNM). Acervo digitalizado em: http://bnmdigital.mpf.mp.br/pt-br/

Processos: 036; 052; 074; 076; 080; 112; 166; 190; 192; 227; 253; 295; 296; 311; 342; 411; 432; 438; 457; 5558; 567; 580; 603; 625; 638; 645; 650; 680.

Centro de documentação da Universidade Estadual de São Paulo (CEDEM/UNESP)

Coleção: Archivio Storico Del Movimento Operaio Brasiliano (ASMOB)
- Periódicos:
Arma da crítica, nº2, 1970
Arma da crítica, nº3, 1970
Resistência, nº 11, 1969
Resistência, nº 12, 1969.
Resistência, s/nº, 1970
Resistência, nº22, 1970
Resistência, nº 24, 1970
Resistência, nº 28, 1970
Resistência, nº 29, 1970
Resistência, nº 30, 1970
Resistência, nº 31, 1971
Resistência, Especial, 1972

Edições internacionais:
Resistência, Edição Francesa, nº 3, 1971
Resistência, Edição Francesa, nº 4, 1971
Resistência, Edição Francesa, nº 5, 1971
Resistência, Edição Chilena, nº 01, 1972
Resistência, Edição Chilena, nº 01, 1972 (suplemento)
- Documentos Políticos:
DIREÇÃO-GERAL. *Tribuna de Debates setembro de 1970*, 1970.
MOVIMENTO REVOLUCIONÁRIO 8 DE OUTUBRO. *Sobre o trabalho da Organização*, 1970.
CAMILO, Ivan. *Os caminhos da revolução*, 1971.

Entrevistas orais realizadas e cedidas por outros pesquisadores

Entrevistas realizadas por Sandra Souza e Muniz Ferreira:
José Carlos Souza
Juca Ferreira
Renato da Silveira

Entrevistas realizadas por Virgílio Sena:
Carlos Alberto Muniz
João Lopes Salgado

Entrevistas orais realizadas por Higor Codarin, para o desenvolvimento desta pesquisa

Cid Benjamin
Daniel Aarão Reis Filho
Juca Ferreira
Samuel Aarão Reis

Núcleo de História oral e Memória (TEMPO/UFRJ)

Entrevistas orais:
Daniel Aarão Reis Filho
Franklin Martins
Maria Augusta Ribeiro
Vladimir Palmeira

Partido Comunista Brasileiro (PCB). Disponível em:

http://pcb.org.br/
"Manifesto de Janeiro", 1948
"Manifesto de Agosto", 1950
Teses IV Congresso, 1954
Declaração sobre a Política do PCB, 1958
Teses V Congresso, 1960

Projeto ORVIL. Disponível em:

http://www.ternuma.com.br/

AGRADECIMENTOS

Apesar da solidão inerente ao exercício de escrita deste livro, por vezes angustiante, seria impensável sua conclusão sem o apoio das pessoas e instituições que agora agradeço, e que, muitas vezes, tornaram a árdua tarefa de concretizar, organizadamente, no papel, as confusões da mente, uma tarefa mais leve e prazerosa.

Inicialmente, agradeço a Marcelo Ridenti, não apenas pela leitura atenciosa do texto mas também, e sobretudo, pelo incentivo ao longo dos últimos dois anos. Além disso, agradeço pela apresentação escrita para o livro.

Agradeço, também, à minha família. À minha mãe, Sandra, pelo incentivo incansável de sempre. Ao meu pai, Naílson, agradeço sua visão combativa e persistente para com a vida. À minha irmã, Hingrid, pela nossa convivência leve e feliz dos últimos anos, de quem me aproximei e me considero confidente. À minha avó, Mirian, agradeço pelo incentivo intelectual.

Aos meus segundos pais, Carlos e Marilena. Além de tudo que fazem por mim, agradeço a convivência cotidiana, que me engrandece muito.

Aos meus amigos, de ontem, hoje e sempre...

Agradeço também aos ex-militantes do MR-8: Daniel Aarão Reis Filho, Samuel Aarão Reis, Cid Benjamin e Juca Ferreira, pela abertura de suas casas e suas memórias, tão importantes para este livro. Ao Daniel, especialmente, pelas recomendações que fez para o aperfeiçoamento do trabalho e pela gentileza em escrever a orelha deste livro. Por fim, a eles, e a todos os demais militantes que ousaram lutar, minha admiração e respeito.

Aos funcionários dos diversos arquivos em que pude pesquisar: AEL, AMORJ, APERJ e CEDEM. Em todos encontrei pessoas solícitas e dispostas a auxiliar no que fosse necessário. Agradeço também o esforço de várias instituições e pessoas que auxiliaram no processo de digitalização do acervo Brasil: Nunca Mais. À Priscila, secretária da pós-graduação do IFCH, pelo auxílio nas questões burocráticas. Por fim, à CAPES, pelo auxílio financeiro ao longo dos vinte e quatro meses de trabalho. Sem todos eles, esta pesquisa seria impossível.

A Sandra Souza e Virgílio Nery sou grato pelas entrevistas cedidas, realizadas para seus respectivos trabalhos. Agradeço também a professora Maria Paula Araújo e todos os integrantes do Núcleo de História Oral e Memória da Universidade Federal do Rio de Janeiro (UFRJ) pelo aceite em digitalizar e enviar os depoimentos coletados para o projeto Memórias Estudantis.

Aos professores Sávio Cavalcanti e Fábio Querido pela leitura atenta e apontamentos fundamentais para a finalização do trabalho.

Alameda nas redes sociais:
Site: www.alamedaeditorial.com.br
Facebook.com/alamedaeditorial/
Twitter.com/editoraalameda
Instagram.com/editora_alameda/

Esta obra foi impressa em São Paulo no inverno de 2019. No texto foi utilizada a fonte Palatino Linotype em corpo 10,25 e entrelinha de 15 pontos.